# 形象的力量

## ——揭开成功加速度的秘诀

周文敏◎编著

北京工业大学出版社

**图书在版编目(CIP)数据**

形象的力量 ：揭开成功加速度的秘诀 / 周文敏编著.—北京：北京工业大学出版社，2013.10

（成功盛典丛书）

ISBN 978-7-5639-3641-0

Ⅰ.①形… Ⅱ.①周… Ⅲ.①企业形象—研究

Ⅳ.①F270

中国版本图书馆 CIP 数据核字（2013）第 208078 号

**形象的力量——揭开成功加速度的秘诀**

---

**编　　著：** 周文敏
**责任编辑：** 韩　东
**封面设计：** 翼之扬设计
**出版发行：** 北京工业大学出版社
（北京市朝阳区平乐园 100 号　100124）
010-67391722（传真）　bgdcbs@sina.com
**出 版 人：** 郝　勇
**经销单位：** 全国各地新华书店
**承印单位：** 九洲财鑫印刷有限公司
**开　　本：** 787 mm × 1092 mm　1/16
**印　　张：** 19.75
**字　　数：** 282 千字
**版　　次：** 2013 年 10 月第 1 版
**印　　次：** 2013 年 10 月第 1 次印刷
**标准书号：** ISBN 978-7-5639-3641-0
**定　　价：** 32.00 元

---

# 前　　言

在竞争日益激烈的现代经济中，顾客的选择日益多样化，而促使其作出决定的，不仅有产品本身的形象，很大程度上还有企业的形象。因此，树立良好的企业形象，既是推进企业经营战略的有力手段和实现战略目标的重要保证，也是企业整体战略更高层次的战略举措。

在现代市场环境中，商品力和销售力已经成为市场竞争的基础和前提，但企业仅靠产品将寸步难行，好的产品加好的销售也许在短期内奏效，但无法保证企业持续地立足于市场。而一些深入人心的企业及其产品却能纵横天下，这些企业的共同特征是拥有良好的企业形象和产品形象。现代企业市场竞争只靠商品力、销售力已经不能决胜市场，还需加上形象力，它是通过塑造和传播优秀企业形象而形成的一种对企业内外公众的吸引力、凝聚力、感召力和竞争力，是隐含在企业生产经营活动背后的一种巨大潜在力量，是企业新的生产力资源，代表一个企业的综和实力。美国可口可乐公司形象就是世界第一大“可乐”公司的形象，而“七喜”公司的最终目标，就是第一大“柠檬水”公司的形象。任何企业的终极目标，都是要寻找一个统一的企业形象，提高企业产品的销售，扩大自己的市场，从而达到利润倍增的目的。

企业形象塑造，是指企业形象识别（CI）策划中，包括理念识别系统、行为识别系统、视觉识别系统等内容。从心理学的角度看，形象就是人们通过视觉、听觉、触觉、味觉等各种感觉器官在大脑中形成的关于某种事物的整体印象，简言之是知觉，即各种感觉的再现。企业形象就是企业内外对企业的整体感觉、印象和认知，是企业状况的综合反映。

毫无疑问，中国企业整体形象塑造相对滞后，越来越多的企业感觉到企业形象对销售利润的巨大影响，却不知道该如何以最佳的方式提升企业形象。本书从价值理念、道德精神、行为准则、活动风格、企业标志、企业环境、形象传播等方面，对如何快速提升企业形象做了全面阐述，并辅以典型案例，方便企业查找自身不足，迅速提高企业知名度、美誉度，从而在市场竞争中抢占先机。

# 目　　录

## 第三章　企业形象与企业理念



## 第四章　企业形象识别系统(CIS)设计



## 第五章　公益事业对企业的影响

## 第六章　诚信是企业立足市场的根本



## 第七章　企业的环境形象



## 第八章　履行社会责任，提高企业形象



## 第九章　开展公共关系活动，提升企业形象

## 第十章　危机的识别与应对



## 第十一章　通过文化塑造巩固企业形象

# 第一章

## 企业形象的功能与价值

随着市场竞争的不断升级，现代企业的竞争已由传统的硬件竞争向软件竞争转化。企业形象作为企业经营的重要资源，已成为企业越来越重要的无形资产。

## 企业形象及其时代意义

对于企业而言，一提到形象，似乎远远没有产品的质量、企业的规模、技术装备等来得具体；人们在衡量一家生产性企业的时候也往往首先看重其生产能力、销售能力、科研开发能力。不可否认，这些实实在在的方面，是企业生存、竞争的基本条件。

形象被重视，形象问题被提上议事日程，是社会发展到今天的必然结果。在20世纪初，企业的主要精力，是解决生产问题，以生产为导向的早期工业企业，面对供不应求的卖方市场，只要生产出质量好、价格合理的产品，便不愁没有销路。随着生产的扩展，劳动生产率提高带来产品的相对过剩，使产销矛盾日益突出，市场开始出现供过于求的趋势。困扰和威胁企业家的已不再是生产问题，而是市场问题、销售问题。

在20世纪20~30年代的大危机中，许多西方企业陷入绝境，经济崩溃好像在一夜之间要瓦解整个社会。经过那次经济危机以后，企业开始从消费者的角度研究市场，考虑如何平衡产销关系，特别是第二次世界大战以后，随着生产秩序的恢复和生产水平的提高，一些发达国家的企业，开始把生产经营的注意力转向经营、转向销售，销售成为市场竞争的核心部分。他们积极建立广泛的销售体系，扩大自己的销售网络，采用多种多样的促销手段，以争取尽可能多的市场份额。

在多种多样的促销手段中，公共关系和广告成为最重要的方式。形象竞争、形象促销、形象制胜成了一种崭新的观念。

过去，企业间的竞争条件往往取决于产品价格。在当代，各企业在质量和技术上的差异性大大缩小了，价格因素退居次要位置。在高科技、高质量的市场竞争中，欲使企业在群雄逐鹿中脱颖而出，就必须探索新的途径，这就是形象制胜。

随着时代的变迁，低年龄层消费者已经成为重要的消费群体，追求新颖、追求个性、追求差异性，几乎是每一代年轻人的特点。所以，一些仅仅以老的企业标志或老字号为信用保证的做法，已经成为企业开拓市场、招徕新消费群体的障碍了。为了去除陈腐印象，必须刷新企业形象，探索更先进的销售渠道。

新兴工业的一个重要特点就是原材料和产品的国际化，从而导致企业经营的国际化。三十多年的改革开放使得我国企业，特别是制造业的国际化步伐日渐加快。许多企业开始从全球角度考虑自己的发展战略问题。这一切要求企业不能仅仅满足于过去的国内市场形象，而要设法建构崭新的国际形象。

以往的企业往往是靠一种主力产品起家，企业的各种外显性形象要素常常以表现企业的主力产品为主。随着现代企业制度的建立，企业纵向或横向集成以扩大规模，推动多元化经营战略以强化竞争力。在同一企业里，既生产相关产品也生产不相关产品；既生产生产资料，也生产消费资料；既生产批量产品，也生产零星产品。如果公众对企业的印象只局限于单一的主力产品上，就很难引起消费者的重视，不利于大范围市场的开拓。

随着经济的发展和改革的深入，新的企业经营机制的建立，股份制经济的推行，企业破产和兼并制度的运行，企业合并已成为企业扩大规模，提高生存能力，占领更稳固的目标市场的新策略。合并后的企业，无论归属于哪家企业或以谁为主，都面临着如何调整原有的产品品牌，改变原有的企业形象传播基调，以及重新塑造企业整体形象的问题。

良好的企业形象使企业容易得到社会公众的肯定和支持，有利于赢得公众对企业产品和服务的好感，给公众创造出良好的消费观念。如果企业能够在公众心目中树立一种诚实、公道的形象，社会公众就会产生一种依赖该企业产品或服务的心理倾向，因而更容易在激烈的市场竞争中选择该企业的产品或服务，从而使整个企业立于不败之地。

良好的企业形象，能为保留和吸引人才创造一个良好的条件。商品经济的前提下，竞争的实质是人才的竞争。良好的企业形象为人才的活动和成长创造了适宜的社会生态环境，会使该企业的领导和员工产生强烈的归属感和认同感。这样，不仅可以稳住企业内部的人才，使他们为企业的发展尽心尽力，还可以吸引大量企业外部的人才。

良好的企业形象，有助于企业之间的密切合作，使企业获得一个较好的外部环境。如果企业能以一种让人信赖的形象出现，企业的各种协作部门，同行业的竞争对手，和企业有着直接或间接联系的其他组织就会主动接近该企业，乐于和该企业交往，这对企业来说是一种巨大的资源和优厚的待遇。

良好的企业形象，有助于增进政府、主管部门及社会各界对企业的了解，有助于获得社区的谅解和关注，减少企业在经济活动中不必要的纠纷和摩擦，尤其是当企业经营一旦处于不利情况的时候，各方面的谅解和支持无疑是企业的救急良药。

良好的企业形象，还有利于使企业和社区的风气净化，促进企业内外部环境的优化，促成良好的社会风尚和融洽的社会关系，满足人们对真、善、美的追求，使企业内外公众受到潜移默化的熏陶和影响，反过来为企业发展创造有利的社会环境。

## 企业在经营管理活动中面临的挑战

**1. 消费理念变化带来的挑战**

(1) 理性消费向感性消费的转化。

从经济学的角度看，消费者是理性人，即追求在一定费用下的产品效用的最大化或一定产品效用目标前提下的成本最小化。消费者更多关注产品本身能否满足需求，这种强调价廉物美的理性消费观念在社会经济不够发达、消费能力普遍不强的情况下是当然之选。随着经济的发展、消费水平的提高和消费习惯的转变，消费者越来越关注产品功能之外的其他因素，如产品的包装、品牌知名度、产品和企业声誉等，他们追求名牌、崇尚潮流、强调身份和地位，并愿意为获取这些无形的要素进行额外的支出。产品本身的功能和质量蜕变成了消费者购买该产品的必要条件，而非充分条件，企业仅仅凭强大的功能和良好的质量包打天下的时代已经过去了，感性消费正逐步取代理性消费成为现代消费的主基调。

(2) 共性需求向个性需求的转化。

在商品相对短缺和购买力不强的年代，消费者没有太多的选择余地。不同企业生产的同类产品大同小异。这体现在人们日常消费的商品中，如在服装的消费上，无论款式、面料、颜色还是规格均无太大的差别；福特公司生产的黑色T型车曾经风光无限，无论男女老少，所购买的福特T型车都是完全相同的。随着经济的发展，购买力的增强和消费观念的变化使人们追求消费个性化的愿望提高到空前的高度，在强调个性的时代，消费者希望凸显自己的与众不同，希望所购买的产品是为其量身定制的，而不是与大多数消费者购买的商品一样雷同、缺乏个性，如果两个人穿着相同，双方甚至会觉得尴尬。企业依靠标准化生产的规模营销，已无法满足日益细分的市场需求，满足个性需求的定制营销越来越受到消费者的青睐。

**2. 日趋激烈的市场竞争所带来的挑战**

(1) 产品日益同质化。

产品本身是吸引消费者、赢得市场的关键，在市场竞争不充分的情况下，只要产品质量过硬、功能适用性强，有相应购买力，产品就应该有销路。因此，在这个时期，很多企业将注意力放在产品的技术研发和革新上，通过功能的更新和质量的提升留住消费者，这是靠“商品力”赢得竞争的时代。但随着卖方主导市场的短缺及计划经济时代的结束，社会进入买方市场时代。纵观各行业，产品普遍过剩，企业之间的竞争激烈，体现在技术研发和产品的推陈出新上，往往是你争我夺、互不相让，从家用电器到计算机，从手机到汽车，产品在质量、功能等方面日趋同质化。许多企业如计算机和汽车企业，日益成为零配件组装厂，更有不少产品是从同一生产线下来，只是贴上的品牌不同而已，这与消费者追求消费个性化形成鲜明的反差。因此仅仅靠“商品力”就能赢得市场、赢得消费者的时代已一去不复返了，产品的品质精良、功能完备已成为企业立足于市场的必备条件。

(2) 产品营销方式易被模仿，难以差异化。

市场经济时代，好的产品还需好的销售，这已是广大企业一致的共识。“酒香不怕巷子深”已不适应现代市场环境，“酒香就怕巷子深”取而代之。企业必须想方设法通过各种营销策略向市场推销自己的产品，如采取广告宣传、人员推广、销售促进、公共关系等策略组合进行促销。在渠道为王的市场环境中通过自建、代理、特许经营等方式发展营销网络覆盖目标市场，方便消费者就近选购，扩大产品市场占有率，市场进入“商品力”和“销售力”两极时代。但随着竞争的加剧，市场中充满了优质低价的商品，即便各公司都使出浑身解数致力于商品的推销活动，许多商品仍摆脱不了滞销的命运，究其原因是产品的市场营销策略和活动并未解决以下问题：

①消费者对产品及企业的忠诚度。形式多样的营销组合有助于增加产品在一定时期内的销量，如广告的宣传将产品信息传达给更多的目标客户，销售促进刺激短期内消费者的购买欲望。但这些措施并不能建立客户对产品及企业的忠诚度，形成企业与客户之间的持续关系，竞争对手很有可能通过类似的方式争夺客户。而在当前的市场环境中，维系老客户比开发新客户更有价值，因为后者的成本远高于前者。关系是需要培养的，要留住老客户必须潜心精耕细作，时刻关注并设法满足消费者的需求，没有在培育客户忠诚度上下足功夫的企业是难以保留住客户的。

②与其他产品及企业的差异化更易于消费者辨识。在各种产品充斥市场和产品日益同质化的今天，不同企业之间的产品无论从功能、质量、款式还是包装上都比较相似，消费者不容易从产品本身区分不同企业的产品并对某企业产品留下深刻印象，而形式多样的销售组合在这方面也难有作为，广告宣传也许能强化消费者对产品的记忆度，但其效果是强制性和暂时性的，并且这种手段并未反映产品乃至企业的全部，给消费者的印象带有一定片面性，因而难以体现本企业产品与其他产品之间的

本质差别。

**3. 企业内部管理面临的挑战**

一个经营有序的企业离不开高效的内部管理，为了实现这一目标，一些企业往往投入大量资金配置先进的生产线、完善的信息系统、舒适的工作环境，但这些因素并不足以保证企业的高效运作，不少具备这些条件的企业仍然出现人心浮动、管理混乱、运作效率低下的问题。究其原因，企业好比一台计算机，计算机要运行良好，除了配备较好的硬件外，还必须有软件的支持，否则只是一堆废铁。而在企业管理中良好的生产经营条件只是企业管理过程中的“硬件因素”，仅有硬件而软件配备不足，难以保证管理的质量和效果。企业管理不可或缺的“软件因素”，包括高度统一的价值观和企业文化，它渗透到“硬件管理”过程中，为其提供动力和支撑，为全体员工指明前进的方向，提高企业的凝聚力，调动企业员工的积极性，提高企业的运作效率，而这些“软件因素”恰恰是许多企业所欠缺的。

## 企业形象成为企业制胜的战略要素

在现代市场环境中，商品力和销售力已成为市场竞争的基础和前提，但企业仅靠产品将寸步难行，好的产品加好的销售也许在短期内效果显著，但无法保证企业持续地立足于市场。而一些深入人心的企业及其产品却能纵横天下，这些企业的共同特征是拥有良好的企业形象和产品形象。现代企业市场竞争只靠商品力、销售力已经不能决胜市场，还需加上形象力。形象力是通过塑造和传播优秀企业形象而形成的一种对企业内外公众的凝聚力、吸引力、感召力和竞争力，是隐含在企业生产经营活动背后的一种巨大的潜在力，是企业新的生产力资源，代表一个企业的综合实力。美国可口可乐公司形象就是世界第一大“可乐”公司的形象，而“七喜”公司的最终目标，就是第一大“柠檬水”公司的形象，任何企业的最终目标，都是要寻求一个统一的企业形象，提高企业产品的销售，扩大自己的市场，从而达到获取利润的目的。形象力与商品力、销售力共同构成竞争力的铁三角，并且其重要性已超越商品力和销售力，成为决定企业成败的战略要素。

**1. 构建企业的差异化竞争优势**

差异化竞争是企业重要的竞争战略，一方面它通过采取与行业中多数企业不同的运作模式和管理手段，向消费者提供与众不同的独特价值，从而在市场竞争中赢得一席之地。毫不夸张地说，现代企业如果缺乏个性、不能构造独特的差异性，就没有生命力，无法在市场中立足。而另一方面，构造差异性对企业来说并非易事，尤其在产品日益同质化和销售策略容易被模仿的今天。企业形象为实现差异化提供了新的契机，它帮助企业从众多的同类企业中脱颖而出，在消费者心目中留下良好的印象，进而提升其对企业及其产品的忠诚度。同时企业形象的塑造是一个长期的过程，企业必须经过坚持不懈的努力，才能在消费者心目中树立起杰出的而又有别于其他竞争者的形象。良好的企业形象一旦建立起来，将形成对消费者的强大吸引力。竞争对手也不可能在短期内通过简单地策划几次活动或通过媒体宣传进行模仿，这将帮助企业构建独一无二的竞争优势，形成持久的竞争力。

**2. 放大顾客让渡价值，塑造良好的产品和企业形象**

为什么所用原材料、功能、质量类似甚至同一条生产线下来的产品中，名牌产品价格可以是普通品牌产品的若干倍？为什么像耐克这样的著名企业自已从来不生产一双鞋，却能使贴上“耐克”商标的产品畅销世界？顾客让渡价值理论告诉我们，消费者总是选择使自身让渡价值最大化的产品。影响让渡价值的因素除了产品价值外，形象价值是影响让渡价值的另一个重要因素，消费者能从企业或产品形象方面得到一个与众不同的印象。也就是说，即使产品和营销方式看上去差别不大，消费者对企业及品牌形象也仍然存在着认知上的差别，尤其是因为定位的差异化并不是企业自身，而是在潜藏于目标客户的心目中，并且基于产品的功能、质量、款式等所形的产品价值是有限的。而相对而言，形象价值无法准确度量，它取决于消费者对产品及企业的认可程度，拥有广泛知名度和良好美誉度的产品，在消费者心目中的价值要远远超过产品本身的价值。纵使比同类产品价格高出许多，消费者也不计成本，心甘情愿为其偏好支付额外的费用。

**3. 提升消费者对企业及其产品的信任和忠诚度**

客户资源是企业赖以生存和发展的基础，良好的企业形象能使消费者产生对企业的依赖感和认同感，提升消费者对企业及其产品的信任度，降低企业开发客户的难度和成本，使用户乐意购买和宣传本企业的产品。海尔的产品之所以价格高于同类产品的平均价格却依然畅销，并不只是因为优良的产品品质，更重要的是其高品质的服务在消费者心目中形成的良好形象，使消费者能够放心购买。良好的形象帮助企业在外界公众中培养起企业产品和服务的崇拜者和宣传者，形成企业对消费者的凝聚力，使该企业产品在市场上拥有良好的知名度和美誉度，从而培养出一支稳定的消费大军，构成一个稳定的市场，使企业和消费者结成相互依赖、相互推动、互利互惠、双向合作的亲密友好关系。由此可见，良好的企业形象就是财富、就是效益、就是市场。没有良好的企业形象，企业就会失去顾客和市场，就无法生存和发展。

**4. 在企业内部形成强大的内聚力**

良好的企业形象犹如一块巨大的磁铁，产生强大无比的内聚力，将企业员工紧紧凝聚在一起，有效地调动员工的积极性，为企业的更大发展尽心尽力，多作贡献。这是因为，企业具有了良好形象，企业员工就有自豪感和自信心，主动改变原来只从个人角度出发建立的价值观念，树立起以企业为中心的共同的价值观念，就会对企业产生一种强烈的向心力，增强集体意识。具有强烈集体意识的员工，会对企业所承担的社会责任和企业的发展目标产生更为深刻的理解，产生对企业的强烈依附和归属感，从而自觉地约束自己的个人行为，使自己的思想、感情和行为与企业整体紧密联系，愿意自觉地、积极地参加与本企业有关的各项事务，利用各种机会释放自身潜在的能量，自觉地为企业的发展贡献自己的聪明才智。此外，良好企业形象所构建的企业管理“软件因素”也使企业“硬件”的功效得到充分的发挥，两者相互促进，在企业内部形成一个管理有序、运作高效的有机体。

**5. 产生乘数倍增效应，形成企业强大的外扩力**

企业形象是企业一笔宝贵的无形资产，其潜在价值不可限量。对多数企业而言，新产品的市场推广是一个耗资、耗时的难题，但像海尔这样的知名企业，却能借助自身良好的企业形象进行品牌延伸，使新产品顺利打开市场。这就是企业形象的乘数效应。它就像一颗石子丢进水中，虽然入水点只有一个，但波及整个水面，良好的企业形象惠及企业的新业务和新产品，为产品增添富有魅力的光环，使其更容易被市场接受。从总体上看，良好的企业形象能够帮助企业形成强大的外扩力，其所产生的效益远远超过塑造产品形象的投入。

## 企业形象的内涵和特征

**1. 企业形象的内涵**

企业形象与社会公众关系密切，因此就与公众的关系而言，企业形象是公众对企业在运作过程中表现出来的行为特征和精神风貌的总体性评价和综合性反映，是企业的外观现象和内在本质、物质文明和精神文明的有机统一。

企业形象这一定义，包含了以下几点具体内容：

(1) 塑造良好的企业形象应立足于企业自身。

企业形象好不好，取决于企业自身的表现，是企业自己的事。事物发展的根本原因在于内因，企业只有依靠自己坚持不懈、持之以恒的努力，才能树立起良好的形象。企业如果疏于练内功，而一味地指望政府的支持、媒体的宣传、社区的帮助、竞争对手的让步、顾客的怜悯等，对企业形象的塑造是无济于事的。在当今世界上享有盛誉的国际大企业如“可口可乐”、“麦当劳”、“英特尔”、“迪斯尼”、“索尼”、“耐克”、“微软”等，以及在国内具有良好经营业绩、知名度、信任度与美誉度都很高的海尔、联想、上海大众、蒙牛、美特斯邦威等，都是将力量放在苦练内功、精心经营上。这些企业都明白，只有通过自身努力树立良好形象，最后才能为自己带来丰厚的回报。

(2) 公众是企业形象好不好的裁判和评价者。

企业形象好不好，取决于公众的看法和意见，不能由企业自己说了算。公众不等于群众，指的是那些与企业存在一定利益关系的社会群体。企业的主要公众有两类：一类是内部公众，即企业的内部员工，他们对企业的看法和认识是衡量企业形象的依据之一；另一类是外部公众，即企业所面对的消费者、社会公众、新闻界、竞争对手、政府等。外部公众，特别是消费者对企业的看法如何，是企业形象好不好的最重要依据。

(3) 企业形象是一个综合性的指标。

企业形象好不好，是一个综合性的指标，是公众对企业的各方面状况，如企业的内与外、形与神、精与气等的总体评价和综合性反映。有些企业认为，企业形象好不好，关键在于包装，只要企业外表装潢奢华，企业形象就光彩夺目。殊不知，不注意企业内在综合素质的提高，产品质量不过硬，服务水平低，无论外表如何亮丽，同样不能使企业在外界树立起良好形象。另外也有些人的认识走向另一个极端，认为树立企业形象主要应抓企业内在的东西，如企业文化、企业精神文明建设等，至于企业的外在形式，如环境、厂容、建筑设施、标识系统等，对企业形象来说无关紧要。这一认识也是十分错误的。任何事物都是内容与形式的统一体。人们对企业的认识，往往始于感性直觉，在此基础上才深入到事物的内部。红花还需绿叶扶，企业外在形式的美会直接反作用于企业的内在精神。因此，评价企业形象美不美，不能片面地看问题或听信于对企业的单一评价，而应着眼于企业整体，从表象到本质，从局部到整体，进行综合性的评价。

**2. 企业形象的特征**

(1) 无形性。

企业传统生产力的资源，主要是指各种物质要素，如工艺与设备等。

企业形象则是一种无形资源，但又可以通过集体或社会公众的共识性感受和认可，使企业的实体性资源得以充分发挥，激发出企业生存发展的新力量。可以说，企业形象是一笔难以估量的无形资产，是企业走向未来的动力。

(2) 整合性。

企业形象能够从新的高度对企业现有的物质资源和人力资源进行整合，把分散的生产力要素变成整体的生产力要素，形成整体优势。企业形象还是一种冲击力和传播力，能够扩大企业生产力要素的功能与影响，将企业生产力资源扩散到整个社会，传播到社会公众的心目中，从而使企业获得生存和发展的新机遇。

(3) 战略性。

我们知道，塑造企业形象不是一朝一夕的事，企业形象要求企业从长远发展角度来审视和制定企业的战略规划，它从企业的发展趋势和运行的前景着眼，能对企业的发展产生长远的、战略性的推动力，带有战略性思考与制度安排的特征。

## 企业形象的内在基础

企业形象，不仅来自于有形的外显性事物，而且出自企业行为所体现出来的内在素质和内在精神，不但有能够为公众直观感知到的象征性内容，而且有经过长期努力形成的一整套管理制度、服务规范、质量保障、技术水平、信誉保证、企业精神等内在基础性的内容，这是企业外在形象的根源，构成企业内在形象。

**1. 企业的产品质量**

商品生产的历史，就是质量竞争的历史。产品质量的好坏，是企业素质高低的反映，是衡量企业经营管理水平的重要标志，是企业竞争的强有力后盾。因此，可以说质量是企业的生命，是企业生产经营的永恒主题，是企业形象的实质性内在要素。

狭义的质量是指产品质量，广义的质量还包括产品质量形成过程的质量、服务和工作质量。产品质量是指产品适合一定用途、满足使用要求所具备的特征和特性的总和，它通过产品的性能、使用寿命、可靠性、安全性和经济性五个方面表现出来。

由于竞争的需要和科学技术发展的要求，当代企业对产品质量极为重视，一些发达国家提出了“以质量求生存”的口号，把产品质量问题提到了有关“国家存亡”的高度。企业在经营过程中如果背离质量这一永恒主题，会立即受到市场的惩罚。

产品质量的概念，虽然表现为产品所具有的各种质量特性——客观属性，但主要又是对客观属性的一种主观评价，因而构成企业精神形象或内在形象的重要因素。

**2. 企业的服务水平**

传统经营的核心观念就是赚钱、盈利，虽然有时也采取一些手段取悦顾客，但都是一种暂时性和应付性的措施，当代社会的经营观念有了重大转变，已从消费导向的经营战略，转变为以人为中心的营销策略。公共关系的发展反映了这一重大转变，它的一个主要结论就是，企业经营要以服务为导向。服务水平，亦称为服务质量，一般包括服务态度、服务技能、服务及时性等所体现出的服务效果。

有关学者认为，产品从工厂生产出来，实现本身价值的过程是第一次竞争；产品的送货、服务、安装、咨询等则是第二次竞争，第二次竞争比第一次竞争对公众更有吸引力，更能使公众倾心。工业企业的销前售后服务，商业、服务企业的优质服务，都会使公众体会到企业的整体优秀性，因而成为企业重要的内在形象要素。

**3. 企业的管理水平**

企业管理是对企业的生产经营活动进行的计划、组织、指挥、监督和协调。企业管理水平的高低，影响到企业的工作效率、经济效益和长远发展，不仅如此，还影响到企业的公共关系状态。能否科学地调节和控制企业生产要素之间的数量比例，能否有效地调节生产过程中各生产要素之间的时间节奏，能否合理地调节生产过程中各生产要素的空间位置，是衡量企业管理水平高低的标志。其具体表现是：合理的管理体制、完善的规章制度、稳定的生产秩序、完整准确的原始数据、科学的管理手段。

管理水平是企业基本素质的综合反映，是企业产品质量、工作效率的内在基础，因而构成企业内在形象要素。如果一个企业管理手段落后，对人财物的协调杂乱无章，便从根本上损害了企业形象。

**4. 企业的技术水平**

企业的技术水平体现在企业技术装备的情况和技术力量的阵容上。当代国际市场的竞争，正是从机器、设备、工具等物质产品的竞争，转变为知识、信息、技术、软件等一类知识工业产品的竞争。企业的技术开发能力和技术力量阵容越来越成为企业形象重要的内在标志。

现代化企业的特点是多种科学技术的综合运用。有雄厚技术力量和较高技术水平的企业，能使人产生一种信任感，使公众对它们的技术改造、新产品开发、技术更新能力坚信不疑；相反，技术水平差的企业，则常会使公众产生一种防御性的戒备心理。

**5. 企业的信誉**

现代市场经济的高度发展，使企业与公众之间的相互联系与相互依赖大大加强，加之大众传播媒介和现代沟通技术的迅速发展，促使企业通过市场和传播媒介与整个社会连成一体。良好的企业信誉，成为开拓并巩固市场，获取稳定盈利的神秘砝码和推动企业发展的无形力量，因而构成企业内在形象要素。

企业信誉包括两个层次的含义，即商品信誉和企业信誉，由企业活动及行为和公众评价两方面的因素构成。企业信誉是较高层次的信誉，实质上是显示了企业公众对企业的信赖关系，它在企业与公众的经济、技术、文化、社会交往中产生，不仅是企业经济技术素质的反映，而且是企业作为社会“公民”，履行和承担社会责任的标志。良好的企业信誉能够建立起公众的消费信心，创造出财富和机会。

**6. 企业精神与价值观**

员工的精神风貌、行为方式、人格特征、工作态度都根植于深层的企业精神与价值观。企业精神是企业的行为准则和精神动力，代表着企业员工的精神风貌，渗透在企业宗旨、战略目标、经营方针、职业道德、人事关系等各个方面，反映在厂风、厂纪、厂容、厂誉上。价值观是企业获得成功的哲学精髓，它为企业全体员工提供共同的努力方向，并且成为指导他们日常行为的共同准则。

企业形象要素虽然很多，但不论外在形象还是内在形象的塑造，归根结底都离不开人的努力。特别是对企业的内在精神形象诸要素的分析表明，它们实际上都涉及人的形象。企业形象的塑造，最终要归结为一代新人的塑造。

当一个企业衰落或破产的时候，人们自然会从其技术水平、经济资源、组织结构以及市场变化上找出许多客观原因，但有谁探究过此中的精神因素、文化因素呢？美国IBM（国际商业机器公司）公司的托马斯·沃森却认为，一个企业的成功或失败比上述原因更重要的“是我们称之为信念的那种精神力量，以及这种信念对于全体员工所具有的感召力”。道理很简单，公司是人的集合体，企业的失败就是这些人被困难打倒了。

如果把每个员工都看成有思想有主意的人，而不只是一双会干活的手，我们就会发现，企业不仅是员工挣钱来养家糊口的地方，而且还是他们创造自己的人生价值，实现自己人生意义的奋斗场所，更是员工们共同的生命之舟。问题在于，许多企业仅仅依靠财务指标和奖励措施去激励员工，而没有认识到，员工在每天琐碎而平凡的工作中需要体验价值准则的认同。你可以命令你的员工按时下班，但你不一定能命令你的员工以他最出色的努力完成他的工作。

企业形象是一个整体概念，上述的形象要素实际上都是人的形象。如果企业不去培育员工进步的价值观、高尚的情操、向上的进取精神，企业形象就将苍白无力。因此，企业精神与价值观是企业形象的灵魂。

## 【案例】上海：制定最佳工业企业形象单位评选标准

1995年，上海市在全市工业系统中开展了塑造良好企业形象的活动，并采用市场检验、公众评议、政府评估的办法，评选出了“上海市最佳工业企业形象单位”。上海市最佳工业企业形象单位评选委员会制定的评选标准是：

(1) 产品形象。

产品质量可靠，技术先进，适销对路，产品开发能力强，有关指标（如市场占有率、质量技术指标等）列于全国同行业先进水平，主导产品牌誉良好，售前、售后服务体系完整，服务优良、周到，客户满意率高。

(2) 经营形象。

企业经营业绩突出，经济效益综合指数及主要经济指标居于全国同行业先进水平；经营战略与营销战略正确有效，市场开发和应变能力强，产销率居于全国同行业先进水平；依法经营，市场行为规范，企业信誉良好，有关指标（如企业资信度、经营合同履约率等）居于全国同行业先进水平；企业资产得到增值；回报社会，承担社会义务，为社会作出贡献。

(3) 管理形象。

质量管理实行ISO 9000《质量管理和质量保证》系列标准或国际专业标准，取得或积极争取国家或国际认证机构的认证；财务管理与国际接轨，核算制度科学健全，财务纪律严格；现场管理实行定置管理，做到科学、合理、整洁、有序，设备完好；积极运用、推广先进的管理方法和手段，计算机应用程度高。

(4) 外观形象。

企业在生产装备、工作用具、厂房建筑、产品包装、员工着装、环境布置等方面，有统一的标识，能凸显企业的个性特点；企业环境净化、绿化、美化，达到上海市绿化先进单位标准和各类环保指标。

(5) 发展形象。

按照现代企业制度的要求，不断深化内部改革，建立起产权清晰、权责明确、政企分开、管理科学的新体制，活力不断增强；企业有中长期发展规划，目标明确，措施有力；重视科技进步，技术改造、技术开发成效显著，主要工艺装备先进，发展后劲足；重视人才发展，培养与企业发展战略相适应的各级各类人才，特别是培养具有一流水平的高级专门人才，并形成良好的吸引人才、激励人才的环境和机制。

(6) 员工形象。

企业领导干部开拓创新，廉洁高效，率先垂范，团结协调，干群关系密切；员工敬业爱厂，职工道德良好，企业全面推进岗位行为规范，重视日常养成；企业形成好学上进的激励机制，员工技能、技术素质高于全国同行业平均水平；员工在企业外做到文明礼貌，遵纪守法，热心公益。

(7) 精神动力。

企业的经营宗旨和理念以中国特色的社会主义理论为指导，企业党组织政治核心作用充分发挥；依靠员工办企业，民主管理有制度、有实效；努力培育以集体主义价值观为核心，体现中华民族优秀传统和时代特征并具有企业个性风格的企业精神，能凝聚、激励员工奋发进取；尊重和关心员工，丰富员工文化生活，形成团结和谐、健康向上的企业文化氛围和良好风气。

## 企业形象要素的多重组合

在现实中，由于对企业形象的观测角度不同，对企业形象的考察方法不同，对企业形象进行分析的时空条件不同，对企业形象构成部分的理解不同，对企业形象内容的主观要求不同，对企业形象评价的指标体系不同，我们可以从理论与实践的结合上对企业形象进行基本内涵和基本要素的多层面、多方位、多视角的有机组合，以揭示塑造当代企业形象的一般途径和基本规律。

**1. 自我期望形象与实际社会形象**

企业的自我期望形象，是一个企业自己所希望具有的社会形象，亦即是企业的愿望和奋斗目标，规范和激励着企业的行为，是企业生存发展的内在动力。企业形象塑造工作的一个重要任务，就是将本企业的自我期望形象、明确地规划出来，以使企业自觉地为塑造良好形象而不懈努力。

企业的实际社会形象是一个企业所面临的社会舆论和社会公众的实际评价，亦即企业在社会公众心目中的知名度和美誉度。这种实际社会形象反映了社会公众对一个企业的真实评价和客观态度，是企业制定公共关系战略和策略的可靠依据。

在实际中，将企业的自我期望形象和实际社会形象及其差距揭示出来，是一项十分重要的基础性工作。它为企业客观、全面地了解自己、了解外部环境、了解其公众关系状况、了解自身的问题和不足，并根据客观情况科学有效地调整其公共关系战略，为制订合理的公共关系计划提供了可靠的信息数据和形象化的分析观察资料。

**2. 物质表征形象，社会表征形象，精神表征形象**

任何一个企业，它们各自的特征均有着具体可见的物质形式。这些物质的、硬件的、具体的客观实在所形成的形象，通过公众的感受加工，印入其形象记忆系统，又经过概念驱动的认识加工，就得到了对这些有形形象内在本质特征的高度概括，这种概括便是公众对企业主体意识较清晰的本质认识。企业主体意识能做出物质表征的标志有很多，如企业的设备装置、建筑群落、团体徽标等。

社会表征形象是指通过企业经营文化、环境文化、娱乐文化建设和企业管理过程所表现出来的企业素质和企业风格特征。包括企业的包装设计、广告形象、人才和技术力量阵容、办事效率及公共关系活动的效果等。一个企业除了其物质表征给公众以具体、有形的刺激外，社会地位、经营文化系统、管理的方针和水平、公共关系状况等社会表征同样给公众带来刺激，带来形象冲击。

精神表征形象是指企业行为所表现出来的内在精神和价值观。企业精神是企业形象的精髓，是企业生存、奋斗、发展的全部价值观念的体现，它具体地体现和显现在企业的凝聚力、员工的精神风貌、企业内部的群体心理气氛之中。

从物质、社会、精神表征形象的相互关系来看，物质表征是基础，社会表征是形式，精神表征是核心，三者互为条件、互相影响、互相制约，共同展示一个企业的综合形象。

**3. 内在形象与外在形象**

一个企业首先以它的外在形象展示在社会公众面前，企业的名称、产品商标、工作环境、产品包装、设备装置、建筑群落等都属于把企业形象传播给外部世界的外显性视觉对象和感受对象，这些代表物或象征物能在公众心目中引起有意识和潜意识的想象，是企业的硬件形象或称实体形象。

企业形象，不仅来自于有形的外显性事物，而且来自于企业行为所体现出来的内在素质和内在精神；不但有为公众能够直观感知到的象征性内容，而且有经过长期努力形成的一整套管理制度、服务规范、质量保障、信誉保证、企业精神等内在因素，这些内在因素是企业形象的内在基础，是企业形象力的终极动力，是企业行为的根源。

内在形象与外在形象的统一，是塑造良好企业形象的前提条件，也是社会公众对企业形象的客观要求。

**4. 静态形象与动态形象**

如果将企业长期努力形成的凝固下来的公众印象和评价称作静态形象，那么，动态形象则是指经过企业公共关系活动和经营管理行为所不断传播和呈现出来的新形象。

形象需要创新、需要展现、需要传播。“做得好还要说得好”是公共关系的重要信条。从注意的选择性规律来看，一种事物只有具有新意、有独到之处、有爆发力、有吸引力，才能引起关注。企业在竞争大潮中，其形象往往很快被稀释、被冲淡，只有不断刷新，才能获得公众的认可和记忆，否则，塑造企业形象就失去了意义和作用。

诚然，静态形象是一种基础形象，是企业通过长期努力积累起来并打入社会公众的认知和记忆中的。没有静态形象做基础，动态形象就成了无本之木、无源之水。好的静态形象加上好的公关传播，才有好的动态形象；好的静态形象加上好的动态形象，才有好的企业形象。良好的企业形象是静态形象和动态形象在美的基础上的统一。

但是，只强调静态形象而忽视动态形象也是片面的。动态形象实质上是企业已有形象、过去形象、凝固形象的一种创新、一种发展，同时是对创新形象和发展形象的一种扩散、展示和张扬。没有动态的扩散、展示和张扬，企业形象就难以被更大范围的公众所认知，并且容易被公众淡漠甚至遗忘。企业形象一旦走向陈旧，走向呆板，企业在塑造形象上所做过的一切努力就会付之东流，这是由当代社会公众求新、求异、求变的心理所决定的。

因此，企业必须在重视形象塑造的同时重视形象传播。在实践中，企业的各种展销会、新闻发布会、创意广告，各种新颖的公共关系专题活动，都是动态形象展示的好途径和好方法。通过这种科学有效的形象展示，促使企业将塑造良好形象作为长期战略，从而促进企业的进步和发展。

青岛海尔集团以其企业的雄厚实力、产品的优异质量著称于世，海尔产品已成为万家追求的目标，海尔冰箱和冰柜被世界卫生组织指定为优秀医用设备。海尔集团经过多年奋斗，其历史发展、企业规模、精神风格、产品质量、服务水平已深深印在公众脑海中。但海尔并没有沉浸在对已有成绩的欢庆中，而是注重形象重塑和形象传播。早在 20 世纪 90 年代，该集团经过精心设计和策划，和青岛铁路局联袂，开出了一列从青岛到北京的青岛海尔号火车。车窗外的横牌，车厢内的窗帘、桌布，列车员胸前的胸卡标记，都是中外两个不同肤色的小朋友亲亲热热在一起的海尔商标标志，广播里播放的是青岛海尔的音乐和信息。使旅客一走进青岛海尔号列车，就进入了海尔集团的企业氛围之中。整洁、漂亮、隆隆疾驰的列车，承载着海尔的形象，给公众以耳目一新、气势磅礴的震撼感，从而很好地刷新和巩固了青岛海尔集团在公众心目中的良好形象。这是一起很有创意的由静态到动态的形象策划。国内有的报纸以《青岛海尔号和毛泽东号列车擦肩而过》为题，报道了海尔的这一创举，收到了很好的形象传播效果。

**5. 主体形象，客体形象，环境形象**

形象塑造过程实际上是形象塑造者，即形象主体在一定的环境系统中，通过努力，在生产产品和提供服务的同时，创造出客体形象即产品和服务形象的过程。形象传播过程亦是形象主体经由一定环境，通过产品和服务这个形象客体把形象传达给公众对象的过程。

(1) 主体形象。

主体形象即企业形象塑造者的形象，亦即企业生产经营的主体——员工的形象，包括企业的操作工人、技术人员、管理人员及企业家的形象。主体形象实际上是企业内部全体员工在工作态度、服务水平、职业道德、敬业精神、风度仪表、精神风貌、公关意识、文化素养等方面表现出来的总体风格和整体特征。主体形象实质上是人的形象，是企业形象的内在基础，因为企业形象的塑造归根结底是由人来完成的，主体形象塑造的根本任务实际上就是优秀企业人的培育，是高素质企业人的造就。

(2) 客体形象。

客体形象是指经过形象塑造主体的努力工作和奋斗所创造出来的客体，即产品或服务的形象。优质产品和优质服务的形象构成优秀客体形象的核心。产品或服务作为企业形象物质化或外化的结晶，作为提供给社会公众的一个可感知的客体，是公众把握企业形象重要的客观性对象。

产品或服务是企业和公众关系的最终接触点，也是企业经营过程的落脚点。产品一旦生产出来投入市场，服务一旦提供给公众，就凝结成一种可感知、可把握、可评价的客观的外在对象，并在接受产品或服务的公众中形成一种客观形象。优质的产品和服务所凝结成的良好客体形象，不仅直接刺激公众对该产品或服务的消费欲望，还能使公众通过客体了解主体，通过产品或服务了解生产者和服务者，即了解主体形象。

以生产性企业为例，其客体形象亦即产品形象的好坏，主要表现在这样几个方面：产品质量是否过硬；产品功能是否齐全；产品整体设计和外观是否合理；产品装潢是否有特色；产品包装是否美观；产品名称是否恰当；产品价格是否合理。

以服务性企业为例，其客体形象亦即服务形象的好坏，主要表现在这样几个方面：服务态度是否热情；服务技能是否过硬；服务设施是否先进；服务效率是否快捷；服务项目是否齐备。

(3) 环境形象。

环境形象是指形象主体在创造形象客体的过程中所置身条件的形象特征。这里主要指的是企业内部的人造环境系统，包括人造物质环境和自然环境两部分。主体在环境中生存、工作、创造；客体在环境中被生产出来、提供出来；环境则在主体创造客体的循环往复的运动过程中，被不断改造、不断完善，并反过来为主体对客体的创造过程提供更好的条件。

企业的人造物质环境和人造自然环境主要包括：生产车间的特征、生产设备的特征、企业建筑群落的特征、厂区及车间的美化、绿化、净化的状况等。企业内外公众对工作环境的总体印象和评价构成企业环境形象的概念。有了好的工作条件、好的环境形象，能够激发主体的创造力，从而创造出良好的产品和服务形象即良好的客体形象。环境形象的优劣，在很大程度上直接影响到主体活动的效果，从而影响到客体形象的优劣。

主体、客体、环境形象之间有内在的相互依存、相互制约、相互影响的关系。同时，三者的作用又是不同的。在主体、客体、环境形象之中，主体形象的好坏是起决定作用的形象因素，因为归根结底，客体形象和环境形象都是人创造和改变的。但后两者的反作用也直接影响到主体形象的优劣变化，如一个企业环境恶劣，产品和服务质量不能保证，企业员工在公众心目中的形象就会受损。

完美的企业形象应该是良好的主体、客体、环境形象的统一。

麦当劳快餐公司自1954年注册以来已经有50多年的历史，它由当初的一家小型汉堡食品店扩展为位列全球第一位的快餐连锁店。到2005年，麦当劳在全世界拥有超过30000家连锁店，足迹遍及121个国家和地区。麦当劳快餐公司的销售方法是：将汉堡包和土豆条的快餐以相同的形式、相同的价格、相同的包装、相同的广告宣传词推往全世界。为了树立自己的良好形象，公司提出了“八字”经营方针：“质量、服务、清洁、价值”。体现了主体形象、客体形象、环境形象的全方位形象塑造。

从主体形象塑造来看。麦当劳公司十分注重员工素质的培养和敬业精神教育，公司每年定期举办“汉堡包厨师”比赛大会，以速度和质量为评分标准，夺魁者获奖，以此鼓励厨师们不断提高技术水平。公司建立了“汉堡包大学”，规定只有掌握了各种管理技术、制作程序、服务规范的人才能从该大学毕业并从事经销服务工作。该公司的高级管理人员经常深入基层和现场，关心职工，亲自培训职工，亲自动手干，展示了良好的管理者形象。该公司的信条是：让每位员工了解工作的意义和价值，了解他们所作的贡献，向快餐业这个平凡、普通、世俗的行业注入某种自豪感和责任感。

从环境形象塑造来看。麦当劳的快餐店，都设计了相同的建筑风格和环境标志，它的式样类似的砖房和统一的金色拱门标志成了某种特有的、人们可以感知到的气氛和风味的象征。它的整洁、干净的餐厅环境，高速公路旁的醒目招牌，都构成了麦当劳的独特的环境系统。

从客体形象塑造来看。麦当劳作为一家快餐饮食店，十分注重其服务形象的塑造，它的服务可以用四个字来概括其特征：快捷、方便。该店制定了“快速”经营方针，柜台服务身兼三职，即照管收银机、开票和供应食品。顾客只需排一次队，就能取到所要的食物，即使是最忙的时候，也只需一两分钟，热气腾腾的快餐就会送到顾客手里。为了最大限度地方便顾客，设在高速公路两侧的快餐分店往往事先把卖给顾客的食物妥善包装，以防在车上倾倒或溢出，饮料杯盖则预先划好“十”字口，方便顾客插入吸管。如此快捷、方便的服务，构成了麦当劳公司客体形象的特征，从而赢得了大量顾客。美国高速公路上的食品生意几乎被麦当劳快餐店一家独揽。

**6. 瞬间形象与持久形象**

瞬间形象是指一个企业在其生产经营活动中所表现出来的一时、一事的形象特征；持久形象是指企业行为作为一个过程所呈现出来的持久、一贯的形象特征。

一般来说，企业在形象塑造方面要靠持久的、不懈的努力。企业良好形象的塑造绝不是靠一时一事所能奏效的，而是要经过长期的工作，靠企业的产品质量、服务水平、员工素质诸方面持之以恒的追求。瞬间的良好形象是比较容易展示的，但持久的良好形象却比较难以达到。

持久的良好形象是企业在激烈的市场竞争中取胜的根本，是企业谋求长远发展和事业开拓的条件。这就要求企业在形象塑造方面不搞花架子，不搞一阵风，不搞形式主义，不作表面文章，不搞突击，而要着眼于企业良好形象的长期建树和长远规划。

瞬间形象有时可能是主观因素所导致的恶劣形象，在这种情况下，企业绝不能掉以轻心，任其发展，而应该做大量挽救形象的工作，矫正形象危机，使企业消除误解或改正错误，恢复良好形象。

**7. 过去形象与现在形象**

过去形象是指企业在社会公众心目中所形成的对过去状况和总体风格的评价，现在形象是指社会公众心目中对某个企业现有情况和目前状态的总体评价。

企业形象的生命力在于对良好形象永不停滞的追求。企业的各项事业是不断发展的，社会公众对企业的形象认知也是不断发展的，不可能永远停留在过去水平上。如果企业给社会公众的印象陈旧、老化，即公众对某企业的看法和评价始终停留在过去印象上，对企业的发展极为不利。

诚然，企业的历史渊源、丰功伟绩、创业过程是不应该被淡漠的，而应该经常予以宣传，以激发员工的奋斗精神，尤其是教育后来的员工。同样，外部公众也要从企业发展历史过程中，综合评价一个企业的形象。但企业应该紧紧把握时代脉搏，不断改进形象，刷新形象，传播形象，使公众把握和了解企业现在形象、目前形象，这样有利于企业生存的发展环境的优化。

**8. 总体形象与特殊形象**

总体形象是指社会公众心目中形成的对一个企业各形象要素的总体评价和判断，即企业形象要素的总和。特殊形象是指部分对企业有特殊利益关系和固定往来关系的公众对企业某一方面或几方面形象要素的评价和要求。

任何一个企业都是社会有机体的一个组成部分，它必须关心自身的整体社会形象；任何一个企业的形象都是由多方面的要素构成的，它还必须追求自身整体形象的协调和统一。因此，企业总体形象实际上是企业对自身形象的全方位塑造和公众对该企业形象总体把握的统一。

每个企业都希望自己的总体形象趋于完美，但在实践中，这是一个十分艰巨的形象塑造过程，需要企业做长期的努力，并全方位、多角度地建树形象。这就要求把总体形象的塑造当成一个复杂的系统工程来对待，精心构造企业的形象系统。

在塑造总体形象的同时，也应该看到特殊公众对企业形象某一个或几个方面的特殊要求。企业的塑形设计，应该从本企业实际出发，根据本企业的特点，根据企业重要公众和特殊公众的要求选择一个或几个突破口取得成功。这是一般和特殊的关系，处理好这个关系，有利于企业有效做好形象塑造工作，减少企业公共关系工作的盲目性。

仅考虑总体形象而忽略特殊公众对形象的特殊要求，或者只重视形象要素的某一个方面而忽视总体形象设计，都会导致形象塑造的片面性和误差。

特殊形象的设计和传播涉及了企业形象定位的问题。企业形象定位的根本任务是确定企业在公众心目中特定的形象位置，以区别于其他企业，这也是公共关系的差异化、个性化战略的要求。

**9. 外感形象与内感形象**

外感形象是指外部公众对某企业的综合印象和评价，内感形象是指企业内部员工对自己企业所具有的综合印象和感知。

就企业外部来说，社会公众对某个企业形象的评价，最终取决于企业通过自己的产品和服务对社会公众及整个社会的贡献；就企业内部来说，企业员工对自己企业形象的评价最终取决于企业经营状况好坏和企业员工内部的凝聚力大小。

(1) 良好的外感形象的特质。

一个企业，要受到外部社会公众的赞誉和好评，即获得良好的外感形象，就应具备以下特质：

①人与事的公正态度与信用，这是企业受其外部公众欢迎的基础。

②企业对其产品和服务质量的卓越追求和不断改进。

③独特的管理方式和快捷的工作效率。

④企业的规模、实力和企业员工的素质及其他外显性事物的特征。

(2) 良好的内感形象的特质。

一个企业，除了要获得外部公众的支持与合作之外，还必须得到企业内部全体员工的理解、支持和信赖，只有这样，才能团结全体员工为企业的成功协力奋斗。内部员工喜欢的企业形象的特质，即获得好的内感形象，应具备的条件有：

①“自己的企业”。这就是说，员工对自己工作和奋斗于其中的环境有一种“认同感”和“我们感”。

②“可以依托和归宿的企业”。也就是说，员工真正把企业的发展与自己的命运和前途联系起来，对企业有信任感。

③“值得骄傲的企业”。员工对企业的现状和未来充满信心，有一种自豪感和荣誉感。

④“融洽的家庭氛围”。企业里有一种员工亲如一家的家庭氛围，有对事业和工作的愉快感，这是激发员工努力奋斗的内在力量。

外感形象和内感形象的最佳统一方式，从内部看，企业使全体员工在生产中产生和企业荣辱与共的感情，重视员工利益，工作分层负责，奖罚分明，量才使用，平等待人，气氛和谐；从外部看，企业给社会公众和消费者以可以信赖的印象，通过其优质产品和优质服务在公众心目中建立声誉，并以其对社会责任的承担和对社会的贡献获得社会公众的认可和首肯。

**10. 真实形象与虚幻形象**

真实形象是指社会公众对一个企业整体风格特征的客观、全面、真实的评价和认识。虚幻形象是指从某些片面甚至虚假的和表面的现象中得出的对企业的认识和评价。

在激烈的市场竞争中，由于主客观和环境等多方面复杂因素的影响，人们常常对某些信息不辨真伪，导致社会公众对企业或企业对自我形象的判断失误。也不否认个别企业在形象传播中弄虚作假，把真相掩盖起来，从而使公众得出对企业形象认知和评价的错误结论。

虚幻形象一旦形成，就有可能导致社会公众得出错误的认识，企业做出错误的决策，最终使社会公众或企业陷入被动的局面。因此，企业形象的传播要坚持实事求是、公正客观的原则。企业一旦发现危机的苗头，不要掩盖，更不要粉饰，而要及时纠正和调整形象，要懂得虚幻形象是不能长久的。从公众角度来讲，在观察和评价企业形象的时候，要广泛收集信息，学会透过现象看本质，学会全面地看问题，这样才能对企业形象有正确的评价和认识。

一段时期，日产公司研制的蓝鸟牌小轿车，声誉超过了丰田公司的光环牌小轿车，从而夺去了丰田公司在日本汽车行业中出口第一位的宝座。许多公众产生了丰田车不如日产车的印象，从而对丰田汽车的发展构成一种极不利的环境。其实，丰田汽车的质量仍是最好的。为了纠正社会公众对丰田汽车及其产品的虚幻形象的认识，丰田汽车公司策划过一次大规模破坏性试验宣传活动。最引人注目的是一场“空中飞车”观摩试验。一辆高速行驶的丰田公司光环牌小轿车，在奔驰过来的一瞬间腾空而起，行程25米，着地后照常疾驰而去，车身丝毫无损。丰田公司吸引大量公众观看了这场试验，还专门为这场表演拍摄了纪录片，广为传播，收到了很好的效果。使丰田车在公众心目中摆脱了不利的虚幻形象，重新赢得了“坚固耐用”的盛名。经过几年的努力，丰田公司的光环牌小轿车压倒了日产公司的蓝鸟牌小轿车，在国际市场上取得了“车到山前必有路，有路就有丰田车”的独特地位。

# 第二章

## 企业经营战略与形象战略

企业经营战略阐述了企业存在的理由，并指明了企业在未来较长一段时间内的战略目标和战略路径，它起着统率和引领企业其他一切经营活动的作用。企业形象的策划和管理应遵循企业经营战略优先的原则，即以企业发展战略为依据设计和制定相应的企业形象体系。

## 企业经营战略的含义

面对瞬息万变的经营环境，面对世界经济的发展和世界范围内新技术革命浪潮的冲击和挑战，每个市场经济条件下的企业都感到了市场竞争的巨大压力，都面临着市场选择或淘汰的巨大风险。

在市场经济大潮中，有的企业在强手如林的竞争环境中被迫退出舞台，有的企业却适应了险恶的竞争环境，在竞争中获得了生存和新发展，究其原因，主要是企业及其决策层能够综观全局，高瞻远瞩，富有创新意识和战略眼光，能够在对企业经营环境进行长期预测和分析的基础上，制定一个切实可行的、卓有远见的战略规划。

**1. 企业经营战略的特征**

“战略”一词最早用于军事领域，与谋略、韬略同义。应用于企业生产经营管理中，就赋予了新的含义。

企业经营战略是指企业为了适应环境变化，谋求长期生存和发展，有效地利用企业各种资源，对企业全局性的目标、方针、策略进行超前的运筹谋划。

在当代社会，企业的成功或失败不在于其规模的大小，也不能指望一时的运气和环境条件的优劣，也不能完全由行业的发展所左右，最根本的是取决于企业经营战略的正确与否。

企业经营战略管理的特征是：

(1) 经营战略管理以战略观念为指导。主要的战略观念集中表现为全局观念、自主观念、市场观念、质量观念、效益观念、竞争观念和开拓创新观念。概括为三句话，即用户是上帝，质量是生命，时间是金钱。

(2) 经营战略管理是一种面向未来的、超前的预期性管理。它的目的不在于维持企业现状，而在于创造、开拓企业的未来，谋求企业长远发展和系统的优化目标。

(3) 经营战略管理是以全局为对象，以长远为目标，根据企业总体发展需要而制定的企业当前和未来活动的行动纲领。

(4) 经营战略管理通常受到各种外部环境因素的重大影响。因此，既不能急功近利，又不可朝令夕改，应该具有对环境的动态适应性和战略规划的相对稳定性。

(5) 经营战略管理涉及许多方面和许多过程，是一种全方位、全过程、多角度、多层次的战略构想、战略安排，必须多方面统筹兼顾。

(6) 经营战略管理是企业决策层的重要职责，企业决策层及企业家必须十分重视战略问题，高瞻远瞩，统揽全局，审时度势，集中精力关注企业战略问题。

**2. 经营战略的分类**

按管理的层次，企业经营战略可分为企业战略和部门战略。

企业战略是指为了提高企业的总体效益，对企业资源在各个经营单位中最佳的、持续不断的分配过程。企业战略亦称为企业总战略，它规定了企业在一个较长时间内的总的战略目标。

部门战略是企业各部门根据总战略的目标和实施要求而制定的具体战略。部门战略也称为企业分战略，它规定了在企业总战略指导和规划下部门的具体行动目标。

按照总战略的性质要求，可划分为稳定战略、进攻战略、紧缩战略、组合战略、重点战略五种基本类型。

按照分战略的性质要求，对其也可以细分。分战略或部门战略可以包括产品战略、市场战略、财务战略等，侧重于提高企业产品或服务的市场竞争地位。

不同类型的总体战略，必须有不同的分战略与之相适应、相配合、相协调，以保证总战略的实现。

## 企业经营战略的内容

企业经营战略包括三项基本内容：战略制定、战略执行、战略评价和控制。

**1. 战略制定**

战略制定，是在对企业外部环境和内部条件的机会和风险、优势和劣势、可能性大小等进行有效分析的基础上制定出来的长远规划，它由战略思想、战略目标、战略方针、战略措施、战略计划等内容组成。

战略目标是企业在一定时期内生产经营活动的方向和要达到的水平。就其性质看，不外乎三种类型：

(1) 成长性目标。

它是表明企业进步和发展水平的目标。这种目标的实现，标志着企业经营能力有了明显提高。成长性目标包括销售额及其增长率，利润额及其增长率，产品产量、产品质量、产品品种、产品规格等。

(2) 稳定性目标。

它表明企业的经营状况是否安全，有无亏损甚至破产倒闭的危险。该目标主要有经营安全率、利润率、支付能力等。

(3) 竞争性目标。

它表明企业的竞争能力和发展潜力。具体包括市场占有率、名优产品率、市场份额以及产品质量标准考核情况等。

**2. 战略执行**

战略执行是战略管理的一个重要的职能。战略执行主要针对集团公司，包含三个层次的含义：

(1) 集团战略规划。

主要是如何选择简单、有效的工具来规划整个大集团的战略，以便于战略的可视化，建立一个集团与子公司战略沟通的平台。

⑵ 集团管控模式设计。

主要是界定集团管控基本模式与原则，包括管控功能界面划分和管控具体运作体系规划。

⑶ 管控运作体系设计。

主要指集团管控流程制度、集团组织架构、集团人力资源与企业文化体系设计，它往往是管控模式能否真正落地的关键。

**3. 战略评价和控制**

战略评价和控制是指通过信息反馈和目标管理等途径来检查和监督战略的执行，并将已取得的成果与期望的目标进行比较，从而对战略管理进行有效的控制。

战略控制主要是指在企业经营战略的实施过程中，检查企业为达到目标所进行的各项活动的进展情况，评价实施企业战略后的企业绩效，把它与既定的战略目标与绩效标准相比较，发现战略差距，分析产生偏差的原因，纠正偏差，使企业战略的实施更好地与企业当前所处的内外环境、企业目标协调一致，使企业战略得以实现。

⑴ 对企业经营战略的实施进行控制的主要内容。

①设定绩效标准。根据企业战略目标，结合企业内部人力、物力、财力及信息等具体条件，确定企业绩效标准，作为战略控制的参照系。

②绩效监控与偏差评估。通过一定的测量方式、手段、方法，监测企业的实际绩效，并将企业的实际绩效与标准绩效对比，进行偏差分析与评估。

③设计并采取纠正偏差，以顺应变化着的条件，保证企业战略的圆满实施。

④监控外部环境的关键因素。外部环境的关键因素是企业战略赖以存在的基础，这些外部环境的关键因素的变化意味着战略前提条件的变动，必须给予充分的注意。

⑤激励战略控制的执行主体，调动其自控置与自评价的积极性，以保证企业战略实施的切实有效。

战略控制的一个重要目标就是使企业实际的效益尽量符合战略计划。

(2) 战略控制过程的四个步骤。

①制定效益标准。战略控制过程的第一个步骤就是评价计划，制定出效益的标准。企业可以根据预期的目标或计划制订出应当实现的战略效益。在这之前，企业需要评价已定的计划，找出企业需要努力的方向，明确实现目标所需要完成的工作任务。

②衡量实际效益。主要是判断和衡量实现企业效益的实际条件。管理人员需要收集和处理数据，进行具体的职能控制，并且监测环境变化时所产生的信号。此外，为了更好地衡量实际效益，企业还要制定出具体的衡量方法以及衡量的范围，保证衡量的有效性。

③评价实际效益。用实际的效益与计划的效益相比较，确定两者之间的差距，并尽量分析出形成差距的原因。

④考虑采取纠正措施或实施权变计划。在生产经营活动中，一旦企业判断出外部环境的机会或威胁可能造成的结果，则必须采取相应的纠正或补救措施。当然，当企业的实际效益与标准效益出现了很大的差距时也应及时采取纠正措施。

(3) 战略评价。

战略评价是检测战略实施进展，评价战略执行业绩，不断修正战略决策，以期达到预期目标。

战略评价的指标有三点：

①合理性。指企业战略和各分战略之间是协调一致的，企业的战略方针、战略目标、战略计划诸内容是相互吻合的，外部环境提供的机会得到充分的利用，企业内部的条件和优势得到了充分的发挥。

②现实性。战略规划的制定建立在科学调查和预测的基础上，战略目标实现的可能性最大，战略目标实施过程中的风险最小。

③效益性。指企业经营战略实现后，能使企业实力得到加强，使企业潜力得到发挥，企业在竞争中的优势地位加强，企业得到了发展。

战略评价与控制是企业经营管理的重要环节，其职能就是在战略实施的过程中发现问题并纠正问题，所以，在实际的工作中，也应根据实际情况采取不同的战略评价方法和战略控制手段，这样才会产生良好的实际效果。

## 企业经营战略的构成要素

**1. 企业的经营范围战略**

经营范围是指企业从事生产经营活动的领域，又称为企业的定域，反映出企业目前与其外部环境相互作用的程度，也可反映出企业计划与外部环境发生作用的要求。

企业确定经营范围的方式很多，从产品角度看，可以按照自身产品系列的特点来确定经营范围，如半导体器件公司、机床公司等。企业还可以根据产品系列内含的技术来确定经营范围，如计算机公司、光导纤维公司等。从市场营销的角度看，企业可以根据自己的市场来描述经营范围。这种描述可以有两个出发点：一个是企业使命，一个是企业顾客。这两者之间既是一致的，也是矛盾的。企业使命是指企业如何能够满足市场上顾客对现有产品的需求，而顾客是指产品的现实购买者。两者关系的一致，是指企业现有产品可以满足顾客需求；两者关系不一致，是说顾客可能有多种要求，需要不同的产品和不同的销售渠道来满足。这就要求企业在描述自己的经营战略范围时，应该考虑从哪个角度出发，才能真正符合企业和社会的利益。

**2. 企业的资源配置战略**

资源配置是指企业过去和目前资源、技能配置的水平和模式。资源配置的好坏会极大地影响企业实现自己目标的程度，因此，资源配置又称为企业的特殊能力。

在战略管理文献中，把资源配置作为企业战略的构成要素是霍弗和申德尔的观点。他们认为资源配置不仅是战略中最重要的方面，而且在确保企业获得成功上也比经营范围重要得多。

企业资源是企业实现生产经营活动的支持点。企业只有以其他企业不能模仿的方式，取得并应用适当的资源，形成自己的特殊技能，才能够很好地开展生产经营活动。如果企业的资源贫乏或处于不利的情况，企业的经营范围便会受到限制。

霍弗曾在1973年对企业面临挑战和应战的问题进行了研究。他发现，当企业面临重大战略挑战时，大多数获得成功的企业有三种反应：第一种，企业的经营范围和资源配置都发生了变化；第二种，仅仅是企业的资源配置模式发生了变化；第三种，仅仅是企业的经营范围发生了变化。而那些在重大战略挑战面前没有获得成功的企业，一般不会发生上述的反应。这说明，当企业针对外部环境的变化考虑采取相应的战略行动时，一般都要对已有的资源配置模式加以或大或小的调整，以支持企业总体的战略行为。

**3. 企业的竞争态势战略**

竞争态势是指企业通过其资源配置模式与经营范围决策，在市场上所形成的与其竞争对手不同的竞争地位。

20世纪60年代，西方的钢铁行业、机床行业等产业逐渐变成夕阳产业，销售额和利润额都呈下降的趋势。同时，新技术的开发和运用，使得产品更新换代加速，企业间的竞争问题在国际国内市场上显得格外突出了。能否在市场竞争中占据有利地位，取得市场营销的主动权，成了企业命运攸关的重大战略问题。

在上述情况下，战略管理的学者们把目光投向了经营领域里的竞争行为，试图寻找出获得竞争优势的道路。他们有的提出了个别产品和市场的特性可以给企业的发展带来强有力的推动这种观点，还有人认为企业的竞争优势来自于企业根据自己的产品和细分市场所选择的资源和技能的应用方式。

**4. 企业的决策协同战略**

决策协同是指企业从资源配置和经营范围的决策中所能寻求到的各种共同努力的效果。也就是说，分力之和大于各分力简单相加的结果。一般来说，企业决策考虑的协同作用应包括：

(1) 投资决策协同。即企业内各经营单位联合利用工厂的设备、共同的原材料储备、新产品开发研究资料和成果，分享企业的专用工具和专利技术。

(2) 作业决策协同。即充分地利用自己已有的人员和设备，共享由经验曲线带来的优势等。

(3) 销售决策协同。即企业产品使用共同的销售渠道、销售机构和销售手段，使企业用较小的投入，减少交易成本，取得较大的效益。

(4) 管理决策协同。即不同的经营单位分享其他部门或以往的管理经验，利用在原行业中积累起来的管理经验，有效地解决过去曾经处理过的某些类似问题。

## 战略制胜与战略选择

战略制胜是指对企业超前期的谋划和对未来问题的预测与防范措施的前期制定，把对企业经营环境趋势的把握运用在企业经营决策制定过程中，以此来取得企业长期发展主动权的一种思考。

要做到战略制胜，关键在于正确地判断和推断形势，洞察市场变化，确立适宜的战略或策略，寻求企业较长期发展的相对优势。

企业经营战略的选择可以包括以下几个部分：

**1. 技术进步战略**

技术进步战略，是以技术进步（包括技术改造、技术引进、技术创新）为企业开发重点的战略。它是通过改善企业的技术素质来提高企业产品质量，提高产品的市场竞争能力。当然，并不是因为搞了技术改造，引进了先进技术和设备，就等于采取了技术进步战略，应该明确，只有当企业把推进技术进步作为企业的头等工作来抓，并把它当作开拓企业发展新格局的治本之道时，才能将所实施的称之为是技术进步战略。

成功地实施企业技术进步战略，应具备以下几个条件，即：产品为技术密集型的，且产品的寿命周期较长；需要系统地进行技术开发，包括必要的保障条件、软硬件技术配套、人才和技术配套；对引进技术的消化、吸收和革新有长远开发规划。

企业的科技开发一般采用技术引进、引进与技术革新相结合、独立研发三种形式。

(1) 技术引进。

技术引进是指在技术转移过程中，买进技术的形式，包括专有技术知识，如产品的设计、制造工艺、预测方法、材料配方等，还包括技术培训、聘请专家指导、引进企业管理技术等。如果某种产品在市场上已有成熟的制作技术，采用技术引进方式，企业可以尽快地掌握这种产品制造技术，缩短该产品投入市场的周期，加速投资的收益性。

(2) 引进与技术革新相结合。

具体做法有：

①通过引进关键设备，或对原有设备进行改装利用，并采用现代化计量和监测仪表以及电子计算机控制，使操作科学化；

②在某些生产工序之间采用一些新技术、新设备，实行强化工艺过程，使生产流程合理化，并为连续生产创造条件；

③充分利用原有厂房和外围设施，对设备拆旧换新，引进先进设备替换落后设备；

④以技术引进带动技术改造，加快技术革新的步伐；

⑤提高折旧率，或用快速折旧法促进设备更新和技术改造。

(3) 独立研发。

这种形式是企业通过市场调查，预测社会的需求趋势，建立科研中心或科技开发机构，开展基础理论及有关新技术、新材料的研究，探讨新产品的原理与结构，从而研制出本企业独特的新产品或者更新换代产品，这种形式的科技开发一般分为基础研究、应用研究、开发研究三个阶段。

**2. 竞争战略**

竞争是一个世界性的客观现实，任何一个企业都无法逃避。采取正确竞争战略的企业，就有可能实现经营管理的最好效果，没有竞争意识的企业必将被淘汰。企业只有研究竞争的规律，分析竞争中的利弊得失，采取适当的竞争战略，才能立于不败之地。

(1) 特殊化竞争战略。

所谓特殊化竞争战略，就是企业依靠自已的独特技术，制造出具有先进水平或适合特殊用途的产品，以满足用户的某种特殊要求和特殊条件限制。

对于产品来说，既有一般用途的，还有各种各样特殊用途的。较特殊用途的产品，一般用量较小。而且，为了制造这种产品还要付出比一般用途产品大得多的努力。但正因为是特殊用途的产品，所以销售价格要比一般产品高得多，这一点正是特殊化战略的关键所在。

(2) 差别化竞争战略。

所谓差别化竞争战略，就是企业通过采用专利技术，以及凭借其他技术和管理措施，生产出优于现有标准的产品，即在产品质量上、性能上有所提高的产品。或者在销售上，通过广告宣传和加强推销活动，使用户对某企业的产品产生与众不同的印象。差别化战略包括差别化产品、差别化营销方式、差别化专利技术。

(3) 低价竞争战略。

所谓低价竞争战略，就是企业在竞争中努力降低产品成本，或利用先进技术批量生产，以低成本低价格扩大市场占有率，提高销量。

价格是企业参与市场竞争的制约性因素，价格战略就是通过精心考虑和详细制定的高价、低价、平价战略来达到在竞争中取胜的一种经营战略。

在人们的收入和消费水平低的条件下，价格战略的选择是最有效的。我国人口众多、市场容量大，将低价战略作为企业价格战略中的主要措施，具有现实意义。它的直接结果可能是实现薄利多销，扩大市场占有率。

低价战略又可分为部分低价、完全低价、心理低价、开拓性低价四种。部分低价是利用消费者对大路商品价格比较敏感的心理，降低敏感商品价格以吸引顾客的策略；完全低价是将全部产品或主要商品的价格，定在竞争对手的同类产品价格之下以吸引顾客的策略；心理低价是根据消费者心理状态，制定一个使消费者感到合理的价格，从而扩大销售；开拓性低价亦称低价进入，是在初始阶段采用低价，待打开市场之后，再把价格定在合理水平。

**3. 聚焦战略**

聚焦战略，就是将企业的有限资源，集中于一个相对狭小的领域，形成相对优势。其集中优势的领域，可以是产品，也可以是市场。

聚焦战略，对一些中小型企业较为适用。“集中优势兵力打歼灭战”，将力量集中于一点，瞄准一项产品或一个目标市场。企业自身力量如不足，还可借助力量，发展横向联合和专业化分工协作。

对于大中型企业，聚焦战略有助于实现企业产品向名优产品的过渡；对于竞争激烈、产品特色又不明显的企业，通过技术、质量的优势压倒群芳极为不易，在这种情况下采用聚焦战略，在某一方面多花些投资，形成自已独到的优势，会收到意外效果。

**4. 多角化经营战略**

以往的企业往往是靠一种主力产品起家。随着竞争形势的变化和企业规模的不断扩大，各种企业集团的建立，经营的多角化已成为企业在竞争中立于不败之地的重要战略。在同一个企业里，既生产相关产品，也生产不相关产品，同时具备多种产品的生产能力，哪种产品市场形势好就集中生产哪种产品，是企业战略的时代焦点。

一个正确的多角化战略，可以救活企业，使其得以生存和发展；可以繁荣企业，为其带来美好的前景。日本战后经济奇迹般发展，多角化战略是一个重要因素。

所谓企业多角化战略，就是企业为了维持生存和取得更大的发展，利用已有事业的经营资源和经营诀窍，打入到新事业领域中去的企业经营战略。也可以说，多角化战略是通过以新产品和新市场相结合的方式，促进企业多种经营的产品、市场战略。

企业多角化战略思路包括：

①在哪一个产品市场领域，进行多大规模的生产和销售；

②为此目的，应该怎样积累和分配经营资源；

③企业将怎样达到自己的目标，即整个企业在经营方面的基本计划、方针。

经济学家安瑟夫在《企业战略论》中，将企业战略分为四类，即市场渗透战略、市场开发战略、产品开发战略和多角化战略。多角化战略在安瑟夫看来“是将自己的事业打人到从来未涉足过的商品市场领域，谋求扩大企业事业范围”。他认为，为了达到多角化战略目标，必须要以新技术开发、新产品研发等为推进力。

**5. 海外发展战略**

一个企业，不能只限于在国内市场找出路，还应努力开发国际市场。第二次世界大战以后，日本经过几十年的努力，极大地增强了经济实力。日本产品也以其质量可靠、价格低廉、服务周到等特色而畅销于世界，具有很强的国际竞争能力，使日本连年取得巨额贸易顺差。但是，仅仅依靠商品输出，还不足以占领更多、更大的国际市场，而且越来越频繁、越来越激烈的贸易摩擦，已对日本的商品输出构成了极大的威胁。为了逃避国外贸易限制，巩固并占领更大的国际市场，日本企业不得不双管齐下：一方面争取更多的商品输出，另一方面以资金技术、管理经验为资本，在国外设厂生产，就地销售，走发展海外企业之路。

随着一个国家经济实力的增强，它在经济上必然要向海外发展，走企业国际化的道路。企业国际化的最主要形式是设立海外销售子公司，进而创立跨国公司。

日本企业的国际化，长期以来是以商品输出为基轴展开的。后来逐渐地转移到在发展中国家发展企业，并进一步扩展到在美国、欧洲等经济发达国家和地区发展企业。因此，海外战略也称国际化战略。

国际化战略，是以国际市场为目标市场而采取的相应战略。我国改革开放之后大量的合资企业应运而生，一些外向型企业也开始把它们的触角伸向国外，产品的市场战略已面向全球了。加入WTO之后，中国企业越发清楚地认识到国内市场同时就是国际市场，企业必须站在全球角度审视自己的战略问题。

产品出口，是国际化战略的基本形式之一。推进产品国际化，首先，要积极引进国外关键技术，提高产品生产技术水平，并采用国际标准。其次，要借助国外实力雄厚的代理商，利用他们的国际销售网。第三，要推进中外合资经营，使产品得以部分或全部返销海外。第四，要积极在海外投资设厂，以进攻性姿态进入国际市场。

企业国际化，是我国步入世界经济强国之林的必经之路，技术进口、产品出口是初始阶段。一个国际化的企业，应该是一座世界工厂，为世界而生产。一个国际化的企业，应具有较强的研究开发机构，销售网络遍布世界。走向国际化，是我国业已组建的大型企业集团的特殊使命。

## 形象战略导入经营战略

企业战略历来是导致企业全局胜败的关键。企业经营战略的正确与否，关系到企业在激烈的市场竞争中，能否立于不败之地。可以说，经营战略是企业取得成功的有效武器。

企业经营战略的特征和含义随着时代的发展处在变化过程中，要随着时代发展的特点和实践的要求，制定相应的战略规划，战略才具有实践意义和理论意义。

第二次世界大战以后，随着科学技术在企业生产过程中的广泛应用，企业规模日趋庞大，结构日趋复杂，企业的组织化与社会化程度空前提高。同时，随着社会生产力的蓬勃发展，公众的物质生活水平的日益提高以及人类需求出现的多元化、个性化的发展趋势，由社会需求决定的市场导向时代或消费者需求导向时代到来了。企业要想在动荡不定的环境中获得生存，在激烈复杂的市场竞争中赢得优势，就必须考虑外部环境及其变动趋势对企业命运的影响。正是在这种大背景下，企业管理实践由单纯生产型、内务型管理进入到“经营战略制胜”的时代，“环境——战略——企业”成为当代企业经营活动的基本结构形式。

经营战略是企业经营成功之道的长期谋划，是企业未来命运与发展前景的理性思考。有了长期的经营战略目标、战略方针和方案，就可以使整个企业方向明确，上下一致，各部门组织协调，增强奋斗信心，提高企业对经营环境变化的适应能力，取得企业长期发展的主动权。

传统的企业经营战略的构成要素包括三个方面：产品结构和市场规模战略、企业业务活动范围及重点战略和企业经营资源战略。随着时代的发展与企业经营环境的急剧变化，仅有上述三个方面的战略要素，显然已无法适应新的情况，企业形象战略的导入日益被提到议事日程上来了。

发达的商品经济是伴随着产品和服务的卖方市场向买方市场的转化而出现的。当买方市场已经成为企业经营的主要制约性环境因素时，形象原则和信誉原则也就成为企业经营活动的首要原则，企业的知名度和美誉度也就成为无法用货币衡量其价值的一种战略性财富。企业要想构建一种有利于自身发展的社会关系环境，除了在塑造企业形象上下功夫，再难有其他选择。

企业形象是指人们通过企业的各种标志（如产品特点、行销策略、人员风格等）而建立起来的对企业的总体印象。企业形象是企业精神文化的一种外在表现形式，它是社会公众与企业接触交往过程中所感受到的总体印象。这种印象是通过人体的感官传递获得的。企业形象能否真实反映企业的精神文化，以及能否被社会各界和公众舆论所理解和接受，在很大程度上取决于企业自身的主观努力。

从心理学的角度来看，形象就是人们通过视觉、听觉、触觉、味觉等各种感觉器官在大脑中形成的关于某种事物的整体印象，简言之是知觉，即各种感觉的再现。有一点认识非常重要：形象不是事物本身，而是人们对事物的感知，不同的人对同一事物的感知不会完全相同，因而其正确性受到人的意识和认知过程的影响。由于意识具有主观能动性，因此事物在人们头脑中形成的不同形象会对人的行为产生不同的影响。

企业形象具有客观性，它的产生是以客观事实为依据的；企业形象具有反射性，企业行为影响到企业形象，企业形象又左右着企业行为；

企业形象具有多面性，它可以分解为一系列形象要素；企业形象还具有相对性，这是由于公众对企业形象的评价存在差异，企业形象本身也处在变化之中。企业形象是企业内外对企业的整体感觉、印象和认知，是企业状况的综合反映。

企业形象战略，是通过企业的公共关系活动，自觉地规划、设计、控制、管理企业的各种形象要素，创造最佳整体优秀形象，获得最佳企业信誉的一种经营战略。

如果把企业产品、定价、分销、广告及人员推销比作企业市场营销的“硬件要素”，那么形象战略则是企业市场营销的“软件要素”。对“软件”的重视和强调并不是要用它取代“硬件”，更不是对“硬件”的否定。形象是一种看不见的经营资源，形象力是企业重要的经营力、生产力、竞争力。时代越发展，这一特征将越明显。

进一步分析将企业形象战略导入整体经营战略的原因，我们不难看出，在当代社会，企业经营环境发生着两大变化：其一，当代企业不仅是在一种经济或市场环境中运行，而且是在一种社会文化环境中运行；其二，当代企业面对的已不再是单一的产销关系，而是面对市场、社会和内部员工的复杂关系。在这样的复杂环境中，企业的生死存亡和兴衰发展，都不得不依赖于企业在公众心目中的形象，不得不依赖于企业内外公众对企业的理解、信任和支持。

形象虽然是一个抽象的概念，但通过种种物质的、社会的、精神的表征作用于公众，形成公众对某个对象的形象感受，从而转化成为一个客观存在的、具体的、有价值的东西，转化为一种诉求力、吸引力和竞争力。

企业形象战略亦即企业形象塑造战略，是指有计划地、全方位地、坚持不懈地对企业形象各要素及其组合所进行的精心设计、策划和规划。

## 形象制胜的战略选择

公共关系作为现代企业经营管理的重要职能，是随着战略制胜的时代出现，才被人们普遍接受的。日本《现代 PR 战略》一书的作者加固三郎指出：第二次世界大战后，企业经营课题形成了一个固定的模式，即 20 世纪“60 年代——最大限度盈利时代；70 年代——最大限度减小摩擦时代；80 年代——最大限度创新时代”。公共关系形象资源的开发和利用只是在“70 年代——最大限度减小摩擦时代”才有了可能。因为到了 20 世纪 70 年代，协调公众关系，处理利益集团间的纠纷，协调和优化外部环境显得十分迫切。到了 20 世纪 80 年代，形象制胜的观点就产生了。英国公关专家弗兰克·杰夫金斯提出：“公共关系主要是树立形象，或者称塑造形象。”

形象制胜就是企业通过公共关系传播手段，努力在公众心目中树立良好的企业形象，争得企业发展的良好舆论环境和企业竞争主动权。

形象制胜可以有以下几种战略选择：

**1. 优质名牌战略**

优质名牌战略，是将高质量的产品与高强度的广告宣传相结合，致力于在社会上树立起一个名牌产品形象。名牌战略一旦成功，会给企业带来巨大利益。

名牌产品，不仅能给顾客以质量上的依赖感，还能在更高的层次上满足消费者的心理需求，甚至即便在质量与竞争对手的产品相比不具备明显优势的条件下，仅仅因为是名牌，也能吸引更多的消费者。正因为如此，许多企业为了创立著名商标，不惜花费巨额投资。

对名牌的偏爱和钟情，是时代变迁所带来的一个新的消费潮流和时尚。竞争越激烈，同类产品越多，采用名牌战略的效果就越佳。

创名牌，创驰名商标，树优秀品牌形象，是一项长期而艰巨的工作。

其基础性工作是崭新的技术、过硬的质量、优异的售后服务、良好的产品信誉保证、持之以恒的努力，同时，还需要进行卓有成效的广告宣传。因此，名牌战略是一项艰巨繁重的工程，不是轻而易举仅靠经济实力或机遇就能成功的。

要搞好企业的名牌战略，需注重以下几点：

首先需要树立名牌意识，要有这样一个观念：追求最佳，是市场竞争取胜的黄金准则。那些平庸的品牌只能在竞争中被挤垮，从而被挤出竞争舞台。

还要树立战略思想，具有战略眼光。名牌的建立是一项艰巨的系列工作，要从基础工作抓起，早做准备，从而完成从名牌孕育到名牌创立到名牌传播的全过程。

“美的空调，美的享受”、“只要是美的，人人都喜欢”、“原来生活可以更美的”这三句言简意赅的广告语，巧妙地将消费者对产品的心理需求、空调产品、“美的”品牌结合在一起，读起来朗朗上口，大大促进了品牌的有效传播。

**2. 消费管理战略**

消费管理，就是对消费者进行系列化消费教育、消费引导。与企业管理的其他职能相比，消费管理更加直接地面对消费者公众，更加强调管理的社会效益，因而被列入企业形象战略之内。

消费教育是通过为公众提供服务和产品的介绍、示范、指导咨询、培训等，满足消费者的知晓欲望；消费引导是指引导消费者接受新的消费意识，形成科学的消费行为。长期有效地进行上述工作，形成的结果就是消费者的系列化或组织化，即在公众中培养起本企业产品和服务的偏好者、崇拜者，形成企业对消费者的凝聚力。

消费管理是一种具有公共关系意义的超前战略，它超越“厂商是上帝”和“顾客是上帝”这两个极端，而强调“厂商和顾客同享繁荣”，企业据此可以牢固树立自己在公众心目中的形象和地位，取得长期繁荣发展的主动权。

消费管理过程，是企业主动地在消费者心目中塑造、巩固企业形象的过程，是一个开拓性的主动塑形过程，对企业的长远发展具有十分重要的战略意义。

**3. 风格化战略**

应该说，最能给观众留下深刻印象的企业，最能获得公众熟知的企业，是最具有特色的企业，是最具个性化、风格化的企业。企业形象的风格化战略就是：通过公共关系活动，用企业产品的个性化、服务的个性化、宣传的个性化来凸显企业独特风格和独特个性形象的一种战略。

个性化、风格化、差异化是企业形象的生命。如果形象到处都是千篇一律、无差别可言，就难以使公众识别和选择，甚至企业形象还会被混同、误认、稀释、遗忘。没有差异就没有形象力，因为没有差异就没有特征。

在激烈的市场竞争中，各个企业都在克服重重困难，顽强地表现自己，以成功的传播效果加强形象刺激，以独特、鲜明的形象赢得公众的关注、了解、理解、信任和支持。这实际上是一种强大的活力，是企业发展和社会进步的内在力量。没有顽强的个性显现，整个社会就会死气沉沉，毫无生机；所有企业都会按部就班，不求进取；企业振兴和经济繁荣就成为一句空话，一个空想。

风格化战略的实施包括广告宣传的风格化、销售方式的风格化及服务的风格化等几个方面。这些形象要素的风格化也成为“软件风格”，和产品质量、技术水平及厂房设备等“硬件风格”相互对应，形成企业经营的差异化、风格化体系。

风格化实际上是指企业形象的风格化。在广告宣传方面，采取独特的方式宣传产品、服务及企业独特的理念和风格；在经营销售方式上显出与众不同的策略；在服务上作出其他企业做不到的独特努力，这些都是塑造企业风格化形象的途径。

例如化妆品，各种牌号的产品究竟有哪些实质性区别，一般消费者是很难说清楚的。在市场上经常可以看到这样的情况：不同商标品牌的化妆品，价格相差数倍，消费者购买的情况也有所不同。服装、衣料等也是如此，仅仅因为贴上了某种有名的牌号，在出售价格上就大不一样。

这种差异，有时与能否满足消费者的要求毫无关系，有时甚至是违背经济合理性原则的。但是，它却能够使消费者得到心理上的满足，或者感到实现了某种愿望，这实际上就是风格化形象所起的作用。

通过广告宣传形成的企业或产品的风格化形象在今天有特别重要的意义。如果通过风格化形象宣传，使本来的标准化产品成了差别化产品，使本来一般化的企业成了知名企业或风格独特的企业，经销商就会以销售这家企业的优质产品为荣，消费者或用户对这家企业的产品就会格外珍视，就等于在观念上为这种产品创造了一种新的价值。

在风格化战略的推动下，企业就会千方百计地改进技术、改进产品、改进服务，追求新颖、追求个性、追求卓越，企业就会产生无穷无尽的前进动力。

**4. 文化战略**

文化战略的核心在于，通过对独具特色的企业文化的精心塑造和出色应用，为企业的生存、竞争与发展提供一种文化优势和观念力量，从而推动企业的进步和发展。

随着人类社会经济由以“人的依赖”向以“物的依赖”的发展，从自然经济向市场经济特别是现代市场经济的发展，消费的档次不断提高。以现代人消费为主导的现代市场经济日益向文化型发展，从其本质上讲，现代市场经济就是文化经济。

一个社会经济与文化水平的提高，不但可以创造出越来越多的社会财富，而且可以“培养社会人的一切属性，并且把它作为具有尽可能广泛需要的人生产出来，把这样的人作为尽可能完整的和全面的社会产品生产出来”。当人们处在经济发展水平较低阶段的社会中，消费者行为更多的是一种“经济行为”。当人们的基本生活需要得到满足之后，消费者行为会逐渐成为一种“经济文化”行为。

文化战略实质上是形象战略的重要组成部分。文化战略的基点在于，通过持久的努力，用软性的经营理念和企业价值观塑造的独具特色、强劲有力的企业文化作用，来赢得竞争的优势或主动权。正如劳伦斯·米勒在《美国企业精神》一书中所写的：“我们目前正跨入的时代，要求我们有新的组织、新的行为以及新的精神，未来将是全球竞争的时代，在这种时代能成功的公司，将是采用新企业文化的公司，这种文化的价值观将鼓励竞争行为。”

实施文化战略，就要从凝练企业价值观和企业精神，培育优秀企业家和优秀企业人，赋予企业各项活动、仪式以文化特征，建立完善的企业文化网络四个方面入手。

文化战略实施的结果，必将是企业良好形象的建立。

**5. 形象竞争战略**

形象竞争是指通过企业形象要素的完善和优化，在市场竞争中赢得公众好感，获得市场竞争主动权的战略谋划。具体包括：

(1) 质量竞争。

企业用比竞争对手质量更好的产品投入市场，以争取更大的销售额和市场占有率的竞争称为质量竞争。

质量形象是企业形象要素中的关键组成部分，质量是企业形象的基础和生命。如果一个企业有了良好的价值观念，就会把向消费者或顾客提供优质产品作为自己追求的崇高目标，把优异的产品质量作为企业形象竞争中最强有力的砝码，把提供优质产品作为企业的宗旨。产品质量是产品性能、寿命、可靠性、经济性、安全性等特性的统一，包括内在质量和外观质量两个方面。内在质量指产品的性能、寿命、可靠性、经济性、安全性等特性；外观质量指产品的造型、色彩、包装、装潢等形态。企业在这两个方面做长期不懈的努力，使其质量过硬，建立质量信誉，是质量战略的中心任务。

质量竞争既是硬件竞争又是软件竞争，既是企业经营战略的组成部分，又是企业形象战略的关键性内容，这是因为，产品质量是企业内在素质的集中反映，并且是企业价值观、企业经营方针、企业员工工作态度的集中表现。

提高产品质量是企业构建良好形象的基础，生产质量优异的名牌产品的企业，其在公众心目中的形象必然优于生产非名牌产品的企业。用户购买了劣质产品，往往不只是对产品本身表示愤怒，其不满会更多地指向生产该产品的企业。因此，质量形象会直接影响到企业形象。

丰田公司是精益化生产的代表，它的TPS（丰田生产系统）生产方式得到各类企业的广泛认同和仿效。丰田始终以专注于质量和服务为经营理念，在全球消费者中树立起了质量第一的品牌形象。但近年来丰田盲目追求汽车全球销量第一的目标，逐渐背离了企业始终坚持的经营理念，2009年年底因汽车油门踏板部件缺陷导致的大规模召回事件最终在全球范围引起连锁反应，使它在公众心目中的完美形象受到极大伤害，多年苦心经营的品牌信誉急速下滑。

⑵ 服务竞争。

世界上最佳的企业都把自己的业务称作服务工作，它们追求尽善尽美的服务几乎到了狂热的程度，并因此获得巨大利益。在由于科技进步所导致的企业间产品规格、性能、技术指标、质量十分接近的情况下，就剩下最后一个可以一争高低的战场了，那就是服务。服务形象，包括服务态度、服务水平、服务技能、服务及时性等要素，是当代企业竞争的焦点。

优质服务首先来自于服务意识。有了服务意识，就会把服务看作企业的第二次竞争，看作树立企业信誉的重要一环，从而为公众和消费者提供最佳服务。

优质服务还来自于正确的企业理念。现代企业应该以服务于消费者作为自己的荣耀，想消费者之所想，急消费者之所急。有了这样的企业理念，才能赢得消费者，拥有消费者。

竞争中的服务竞争是树立良好企业形象的重要途径，服务是投资最小、所得回报最大的一项工作，这个回报不是别的，就是消费者的厚爱，这种厚爱单凭金钱是买不来的。

把服务作为一种战略性工作来看待，而不是作为一种权宜之计，是十分重要的。有了这种战略思想，就会将提供最佳服务贯彻在每一项工作中，最终取得像美国IBM公司这样的形象：“IBM是最佳服务的象征”。

服务竞争领域是一个广阔的领域，是竞争者们施展智慧、才华，表现追求、信念的最广阔舞台。

服务竞争要靠完善服务项目来实现。企业最基本的服务项目有：提供易损件和维修的备用品及各种配件；传授安装、使用、维修的专门知识技能；帮助训练技术操作人员；设立广泛的维修网点，包修、包换、包退；送货上门，维修上门；优惠价格，分期付款；热情处理顾客的投诉，解答顾客的疑问，等等。服务项目一旦确定并作出承诺，就要信守诺言，切实执行，热情周到，一丝不苟，这是服务竞争战略的基本要求。服务竞争，一时可能看不到明显效果，但只要持之以恒，其效果是难以估量的。

(3) 广告宣传竞争。

产品要占领市场，企业要突出形象，要以过硬的质量和优质服务为前提，这是毋庸置疑的。但在市场竞争日益激烈的今天，如若不充分借助各种传播媒介宣传自己，抱着“酒香不怕巷子深”、“皇帝女儿不愁嫁”的陈腐观念，是注定要吃亏的。

在现代企业的经营活动中，消费者越来越注意到新闻界对于企业及产品的评价报道。企业必须争取各种机会，把自己新开发或改制的产品，把自己新推出的服务项目和方便顾客的新举措，把企业的发展计划、销售进展，把消费者对其评价赞誉的情况等，编制成各种宣传品，通过大众传播媒介宣传扩散出去。这种宣传具有巨大的推销潜能，并且是将企业形象的基本特征深植于公众心目中的重要手段。

只做不说是小生产观念，做得好还要说得好是现代公关的真谛。企业利用各种传播手段，主动、积极地把企业形象展示给社会公众和消费者，这是一种重要的形象竞争战略，是一笔无形的形象资源投资，是争夺市场、争夺消费者的有效武器。

企业实施宣传的途径和方式很多，主要有两种常用途径。

①广告宣传。广告宣传是通过在大众传播媒介上做广告而实施的宣传。大众传播媒介又分电子媒介与印刷媒介两种；广告方式分商业广告

和公共关系广告两类；广告宣传又有付费的宣传与不付费的宣传。不付费的宣传一般需要智慧和谋划才能实现，比如恰好地捕捉时机，利用媒介间接宣传，科学、及时地为媒介制造新闻等，都可以达到不付费广告的目的。

广告宣传的特点是传播范围广，社会影响大，受众多，效果明显。企业将经过精心设计制作的广告连续播出或刊登，能大面积地影响公众，收到很好的传播效果。尤其是通过有计划地推出反映企业实力、经营理念、企业精神、企业信誉的形象广告，并将企业经营理念凝结在一句广告口号中，有利于形成强烈的形象冲击力，有效地进行形象竞争。

②活动宣传。活动宣传是利用经过周密创意策划的公共关系专题活动进行传播的宣传，方法新颖、独特，感染力强，公众集中，也能取得好的效果。

在策划和实施各种公关专题活动时，可广泛采用各种传播手段，如会议、展览、宣传品、录音录像、纪念品、板报专栏、专题节目、影视资料等。通过以上宣传性传媒，利用专题活动，多方位、多渠道、多层次、多角度地进行企业形象宣传，形成强大的宣传竞争攻势，有利于造成形象冲击波，达到在市场竞争中取胜的目的。

# 第三章

# 企业形象与企业理念

企业理念是企业经营宗旨、经营方针和价值观的整合与统一，它是CI（企业形象识别）策划的灵魂，也是CI运作的原动力。企业理念的确立，需要对企业的性质、历史、特征及资源等各种因素进行综合分析，并在此基础上加以提炼、概括，这个过程就是提升企业理念，强化企业形象的过程。

## 企业的经营理念

企业是有思想的。企业的经营理念就是企业的思想，就是企业的经营管理思想。

**1. 企业经营理念的作用**

企业理念是企业全部运行的依据，经营理念系统的正确与否、水平高低，不仅直接影响企业未来的正确运行，也直接制约着 VI（企业视觉识别）的设计和实施。企业理念是企业精神的具体化。

企业经营理念有以下五个作用：

（1）导向作用。

企业理念具有导向作用，具体通过两个方面来发生导向作用：一是直接引导员工性格、心理和行为；二是通过整体的价值认同来引导员工。一个优秀的企业理念可以带来企业的整体优秀性。企业提倡什么、崇尚什么，员工就有可能追求什么，追求的结果，就是企业形象的优化。

（2）凝聚作用。

可以把企业理念看作是一种黏合剂，如果企业理念明确、正确，并经过努力贯彻，它就能够以特有方式来融合员工的理想、信念、作风、情操，培养和激发员工的群体意识。

企业理念如果是成功的，是高度概括和反映企业精神和价值观的，它就能够成为企业员工行为的中心，当员工围绕这一中心展开行动的时候，企业理念就变成了强大的凝聚力。

（3）激励作用。

企业理念中的企业奋斗宗旨、企业经营方针、企业精神与价值观，是企业员工行为的最高目的、最高原则，它可以激励员工为实现最高目标而奋斗，这种激励作用，形成企业的强大动力。

(4) 辐射作用。

一个企业的经营理念，由于它的优秀性、正确性、高度概括性、独特个性，一旦定型并经企业认同、执行和传播，它就可以发挥巨大的经济、社会效益，就会先在企业内部和相关环境内传播，而后向社会辐射。

“IBM就意味着最佳服务”，美国国际商用机器公司的这一追求优质服务，为消费者服务的经营理念，由于其在IBM公司的实践中取得了巨大的成功，由于其代表了当今世界以消费者为导向的企业经营观念和经营思想，因此，这一理念以强大的冲击力和感染力辐射到了全球，并且成了许多成功企业的刻意追求目标。

(5) 稳定作用。

企业理念一旦形成，就在人们的头脑中扎根，而且根深蒂固，难以更改。这是一种稳定力，这种稳定力不会随着生活和环境的变迁，领导和人员的变动而发生变化，具有相对独立性品格。企业理念的这种稳定力，是通过全体企业员工对企业经营理念的内化而形成的自我约束力而实现的。因此，只要理念不变，这种约束力也就不会改变。

**2. 企业理念的两大识别特征**

企业理念是企业精神的高度概括，是企业形象的核心。而理念具有强烈的时代意义。

在当代社会，企业的成本和利润固然是重要的，产品设计、市场占领、适销对路、产品附加值等的策划，所有这些围绕着企业经营和生产行为所进行的策划和思考，归根结底仍然是人的思想观念。企业行为如同人的行为，企业思想如同人的思想，如果说个人行为只影响个人前途或他所赖以生存的有限群体，企业行为则影响着企业群体乃至全社会，学者们将此称为企业行为的双重职责。

企业人格化的经营理念的正确，是企业步入市场并在竞争中立足不败之地的重要先决条件。企业经营理念绝不应仅仅被凝固成几句空洞的口号，不是经营管理运作中的小题大做之举，而是应紧紧围绕企业发展战略和企业目标，经过对企业历史、现状、未来所做的全方位、多层面、深刻思考得出的答案。企业不会是真空地带，它不会脱离其所处的时代特征、社会制度、社会经济、社会政治、社会文化、社会道德的大背景来构造一套超越时空或脱离实际的理念。

企业理念的选择和确立具有很明显的历史性，这种历史性体现在以下三个方面：

第一，企业经营理念是在排除原有文化的不合理性，创造新文化的运动过程中发展起来的。

第二，无论企业的产品和装备怎样换代，人员怎样变动，企业理念具有不能割断的延续性。

第三，企业经营理念熔企业优秀传统和新时代精神为一炉，具有继往开来的时代特征。

企业经营理念的时代识别特征和企业识别特征就构成为企业理念的识别特征体系。

(1) 理念的时代识别特征。

以社会主义中国为例。新中国成立后，在党的号召下，翻了身的广大职工群众满怀激情地参加了保护工厂、保护物资的斗争，迅速恢复了生产。随着第一个五年计划的实施和社会主义劳动竞赛的开展，广大职工社会主义主人翁的责任感和自豪感油然而生，企业到处洋溢着以苦为乐，爱厂如家的精神气氛。

1961 年，我国国民经济进入“调整、充实、巩固、提高”的新时期，这时的大庆精神成了我国工业战线的一面旗帜。大庆油田的工人在“头顶青天、脚踏荒原”、天寒地冻，生活条件极为艰苦的情况下，自力更生、发愤图强，建成了具有世界水平的大油田，结束了中国使用“洋油”的历史，大庆精神成了我国社会主义企业精神的最具体、最深刻、最充分、最集中的体现。

我国社会主义建设初期企业精神的特点可概括为内向性、狭窄性、隐含性、自发性、传统性、超脱性、严肃性的特点。表现为在计划经济条件下只注重企业生产管理，还没有来得及考虑企业精神的全方位建设；企业精神个性受到共性的掩盖；企业精神大多为自发产生、仿效和承认的；带有浓厚的传统精神色彩；过分强调精神的能动作用，提出了不少超越现实的口号；企业精神内容严肃有余，活泼不足。

经过30多年的改革开放，我国的政治、经济、思想、文化各个领域都在经历着深刻的变革，企业精神建设从讲求形式到注重实效，从内容庞杂到言简意赅、灵活多样，竞争意识、人才意识得到了很好的体现。

我国改革开放新历史时期的企业精神有外向性、差异性、竞争性、群众性、开拓性、时效性的明显特点。表现在企业在市场经济条件下的机制转轨；企业精神个性化；强调竞争的压力、动力作用；广泛听取群众呼声，集思广益；开拓精神、进取意识、创新观念明显增强；在时间和效益的结合上探寻企业发展之路。

(2) 理念的企业识别特征。

我国目前大致有四类企业，即国有企业、民营企业、集体企业、三资企业。企业所有制形式不同、经营方式不同、行业类别不同、历史传统不同，构思企业理念就应各有自己的特点。如大中型国有企业的经营理念，应侧重强调以天下为己任，为社会进步作贡献，爱厂如家，勇创一流设施、一流产品的企业精神；集体中小型企业则可侧重强调艰苦创业，在竞争中求生存、求发展，同舟共济的企业精神；中外合资企业则应侧重于顾及中外双方的经营利益、价值取向和行为规范的企业精神，如和谐一致，共创未来，技术领先，尊重人才等。

应该看到企业差异是客观的。企业作为特定的经济组织和社会组织，区别于其他社会组织的特点很多，其中必然有其文化独到的一面，这是受地域、民族、社会差异的影响。除了这些导致企业文化和企业精神之间差异的外部环境因素之外，企业经营理念在不同企业之间的差异性还是由企业的生产历史、生产性质、产品方向、服务对象、技术水平、生产能力、传统习惯、员工素质等多种因素的差异性所决定的。

**3. 当代企业理念的共性基础**

虽然企业理念随企业特征的不同而千差万别，但总是有规律可循的。进入21世纪的企业，为适应生存环境的变化而形成了现代企业的理念系统，由“面向公众”、“以人为本”、“不断创新”、“珍惜声誉”、“明确使命”、“服务先导”等崭新的经营管理思想构成。

(1) 面向公众。

“面向公众”这一企业理念，要求社会组织或企业把自己看作是公众的产物，把公众看成是自己生存和发展的前提条件，把能否处理好公众关系看作自身事业能否成功的标志，时时刻刻以公众的利益为出发点来设计自己的行为。

迈入21世纪以来，随着社会经济的飞速发展，以及顾客需求多元化、个性化的趋势，出现了“感情消费时代”取代“大众消费时代”的趋势。在“感情消费时代”里，消费者并不为单纯的商品广告所动，他们要求一种被关心、被理解、被诱导、被个别化服务的感觉。商品竞争取胜的关键已不在于商品本身“物”的属性，而在于其所散发出来的气氛、感情、趣味和理解以至戏剧性。因此，时代的变化，要求企业经营必须具有“人情味”，用“人性化”的经营方式取代“理性化”、“程式化”的经营方式，用建立与顾客之间和谐融洽的情感联系，获得消费者的好感与信赖的方式来赢得顾客。这正是“面向公众”这一企业经营理念的时代意义。

组织或企业因公众而创立，因公众而存在，因公众而发展。一切为了公众，一切针对公众，一切服务公众，一切依靠公众，是当代企业必须遵循的信条。

每一个企业都有自己的特殊公众对象，有外部公众和内部公众，他们构成企业的社会生态环境。公众是企业生存和发展的土壤、空气和阳光。蔑视公众的企业实际上是无视自己的生存条件，破坏自己的社会生态系统，其结果是必然走向衰落。

一个企业如果不能正确处理公众关系，或者说如果不能拥有公众、赢得公众，就无法生存和发展。企业的职能为公众所设立，产品为公众所创造，服务为公众而提供。那种封闭观念，万事不求人、自视高傲、唯我独尊的官商作风，都是和现代企业经营理念格格不入的，也是和时代发展相背离的。

公共关系强调“公众至上”，主张社会组织或企业的一切行为都应从公众的愿望出发，满足公众的要求，热诚地为公众提供优质产品和优质服务。这种主张转化为一种信念，有利于培养企业员工强烈的责任心和敬业精神，使员工对内尊重每个成员的首创精神，对外珍惜良好的公共关系环境，从而保证企业各项事业的顺利发展。

(2) 以人为本。

如果说“面向公众”是评价企业与环境关系的一种价值标准，那么，“以人为本”则是企业处理其内部成员关系的一种基本准则。

以人为本应该成为一种坚定的企业信念。这个企业信念应该把人力资源视为企业最重要的经营资源，把人的积极性、主动性和创造性的发挥当作提高企业经营绩效的动力系统；把建立企业共识，使管理者与生产者经常性地沟通作为企业内部顺利运转的条件；把鼓励员工主动发表意见、观点和看法，增强员工对企业经营决策的参与作为企业发展的重要措施。

“以人为本”十分明确地包含着“人是目的”的哲学观念。在这种哲学观念的支配下，经营企业与促进人的个性和才能的发展，被有机地融为一体。努力开发人力资源，出色应用人力资源，是指导和支配企业一切经营管理工作的“内在灵魂”。正是从这个意义上，当代企业文化管理学派把“以人为本”的价值取向视为优秀企业必备的理念，把以人为导向的管理模式，视为当代企业经营管理的最有效管理模式。当今，越来越多的企业家以及企业管理理论的研究者们都清醒地认识到，用“共识式”管理模式，取代传统的“英雄式”或“指挥式”管理模式，是进一步提高企业竞争能力和经营绩效的重要选择。

人是企业最重要的财富、企业经营的主体力量、企业成功的依赖对象。企业“以人为本”的企业信念的特征应该是：

①将全心全意地依靠全体职工办企业作为企业管理的宗旨。

②有一套发挥工人、管理干部、技术人员积极性和创造性的管理体制。

③尊重和关心职工，有企业管理者和劳动者亲如一家的组织气氛。

④重视职工的培训和人才的选用，力求“最好的职工，最好的培训，

最好的待遇”。

⑤企业从职工的根本利益出发，关心他们的全面发展。

(3) 不断创新。

创新是企业生存之本，也是现代企业经营理念的重要内容。

美国 IRI（Industrial Research Institute）在对美国主要技术公司的年度调查中发现，“设法使创新发生”已经从早些年的第四、五位问题上升为 1998 年工业界面临的首要问题。创新已成为今后企业经营的基本价值准则，是企业制定有效的经营战略的基础与生长点。创新意识要求当代企业把追求卓越、追求风格、追求独创、追求新颖作为自己的奋斗目标。

创新的经营理念是和思维的创造性相联系的。我们的时代是一个创造性时代，社会的发展正突破地域限制，信息革命使全球一体化了。人们在多方面的横向纵向交往中，“关系”行为日益增多，而“关系”的多样化和复杂化又意味着“问题”和“机遇”的产生。因此，需要活跃的思维和新鲜的思想去想问题，去迎接机遇和挑战。创造性思维总是开放性、构建性和创新性的，它使人的思维不断地从一个方面深入到另一个方面，从一个层次进入到另一个层次。

中国的经济经历了多年快速的发展，经济总量占世界经济的比重不断上升，人们的生活水平也在逐步提高。但同时大量中国企业仍位于国际垂直分工体系和产业链的末端，使用廉价劳动力和自然资源、出口低附加值的劳动密集型产品。要想彻底改变这种不利局面，实现中国企业的全面升级，开拓创新就具有特殊的时代意义。具有开拓创新精神的企业，就会紧跟形势，甚至超前地创造相应的应变措施，谋求企业的生存和发展，适应全球化进程，迎接市场竞争的挑战。而缺少创新精神的企业，将会处处碰壁，危机四伏，使企业陷入困境。

在企业经营思想中，那种坐等、观望，企图待各项改革前景完全清晰时再采取行动的惰性思想，是企业创新观的大敌。在市场经济条件下，企业面临着复杂多变的环境和众多的竞争对手，失去不断创新的精神，就等于丧失了生命，唯有不断开拓，才能使企业立于不败之地。

(4) 珍惜信誉。

珍惜信誉的理念要求企业把自身的组织信誉、产品信誉、服务信誉看得比什么都重要，把信誉看作是企业的生命。

作为一种最重要的企业无形资产，高层次的企业信誉是指企业在其有形资产上能获取高于正常投资报酬率能力所形成的一种价值。

作为一种较普遍的公众社会舆论，企业信誉实际上是在长期的业务往来和商品交换中形成的消费者对商品生产者和经营者的一种崇高的信任感。这种信任感不是一朝一夕所能建立的，它来自于企业的一贯行为，信誉的建立是一个长期艰苦的过程，是不懈努力奋斗的结果，因此，信誉是企业的一笔无价之宝。现代市场经济的发展，使企业与公众之间的相互联系与相互依赖大大加强。大众传播媒介和现代化沟通技术的迅速发展，促使企业通过大众传媒与整个社会连成一体，由于强大的社会舆论的监督和导向作用，企业间的竞争逐渐形成了一种由产品竞争、技术竞争向综合性的企业信誉竞争的重点转变的大趋势。一个企业的信誉好坏，直接影响到它的公众舆论和公众关系好坏，并日益成为决定企业兴衰成败的至关重要的制约性因素。

在当代社会，有信誉就有公众，信誉越高公众就越多；有信誉就有机会，信誉越高发展机会就越多。有了珍惜信誉的理念，就会对本企业的产品和服务负完全彻底的责任；就会在社会交往和经济业务往来中重合同、守信用；就会以负责的态度对待企业行为所引发的一切社会影响。

(5) 明确使命。

企业使命和企业宗旨是同义语，是在企业经营理念的指导下，企业为其生产经营活动的方向、性质、责任所下的定义，它是企业经营哲学的具体化，集中反映了企业的任务和目标，表达了企业的社会态度和行为准则。

现代企业的最高使命是其应该具有社会责任感。这就要求企业不仅考虑到自身的利益，而且能够承担起自己的社会责任。如日本松下电器公司提出的企业使命是“为社会生活的改善、世界文化的进步尽产业人的职责”。

企业的社会责任是伴随着社会化大生产和社会进步而出现的一种社会公众对企业的要求。在社会化大生产和社会技术进步、社会文明程度提高的当代社会，企业行为和企业经营活动不仅要考虑到由企业行为引发的社会效果，不仅要向公众提供优质的服务和产品，而且还应对企业及其社会的自然环境、社会风尚、社会环境和社会文明进步产生积极影响和作用。这是时代发展对企业提出的要求。

企业的社会责任包括：第一，企业的社会使命，亦即企业成员对社会作出贡献及协调各种利益集团之间关系的使命；第二，企业的社会服务，亦即企业应当为社会提供的满足各种需要的服务；第三，企业的社会产品，亦即企业提供的各种产品，既要为企业自身带来利益，也要对社会具有价值；第四，企业的社会利益，亦即企业必须把维护和实现社会整体利益作为评价其经营活动成果的有效依据和指标；第五，企业的社会效应，亦即企业在使用各种自然资源和社会资源时，应当优先考虑这种使用可能给社会带来的影响和后果。概括起来说，企业的社会责任，是企业对各种不同的社会利益集团和群体所承担的道义上的责任。

建立了以社会责任感为核心的企业使命意识，企业就会从长远战略和整体范围考虑自己的行为后果，就会产生出神圣的使命感，以对社会负责、对社会公众负责的态度提供优良服务、优质产品，从而从客观上优化社会环境，在推动企业发展的同时促使社会进步。

(6) 服务先导。

服务先导是要求当代企业以自己实实在在的行动获得公众信任，把一切工作或经营活动都看成为公众对象提供服务的机会。

现代市场经济，归根结底是争夺消费者的竞争，现代消费者不是简单的有钱并想购买商品的人，而是有文化素质、价值追求、感情需要的人，他们是经营性组织和企业的“衣食父母”。这不仅在于企业经营设施和手段都比较先进，技术水平也难分上下，企业间商品质量和价格都大致接近的今天，服务已成为顾客和消费者是否光顾企业，是否购买企业商品和接受企业服务的决定性因素，还在于服务相对于商品、资金、经营设施等硬件要素来讲，更具有可控性和可塑性的巨大潜力。

按照通常的观点，一个企业的经营决策首先确立的是利润率、市场占有率、营业额等这样一些硬性指标。但是，如果对那些取得了成功的企业进行观察分析，则可发现，它们的决策者追求的首要目标是为顾客或用户提供优质的服务。他们认为，只有服务目标达到了，其他目标才能实现。

据美国《追求卓越》一书作者的调查研究发现，美国一些成功的大企业均以追求优质服务为主要目标，他们的基本理论是：以服务于顾客或消费者为最高目标，利润则自然随之而来。

无数事实证明，向顾客提供完善的优质服务，是树立商品信誉和企业形象的最有效方式之一。

服务质量体现在各类企业为自己的公众对象提供服务时，服务态度的诚恳、热情，服务技能的娴熟、高超，服务过程的及时、快捷，服务项目的完善、衔接，服务方式的新颖、别致等各个方面。

有了服务先导的思想，企业就会在自己的日常工作和经营活动中正确认识自己和社会的关系，时刻以公众的利益为出发点来规划自己的工作，做到一丝不苟、尽职尽责。

## 经营宗旨的确立

在对企业内外环境的调查与分析的基础上，把握企业的经营领域、行业特点、运行状况，以及社会地位和角色扮演状况，并确认社会对企业的基本期望，进而设定企业理念的诉求方向，这是理念识别策划的第一步。

在设定理念诉求方向时，要充分体现出企业的精神内涵即优势资源，并体现一种人文精神。这是理念策划总的原则。

明确了这些以后，便可展开对理念识别基本要素的策划设计。由于企业经营宗旨是企业经营的最高目的，因而成为理念识别策划的首要内容。

任何一个企业都有自己的经营目的，所不同的只是不同企业往往具有不同的经营目的而已。

从目前的中国企业来看，企业经营目的大体分为三个层次：

第一层次是经济目的。企业全部的活动都以盈利为目的，任何一种经济行为，其最终目的都是为了实现利润。

第二层次是经济、社会目的。企业全部的活动除了追求经济效应外，还要实现社会效益，绝不能因为经济效益的追求而忽视了企业的社会效益。

第三层次是经济、社会、文化目的。企业不仅追求利润和社会效益，而且更注重文化建设，并把建立独特的企业文化、管理文化作为企业的第一任务。因为企业深知，文化建设一旦相对完成，就可以成为社会财富，为社会所广泛采用。从这个意义上讲，文化建设的意义甚至远远大于企业向社会所奉献的产品。

企业经营目的的这三个层次，不能绝对化地理解。一方面，任何一个企业都不能仅仅表现为一种经济行为，从而只产生经济效益，它同时也必然是一种复杂的社会行为和文化行为，并产生复杂的社会效应和文化功能。因此，不管企业是否明确地意识到这一点，它的行为活动已经被社会赋予了社会使命和文化使命。从这个意义上说，追求社会、文化目的与现实经济目的一样，都应当是企业经营宗旨的基本内涵。

另一方面，良好的社会、文化环境是企业经济目的得以顺利实现的必要条件。重视社会效益和文化建设，既是时代发展的客观需要，也是企业经营的内在需求。随着时代的发展，社会文化也在变迁，对企业的价值评判标准也随之变化。那种只注重经济效益，忽视或损害整体社会利益并产生消极文化效应的企业，将最终失去公众的认同和支持，从而陷入生存困境。

因此，企业经营宗旨的确定，就是要将企业从单纯经济目的的原发层面，提升到社会目的和文化目的的战略层面，从而最大限度地增强企业理念的认同感和识别力。

企业经营宗旨的确立，一般应体现如下特点：

⑴ 高品位。

一方面，企业经营宗旨的设定，要能体现时代感、美感、社会责任感和道德感，具有较高的思想品位。另一方面，在企业经营宗旨的表达上，语言要高雅，并富有感染力，体现较高的文化品位。总之，企业经营宗旨立意要高远，表达要高雅。如我国最大的彩电生产企业长虹的“以产业报国为己任”，即是高品位的企业经营宗旨。

⑵ 务实性。

企业经营宗旨的高品位，并不是脱离现实的“大而空”。企业经营宗旨应该是实实在在的，具有可行性和可操作性。如果是一些不切实际、貌似高大，实则空洞的标语口号式的东西，就会失去操作意义，自然也就失去了现实的指导意义，更谈不上对企业经营的统领作用了。因此，务实性是高品位的基础，没有务实性，高品位只能是空中楼阁。

⑶ 统领性。

企业经营宗旨是企业的最高目的和行为的最高纲领，而不是企业经营的具体目标，因此，企业经营宗旨应具有统领企业全局的战略性作用。如深圳中华自行车集团的经营宗旨就是具有这种统领性：“建成世界一流企业，为中国现代化企业管理提供成功模式，以前瞻性的国际化经营推动世界自行车行业”。

⑷ 识别性。

企业经营宗旨应具有可识别性，因为它是理念识别的重要组成部分。这种识别性来自于企业经营宗旨的个性。因此，企业经营宗旨应突出企业某方面的个性特征，以此与其他企业相区别，提高识别性。如果都是千篇一律的“质量第一、服务第一、顾客第一、信誉第一”等，势必失去企业的个性，也就失去了可识别性，无法获得公众的认同。要使企业经营宗旨具有个性，既可在立意上突出个性，也可在语言表达上突出个性，这样，即使立意类似，但其语言表达的鲜明个性也同样可以增强识别性。

在进行企业经营宗旨策划时，不可割裂上述四点的内在逻辑联系，应将其通盘考虑，才能收到较好的效果。

## 经营方针的制定

企业经营方针是企业经营宗旨的明细化和具体化，也是企业运行最高原则的系统化。与企业的具体运行规则侧重于企业各种具体行为的规范不同，企业的经营方针是企业一切经营活动都必须统一遵守的最高准则和战略方针。

企业经营方针的制定，一般应把握如下几点：

**1. 行业特点**

不同行业的企业，不仅给社会提供的最终产品各不相同，而且其价值取向及行为方式也有差别，因而其经营方针也各具特色。这主要表现在各种不同行业的公司经营方针的侧重点往往各不相同。如制造业企业侧重于“产品的质量”，一般服务业侧重于“对顾客的服务”，而广播台、电视台、报业、金融业、保险业等行业则侧重于“对社会服务”等。

**2. 企业个性**

不仅不同行业的企业经营方针有别，即使同一行业的企业，因其经营宗旨的不同，作为其具体化形式的经营方针，自然也就不同。例如，诺基亚提出“科技，以人为本”的经营宗旨，包括三层含义：人是科技的创造者；科技的发展要充分满足人的需求，即始于人而终于人，为人服务；人是主体，科技是客体。从深层次上看，作为品牌的核心价值，“科技，以人为本”既是企业文化的精炼与升华，也充分涵盖了诺基亚的整体企业规划，体现了诺基亚的企业核心价值观。那就是诺基亚不但崇尚科技领先，而且还要以“人——消费者”为出发点，将冷冰冰的科技变为暖融融的科技。那种不考虑企业自身特点，追求时尚、人云亦云的经营方针，无法反映企业的个性，不具有识别性，也就失去了实际意义。

**3. 公众期待**

企业经营方针的制定，并不是策划人员一厢情愿的闭门造车，而是在对社会公众及消费者对本企业共同期待的研究和把握的基础上展开的。只有这样，企业经营方针才能体现、强化并满足公众的期待，并最大限度地为社会公众所认同。

麦当劳企业在美国现代社会中具有强烈的存在意义，其企业理念是Q、S、C、V，即优质（Quality）、服务（Service）、清洁（Clean）、价值(Value)。

优质，麦当劳的品质管理十分严格，食品制作后超过一定时限，就舍弃不卖。这并非是因为食品腐烂或食品有缺陷，而是麦当劳坚持不卖味道差的食品的经营方针。这种做法重视品质管理，使顾客能安心享用，从而赢得公众的信任，建立起高度的信誉。

服务，包括店铺建筑的快适感、营业时间的设定、销售人员的服务态度等。在美国，麦当劳的连锁店和住宅区邻接时，就会设置小型的游园地，让孩子们和家长在此休息。“微笑”是麦当劳的特色，所有的店员都面带微笑，活泼开朗地与顾客交谈、做事，让顾客觉得亲切，忘记了一天的辛劳。

清洁，麦当劳要求员工要维护清洁，并以此作为考察各连锁店成绩的一项标准，树立麦当劳“清洁”的良好形象。

麦当劳的企业理念一度只采用Q、S、C三字，后又加了V，即价值，它表达了麦当劳“提供更有价值的高品质物品给顾客”的理念。

目前，我国许多企业的经营方针以公司内部员工的信赖、和谐为基础，反映诚实、努力、真诚等为人处世之道或创造力等自我实现的观念。此外，诸如信用、责任、服务、贡献等，也是大多数企业经营方针的主要内容，这是因为企业往往更注重顾客和社会公众的共同期待和需要。

**4. 语言风格**

企业经营方针不仅定位要准确，而且表达要恰当，并应力求简洁明快。语言精当，主要是指企业经营方针在语言表达上，要能准确反映其思想内涵，并与企业经营宗旨的思想一脉相承。简明扼要，指语言表达应力求简练，便于记忆、利于传播。如松下电器公司经营方针概括为：光明正大、和睦团结、奋发向上、礼貌谦让。而麦当劳的经营方针则提炼为：品质上乘、服务周到、优雅清洁、物有所值。鞍山钢铁公司的经营方针简化为“三标三效”，即：标新、标杆、标准化；效率、效能、效益。

## 企业价值观的整合

### 1. 企业价值观的内涵与功能

价值观是一种明确的或隐含的观念，这种观念制约着人类在生存实践中的一切选择、一切愿望、一切行为，构成人们的生活方式和目标。可见价值观是一种具有主观性、观念性、可选择性和传承性的东西，主要以伦理或审美的情感，包括人的主观欲望、兴趣、态度、意志的满足为基础。在每种文化中，都有一套为人们所接受、所遵循的标准、规范、行为方式，这就是属于该种文化的价值观念。

企业价值观是指企业及其员工对其行为意义的认识体系，它决定着企业及其员工的行为取向和判断标准。对那些拥有共同价值观的成功企业而言，价值观决定了企业的基本特性，也就是企业与众不同的风范。价值观不但使企业员工产生一种认同感，而且成为他们心中的具体目标。

企业价值观不仅影响经营行为的方向，也影响经营行为的后果。因为企业价值观不是孤立的存在物，它隐含于企业的生产经营活动之中。产品商标、设计、质量镌刻着它的深刻印迹，企业的建筑物体现着它的风格，企业的战略取向、战略目标、经营策划，企业内部人际交往及企业对外传播活动，无不是企业价值观的外化和表现形式。

企业价值观具有多种功能：

①它支配着企业及其员工的行为，从而在很大程度决定着企业命运。例如，整个社会在发展市场经济，鼓励竞争，而某企业奉行的却是平均

主义价值观，尽管其设备先进、人才储备多，它也必定会在市场中被淘汰。相反，如果一个企业具有浓厚的竞争意识、创新意识，它就很可能在市场竞争中获胜，从而不断发展壮大。

②企业价值观直接影响企业的经营策略。人们的消费观念、审美情趣，会随着时代的变化而更新发展，企业的经营策略必须顺应这种变化趋势，及时、准确地反映这种价值观。例如，企业是以价廉吸引消费者，还是以优质高价吸引消费者，表面看似乎仅仅是个经营策略问题，实质上它是受企业价值观支配的，体现了一种企业价值观。

③企业价值观作为认识准则，对企业内部各群体和个人的价值观可以起到指导和调节作用，从而增强企业的凝聚力。作为企业成员的个人，时时处处都在价值观念上受到企业价值观的影响，企业的表扬、倡导和奖励，是对于服从和认同企业价值观的诱导方式，而告诫、谴责和惩罚，则是对违背企业价值行为的阻止和处罚。企业员工作为个体的人，通过企业价值观的指导和调节，把什么是正确的、什么是错误的、什么是好的、什么是坏的这类外来的价值观点，无形中变成了自己的内心信念。这种共同的价值观，把全体员工的心凝聚在一起，形成一股合力，共同推动企业的发展。

④企业价值观，相对于“硬性”的规章制度而言，是一种“软性”的约束系统，这种约束作用比前者更有力、更持久、更有效。规章制度是由外向内进行约束，是让人“服从”；而企业价值观经过“内化”过程，变成员工自己的信念，并赋予强烈的个人感情色彩，它使人感到“我应当服从，我愿意服从”。这种约束力量不仅是针对个人而言，也是针对企业而言的。企业价值观既规定了企业基本特征，又约束企业沿着这些基本特征的方向发展，即约束企业按一定的经营思想去发展。

**2. 企业价值观整合的基本原则**

企业价值观的整合，绝不是孤立的策划行为，既不能凭空想象，也不能简单地贴“标签”，敷衍几句时兴的口号了事，而应该遵循如下几条基本规则。

⑴ 尊重企业传统。

企业价值观不是企业先天就具有的，而是在企业的发展中逐步确立的。每个企业，尤其是那些历史悠久的企业，在长期的企业经营活动中，都自觉或不自觉地形成了各自的文化传统和价值观念。CI 策划的重要内容之一就是重塑企业理念，而重塑企业理念的核心是重塑企业价值观。这种重塑，正是以企业既有的文化传统和价值观念为基础的。

⑵ 反映人的需要。

企业员工作为个体的人都是有其内在需要的，这种内在需要构成员工行为的动机。因此，作为企业员工行为准则的企业价值观，理所当然地要反映员工的内在需要。

按照马斯洛的观点，人的需要可分为五个层次：生理需要、安全需要、社会交往的需要、尊重的需要和实现理想的需要。五种需要的层次依次上升，体现了人由对物质条件的渴求，必然上升为对精神生活的向往的发展过程。当某一层需要得到满足后，人们又会去追求新的、更高一层的需要及满足。因此，人的需要就是在这种永无止境的逐次上升的追求与满足的交错中发展的。从而人的行为动机，最终是人的行为在需要的不断刺激和更替中，得到诱发、实现和发展。可见，人的行为的积极性的充分调动，依赖于人的需要的不断被激发和满足。而需要是价值一般的实质和基础，自然也就是企业价值观的实质和基础。只有这样，企业价值观才能得以巩固、实现和继续丰富、发展。

⑶ 体现时代特征。

一种文化的价值观并非一成不变的，它是随社会的进步、时代的发展而变迁的。企业价值观作为一种文化价值体系的一部分，同样也不是永恒的，而是随着社会文化的变迁、企业的发展而变化的。我国正处在改革开放时期，经济体制、政治体制的一系列改革，对传统的价值体系形成了前所未有的巨大冲击，人们的价值观念已经并将继续发生很大变化。这对企业经营行为产生直接的影响，这也不可避免地反映到对企业及员工行为取向、价值判断起决定作用的企业价值观上。

任何一个企业的生存和发展，都离不开同外界的联系。这种联系既包括同外界的物质交往，也包括同外界的精神交流；既包括对自身和他物以往情况的借鉴，也包括对外界现实状况和未来走向的对话和深思。这里面最重要的就是把握时代的脉搏。抓住时代特征，顺应时代潮流。因此，对企业及员工行为取向及价值判断起决定性作用的企业价值观，必须体现时代特征，才能使企业不会落伍。

(4) 兼顾多种利益。

企业价值观整合，必须兼顾多种利益，即集体利益与个人利益、眼前利益与长远利益、局部利益与整体利益。

①企业价值观整合必须兼顾集体利益与个人利益。个人是一切活动的主体，但个人又必然生活于集体之中，国家是众多集体的集合，是最大的集体，因此集体利益与个人利益不可分割。一方面，集体利益使个人利益得以满足。在任何一种集体中，集体总是要在不同程度上满足其成员的个人利益。否则，这种集体就难以维持，甚至不能存在。另一方面，个人利益满足的程度，也影响着集体利益。个人利益得不到适当的满足，就会损害集体利益；个人利益处理得当，有利于集体利益发展。可见，集体和个人在根本利益上应是一致的。任何割裂集体和个人辩证关系的做法，只会使两者的利益均受到损害。

②企业价值观整合必须兼顾眼前利益和长远利益。一方面，企业应立足现状，促进企业发展，使企业及员工经常获得必要的眼前利益。这种跟前利益是维持企业生命的保障，也是企业发展、壮大及获取长远利益的前提。另一方面，企业又不能囿于眼前利益。不以获得长远利益为目的的眼前利益，是十分狭隘的利益，追逐这种狭隘的利益，会使企业成为封闭的系统，失去通往未来之门，也就无发展可言。而原地踏步的企业终究会被时代所淘汰。因此，唯有长远利益才是企业的最终目标。是企业的发展方向和驱动力。企业在多大程度上获得了长远利益，就意味着它在多大程度上具有了发展潜力和持久生命力。因此，任何割裂眼前利益和长远利益的做法，都会损害甚至威胁企业的生存和发展。

③企业价值观整合必须兼顾局部利益和整体利益。任何一个企业都离不开它与其内部各部门的关系，也离不开它与其所属行业乃至全国企

业界的关系。这两种关系都是局部与整体的关系。

局部利益和整体利益的关系，实质上就是部分与整体的关系。整体离开了部分就不复存在，而部分离开了整体就丧失了自身的存在意义。任何一个企业的整体利益，都离不开其内部各部门的局部利益，离不开它在各方面的局部利益。各部门及各方面的局部利益的兼顾及合理安排，是企业获得整体利益的必需，局部利益都是相对于整体利益而言，是某一整体利益的具体的局部利益，一旦整体利益受损，必然会波及局部利益。

**3. 企业价值观整合的主要内容**

每一种社会文化都有自己相应的价值观念体系，这种观念体系通过集体认同的方式，把各种不同的个体的意识、信念、情感汇合于一个整体，这便是价值观的“整合机制”。价值观的认同，使每一个人在一种文化中获得归属感和作为社会一员的自豪感，以及与他人在一道的依托感。共同的价值观提供了人和人相互认同的意识纽带。

企业价值观的整合包括两个方面的含义。一方面是指，将企业员工个体的价值观念汇合为一个整体，使其得到企业员工的一致认同，并将其纳入社会文化价值体系内，力求获得社会公众的认同。另一方面是指，引导员工价值取向与企业经营宗旨和经营方针实现认同和统一。

企业价值观整合的主要内容包括如下几个方面。

(1) 生存价值观。

所谓生存价值观，就是企业对其自身存在意义的明确认知，对其经营目的整体评价和态度体系。

小天鹅提出“末日管理”的思想，在企业内部强化危机意识，即使企业经营业绩良好，也要时刻居安思危，因为市场经济的核心就是竞争。市场有竞争但无末日”，而企业有“末日”，产品也有“末日”：其一，与国际名牌比——找出与世界水平的差距，争创国际品牌；其二，与国内同行比——学习兄弟企业的长处，保持国内领先；其三，与市场的需求比——目光紧紧瞄准用户，把握市场命脉；其四，以己之短比人之长——努力避免一得自矜，警钟长鸣。

一般来说，对企业存在意义的解说有三种方式。一是经济性价值观，如获取利润、为员工提供收入保障等。二是精神文化性的价值观，即以企业与环境的关系来确认企业的存在价值。这种解说较重视企业的社会责任和社会义务，而把利润的获得视作企业履行其各种责任和义务后来自社会的自然回报。三是技术性价值观，即以企业对技术发展的贡献来解说企业的存在意义。

过去，企业过分强调经济性价值观或技术性价值观。或者片面追求利润最大化，忽视社会利益，导致环境污染等问题；或者以技术本位为经营理念，忽视技术的负面影响，未在发展技术的过程中实行选择性的发展战略，从而导致对环境的破坏，如对核技术的发展未加以有效的技术和社会控制，可能导致严重的放射性污染。汽车工业、化学工业也存在这类问题。

随着经济、社会的发展，环境的变迁，企业越来越提倡在处理好社会与企业的相互关系中求得企业的生存与发展。企业的利润既然来自社会，企业就必须用为社会服务、承担社会责任和义务的态度、行为，来赢得社会的好感。因此，企业比较重视社会责任和社会义务。

当然，企业确认某种生存价值观，并不意味着企业要绝对排斥其他价值观，只是企业从战略角度出发，更加强调这一价值观罢了。

(2) 创造观。

所谓创造观，是对企业经营和企业发展的内在驱动力的看法。

在现代社会，企业经营如果因循守旧，不思进取，缺乏创造观念，其结果必将是遭到淘汰。而追求卓越、求新求变、不断创造，已成为当代人的一项持续性要求，是一个现代文化规范。“求新求变”是因为不满足而产生。一个企业如果感到满足，就会因循保守，停滞不前，不再发挥自身的潜力。满足是指对现状的接受，“不满足”，则是激励之源。只有总觉得“不满足”，人才会求变。这种“不满足”正是创造观的典型表现。澳柯玛公司提出的“没有最好，只有更好”就是企业不断超越自我、不断创新观念的体现。

具有创造观的企业，才有发展的动力。在当前这种一切都在转变更新的时代，这种价值观在企业价值观中具有特殊重要的意义。

(3) 质量观。

质量观是企业对其提供的产品或服务的质量进行评价的标准体系和态度体系，是一个企业对质量的重视程度及根本看法。在企业的生产、经营和管理过程中，是否将质量放在首要地位，主要取决于企业具有什么样的质量观。

市场竞争的日趋激烈，使得质量日益成为企业取胜的法宝。在世界范围内，大凡成功的企业，都将产品质量视为企业的生命。“六西格玛”是一项以数据为基础，追求几乎完美的质量管理方法。20 世纪 80 年代中期开始，六西格玛由摩托罗拉最先倡导。90 年代中期被通用电气（GE）成功地发展成为一种实践。前 GE 总裁杰克·韦而奇把六西格玛作为该公司一种管理战略列为公司四大战略举措之首，形成企业文化并取得骄人的业绩。我国许多企业都已经意识到质量对于企业意味着什么，在这些企业，质量观已深入人心。近几年，我国企业纷纷实施的名牌战略首先就是质量第一的战略。

(4) 服务观。

对服务的不同看法和评价，必然导致企业不同的经营行为以及由此产生的不同效果。企业能否为用户提供最佳的服务，有赖于企业是否确立了良好的服务观。“IBM 就意味着服务”，是 IBM 每位员工的价值观，它为 IBM 赢得了广泛的社会赞誉和广阔的世界市场。近年来，我国许多企业，无论是制造业还是服务业。都将为用户或消费者提供满意的服务提到战略的高度，并在企业经营活动中贯彻实施。中国平安保险公司力求以电话中心和互联网中心为核心，依托门店服务中心和专业直销业务员，建立具有统一的品牌管理系统和服务界面的平安 3A 服务体系，使客户无论何时（Any Time）、何地（Anywhere）、以何种方式（Any Way），都可以享受到平安保险公司的满意服务。

企业价值观整合的内容，应视企业的文化传统、经营特点、经营宗旨和方针不同而有所区别。除了上述价值观以外，还包括企业的人才观、政策观、法律观和财税观等多方面，应视企业具体情况，有选择地将其纳入企业的价值观体系进行统一与整合。

## 企业精神口号的提炼

有了服务先导的思想，企业就会在自己的日常工作和经营活动中正确认识自己和社会的关系，时刻以公众的利益为出发点来规划自己的工作，做到一丝不苟、尽职尽责。

企业识别口号是将企业家理念、企业精神标语、企业广告宣传词的企业个性设计用最精确、最生动的语言表达出来的一种策略。

口号的作用在于展示企业使命，传达企业理念，揭示企业风格，反映企业行为。

在竞争激烈的市场经济条件下，企业精神口号的诉求作用是十分明显的：一方面，企业精神口号作为企业内在精神的一种直接反映，能够内化为企业全体员工的思想信念和精神动力并约束、指导、规范企业的管理行为和经营行为；另一方面，企业精神口号向外界扩散并准确无误地传达了企业的价值观念和经营理念，它能够吸引社会公众对企业的关注，促使社会公众通过精神口号了解企业、熟悉企业，加深对企业的理性理解和认同，在发生消费选择行为时，产生一种心理定势。

开发高质量的企业精神口号，是VI（视觉识别）系统使企业走向成功的重要步骤。

针对我国“文革”期间形而上学猖獗，标语、口号满天飞，空头政治的弊端，有人曾提出应该建立“无标语企业”，实际上这种观点也是另外一种极端。有一种退回到生物人、经济人管理时代的味道，否定人是社会人、复杂人、有血有肉有感情的人；否定人的精神追求和内在的选择性和价值观。

在社会发展过程中，精神生产和物质生产一样，是人类社会必不可少的内容，是人类认识世界和改造世界的一种方式和重要组成部分。

首先，从广义上说，精神生产是人类社会产生的标志之一。精神生产使人类最后脱离了纯粹动物式的盲目适应自然环境的生存状态。同时，自我意识的形成，产生了人们精神上的需要。它既是人类脱离动物界的重要标志，又是人类摆脱自然力的束缚、获得自由和全面发展的开端。

其次，精神生产为人类的存在和发展提供了精神上的保证和指导方向。精神产品中的政治、法律、伦理、哲学等思想体系，既可为维护现存的社会秩序和制度服务，又可以反映社会发展的趋势，为打破现存的不合理的社会秩序和制度、建立更美好的社会秩序和制度进行呐喊和论证。

再次，精神生产的成果表现为精神文明。整个人类文明的发展史，既是一部物质文明的发展史，又是一部精神文明的发展史。尽管物质文明是精神文明的基础和决定性力量，但是，如果没有精神文明的发展，物质文明也不会正常发展。精神文明的发展为物质文明健康而顺利的发展提供精神保障、智力支持和明确的方向。精神文明可以内化为人们的心理因素，形成日益丰富的心理素质，在人们改造客观世界的实践活动中产生越来越大的作用。

最后，精神生产不仅对社会发展起着重大作用，而且由于精神生产是一种精神性、理性的活动，因而它能对人自身的活动进行协调和管理，使人在实践活动中更好地发挥自觉能动性，以适应社会发展和人自身发展的需要。

人是情感动物，他们不仅要吃喝穿住，而且要求有精神生活。没有了精神追求，生活和工作就失去了动力，就难以维持高昂的工作热情，企业里就没有活力和生机。

实际上，许多经济发达国家，都十分重视精神的激励作用。韩国汉城（现名首尔）奥运会的时候，汉城一些重要公共场所就出现了“奥运会是世界上最权威的体育盛会，举办奥运会的国家是世界上最伟大的国家，举办奥运会的国家的人民是世界上最光荣的人民”这样的标语口号，极大地激起了人们的民族情绪和爱国热情。

日本住友商社是个大企业，有着400多年历史的社训在企业里到处张贴；日产汽车公司一家工厂从领导层到每位员工都有一枚徽章，上面英文的意思是要把质量搞到顶峰。各种各样的信条、标语、口号、决心书在日本企业里随处可见。大口号有“一亿脑两亿手，共同建设新日本”，具体口号有“看到不整洁而不动手清理是不应该的”。日本钢管扇岛厂的高炉炉台上矗立的标语是：“男子汉值得自豪的岗位”，生动、具体，有力度、有感召力、有目的性。

企业精神除去标准的口号、信条、标语等表层表现形式之外，只表现为一种无形的力量，但受企业精神支配的人的行为、抽象劳动的成果、工作质量和效益是有形的。

企业精神和企业经营理念又以其外化的表现形式、可视形式，如口号、标语、信条使得企业内在精神和经营理念成为外在的、可感知的东西。社会公众或企业员工正是凭着这些可感知的外显性事物的内容，凭着企业特有的口号、标语、信条很快把握企业特质，认识企业风格，从而了解某一个企业、熟悉记忆某一个企业。成功的口号、标语、信条有一种强大的反作用力，会给企业带来精神动力。

企业精神口号的提炼包含两个环节，即定位和表达。无论是在定位还是在表达上，都应注意避免出现下列现象：

一是不准、不确。

这是指定位不准，表达不确。企业精神口号不同于一般的标语口号，它是用来规范、指导企业及员工行为的。如果定位不准确，表达过于抽象或含糊不清，势必导致员工的行为无所适从，在实际工作中起不到指导、规范作用。例如，有的企业提出的精神口号是“严字当头、从严治厂、从严管理、从严要求”，这种“严”过于宽泛，什么算严、怎样严、严到什么程度，都是含糊不清的，给人似是而非的感觉，精神口号也就无法转换成员工心态，以致无法在言行中表现出来。

二是千篇一律。

企业经营虽有许多共性，但企业精神口号是要强调个性的。因为理念识别的关键是要具有识别性，而识别性来自于个性。纵观我国目前不少企业的精神口号，其共性多而个性少，往往千篇一律，“千厂一面”。例如，到处都可以见到类似于“团结、求实、奉献、创新”，“服务第一”，“质量第一”，“一流产品、一流管理、一流技术、一流人才”等所谓的企业精神口号。这样的口号缺乏个性，也就失去了识别性，更谈不上震撼力和感召力了。

三是空洞无物。

一些企业的精神口号没有实质性的内容，只能流于形式。如“争创一流”这样的口号很难说传达出了什么实质性内容。这些空洞无物的口号当然也就没有实际指导意义了。

四是不切实际。

一些企业似乎是在赶时髦，或是在与别人攀比，口号越叫越响，口气越来越大。如有些规模很小、技术水平一般的企业，不顾企业实际情况，也喊出了“立足亚洲、放眼世界，争创世界一流”的口号，结果不现实的精神口号不仅难以激发员工的积极性，相反会给人夜郎自大的感觉，效果适得其反。

不切实际还表现在不顾国情、民情、盲目照搬国外企业的精神口号，结果难以获得员工的认同，不能渗透于员工的行为之中，收不到实际效果。

五是随意变更。

企业的精神口号是企业价值观的集中体现，而企业价值观一经形成，是具有相对稳定性的。因此，企业精神口号也应保持一定的持续性，不能随意变更。只有保持相对稳定性，才能使其逐渐内化为员工的信念，从而在企业内部、企业外部产生持久、深刻的印象，并树立起良好的企业形象。如果企业缺乏战略思想，企业精神口号经常变更，就难以规范企业组织行为和员工行为，也就达不到树立鲜明企业形象的目的。

当然，这里所讲的持续性，并不意味着一成不变。实际上，企业精神口号是稳定性与发展性的统一。只是因稳定是发展的前提和基础，所以这里更强调稳定性罢了。

近几年，我国也有不少企业在提炼精神口号方面做得不错。

上海易初摩托车有限公司较早地认识到企业精神的重要性，经过职工讨论、专家论证，将“创造幸福”作为本企业精神口号。“创造幸福”融产品牌号、企业宗旨、企业承担的社会责任于一体，即为社会创造幸福，为企业创造幸福，为员工创造幸福。由于这个企业精神口号简明扼要，内涵丰富，因而得到广大员工的认同，并化为人人“创造幸福”的行动。

同仁堂的精神口号是“同修仁德，济世养生，兢兢业业，汲汲济世”，充分体现了同仁堂这个中华老字号济世救人的经营宗旨，同仁堂的历代传人至今遵古不泥古，继承不失宗，使同仁堂生产的各种中成药素以“处方独特、选料上乘、工艺精湛、疗效显著”而享誉海内外。

# 第四章

# 企业形象识别系统(CIS)设计

CIS 设计是根据企业内部条件和外部竞争环境以及企业特点，确立企业发展战略与企业经营理念，并对企业的组织体系、行为规范、品牌策划、公共关系等方面，进行全方位的策划和管理，然后运用整体信息沟通系统，传达给企业内外的关系者。

## CIS 的主要特征

企业形象也叫企业识别。对于企业形象的具体名称，美国企业界提出过企业设、产业设计、企业视觉、独特设计、设计策略、企业形象，后逐渐改成企业识别（CI），后来演变成较成熟的表达：企业形象识别系统（CIS），但习惯上还是称之为 CI。它当时只是一种以提高商品认识程度为直接目的，通过改变企业视觉不易识别的现象，实现与其他企业相区别，从而战胜对手的基本策略。CI 随着历史的发展，内涵与领域不断规范与扩大。

**1. CIS 的系统性**

（1）设计内容的系统化

日本研究人员明确指出，光是具有企业标志并不表示企业实行了 CI，因为 CI 必须系统化，否则就无法发挥情报的有效性，即效率化。那么，CI 怎样系统化呢？他们认为：必须先考虑并确定三大要素。第一要素是企业理念，第二要素是企业的结构和行动，第三要素是企业的视觉性表情。所谓“视觉性要素”的设计，就是用图形、字体、颜色等，设计出各种可观的标志，如司标、商标等，使之具有艺术个性，不仅能够表达一个公司的外在特征，也能传达公司的精神面貌、价值取向和理想追求等。这种视觉识别（Visual Identity，缩写为 VI）设计，固然是 CIS 设计的内容，但绝不是 CIS 设计内容的全部，而只是它的一部分。以往人们的认识中，80%的信息来自于视觉，视觉的变化往往容易引起人们的注意，因此许多人把 VI 设计误解成了 CIS 设计的全部。这种误解，在 CIS 发展的第四阶段中才真正消除。

用语言、文字来设计和表达一个公司的生存价值、社会使命、精神状态、经营宗旨等，并使这种表达生动、形象，起到鼓舞全体职工团结一致、努力向前的作用，也是CIS设计的内容之一。

像保罗·兰德那样，把文案“视觉图像化”，属于CIS设计，被称为“企业视觉识别”设计，简称为VI设计；提出关于公司生存价值等的“文案”，并使这种“文案”以箴言、成语、格言、口号、座右铭等形式出现，显得非常简练、具体、生动，以至当人们读到、听到这些文案时，能够联想到公司的某种远景，并产生震撼心灵的作用，也属于CIS设计，被称为“企业理念识别（Mind Identity）”设计，简称为MI设计。

同样，用语言、文字来设计和规范公司及其员工的行为，并使这种语言和文字的表达十分清晰、准确，容易理解，便于执行，能够促进一个公司的社会使命、精神追求、经营宗旨等的落实，也是CIS规划设计的内容之一，被称为“企业行为识别（Behavior Identity）”设计，简称为BI设计。总之，在这个阶段上人们已经十分清楚地认识到：CIS设计，就是指企业、公司或团体在形象同一方面的设计；它是一个系统工程，是包括MI、BI、VI三个分系统设计，也就是CIS三个基本构成要素。这三个分系统的设计相互区别，各有自己的特殊任务；但又相互联系、相互呼应，构成一个完整的CIS规划设计总系统；它们在分别设计出一个企业的理念形象、行为形象、视觉形象的同时，也通过相互渗透而设计出一个企业组织的完整形象。

如果说，CIS设计第一阶段上的代表作是彼得·贝伦斯为德国AEG公司所做的设计，CIS设计第二阶段上的代表作是保罗·兰德为美国IBM公司做的设计，那么，CIS设计第三阶段上的代表作就是中西元男于1978年为位于日本东京银座的松屋百货店所做的设计。第四阶段，就是始于大约20世纪90年代，当前仍在继续的“CIS盛行于全球的普通化阶段”。这主要是在发展中国家普及，在迟发展起来地区生根、开花、结果。

⑵ 设计主体的系统化

在之前的两个阶段上，一谈到CIS设计，往往就是谈专业设计师作品。例如，德国的彼得·贝伦斯、美国的保罗·兰德等热闹的作品。这样容易使人产生误解，以为CIS设计的主体，就是专业的设计公司和设计家。在CIS设计的第三阶段上，固然也谈专业设计公司和设计家以及他们的作品，但人们没意识到：任何一个企业的CIS设计，其主体不能只是专业设计公司，最主要的还是这个企业的领导和全体员工，是由企业内部全体人员和外部专业设计人员同心协力构成的。

日本理论界明确指出：CI须由企业本身自行推动，不应由专业设计公司一手承包。企业本身和专业公司的关系，如同孕妇和助产士的关系，生孩子必须靠孕妇自己的力量，只有在情况紧急、需要剖腹生产时，才请来助产士协助。此种协助，正是CI专业设计公司所应扮演的角色。

显然，设计主体的系统化，是设计内容系统化的必然要求。如果把设计主体限定为只是专业设计师，那么CI设计最多也就只能停留在VI设计方面，设计的舞台也就变得小了。事实上，正如我们在松屋百货店这个个案中所看到的那样，CIS设计除了视觉标志以外，还有很大一部分是设计一个公司的理念和行为，是要改变职工的经营理念，提高工作人员的素质，规范公司整体及其员工的行为。所有这一切，都不是设计公司所能独立完成的。

⑶ 设计程序的系统化

在CIS发展的这个阶段上，随着设计内容的系统化，设计程序也逐步明确化、规范化和系统化。根据日本理论界的总结，日本型CIS的导入程序如下：

第一步：董事长发动，高级主管统一认识，设置CIS执行机构。

一个企业的CIS，如同一个打高尔夫球的人的挥杆姿势。打高尔夫球，要根据前方3000平方米以内的地形地势、树木草丛的情况，不断调整自己的挥杆姿势；董事长统一一个企业，也以根据未来10年可能发生的社会环境、市场关系的各种变化，不断调整企业的CIS，以保证公司10年以后达到预计的理想状态。作为公司的董事长，对事业方面须有这种期待与欲求，而且要热诚地领导整个公司，否则企业就无法成长。因此，董事长要有导入CI的坚定意志。决定是否导入CI是董事长的职责，自己的公司将来要如何，这种事应该由董事长决定。简言之，CIS的导入和设计不能采取自下而上的方式，而必须是由上而下地开展，由董事长亲自主持推动。

在统一认识的基础上，成立领导机构 CIS 委员会，下设做具体工作的 CIS 事务局。CIS 事务局成员，必须是具有优秀办事能力的人。而 CIS 事务局的局长必须挑选人际关系好的人才担任。

第二步：选择合乎本企业需要的 CIS 专业公司，签订合同，同心协力开展工作。

为使设计具有针对性，CIS 事务局和专业公司之间应该坦率地讨论企业存在的种种问题。合同条款中应设有不得泄露本企业机密的条款，这样就可以把企业的事全盘托出。

讨论中，双方应该平等友好，互相尊重，实事求是，具有严格的科学态度，对于名词术语，“知之为知之，不知为不知”；对于措施和建议，“合适就是合适，不合适就是不合适”。

第三步：开展形式多样的活动，发动全体员工参加。

CIS 是公司内的运动，没有员工的参与就无法在公司的内部生根发芽。CIS 的推动必须采取某种形式，让全体员工都有参与的机会，人人贡献一己之力，产生建立新基础的自觉性，否则 CIS 就会变得毫无意义。

发动员工参与的形式，可以多种多样，包括召开 CIS 报告会、员工意识调查会、“公司是什么”研讨会、CIS 新闻发布会、征稿活动、宣传标语征求活动等。

第四步：开展横向沟通。

主要是就“如何开创公司的未来”、“如何描绘公司未来的发展轨迹”这类问题，在各个不同部门的主管之间、部长之间、本公司领导和外部专业公司之间，进行交流研讨，增进彼此的认识。

第五步：着手规划设计。

这一步，又分为五个阶段来进行。

第一阶段：设计准备。包括明确 CIS 设计的理由、目的、意义的思想准备，建立设计筹备委员会的组织准备，邀请专家进来讲课和走出去到外单位取经的理论准备，制定设计日程表的计划准备。

第二阶段：现状的深入调查分析。包括对员工意识、企业形象现状、现有视觉标志等在内的内部环境的调查分析，对现代社会、当前市场、竞争对手的企业形象现状等在内的外部环境的调查分析，这是最要花精力做的事情。调查分析就是树根，它从土地中不断地汲取营养来支撑整个的 CIS 设计，并使之开花结果。根深才能叶茂，调查越是深入，设计出来的东西就越扎实、越有成效。

第三阶段：MI 规划。在预测今后 10 年、20 年的情况的基础上，确定公司的事业领域、价值体系和经营理念等。

第四阶段：BI 规划。包括企业整体行为（内部组织结构、信息传递系统等）和统一规范职工个体行为的设计。

第五阶段：VI 设计。包括确定企业名称、企业标志、标准字、标准色等，确定传递视觉标志的主要媒体（如连锁企业应以店铺、制造企业应以产品及其包装、运输企业应以车辆为主要媒体），确定视觉标志在不同空间、不同场所应用时的比例变动规则，等等。

当然，以上五个阶段的顺序和重点，可以根据不同企业的不同情况，灵活地变动。

第六步：准备实施。

设计定稿以后，在正式实施之前，在以前各个阶段上轰轰烈烈地进行的基础上，还要来一个轰轰烈烈的预告，以加强每个职工的改革意识，提高素质，使每一个职工都能增加理解“本公司是一个什么样的公司？将来的变化如何？”

**2. CIS 的同一性**

CIS 是使企业的价值理念、道德精神、经营哲学、管理制度、行为准则、活动风格、企业标识、企业环境、形象传播等具有统一性、代表性和权威性的法则，是企业视觉化的交流和识别体系。CIS 规划设计是企业哲学的具体反映，它除了要反映出企业文化的内核——理念识别外，还必须有一整套与企业理念相适应的视觉识别和行为识别。“同一性”是 CIS 中非常重要的概念。如缺乏“同一性”，员工对企业理念、价值观产生分歧，社会大众对企业形象产生错位，都是自我不一致的表象；企业向外界发送广告信息时，如出现不同形状、大小或色彩的标志、标准字体，更是自我不一致的表象。企业每天向外直接或间接地传递许多信息，包括各种社会活动、产品销售、广告活动、参加各类会议等，如果这些活动中传达出的信息不一致，甚至相反，那就不仅浪费了企业钱财，还会使人对企业产生怀疑。试想一个企业两名职务相同的员工，对外界发表的言论不一致，那会是什么样的结果呢？因此，如果能用统一的方法、统一的要求整体地传达企业的信息，使大众在一致的信息刺激下形成统一的印象，便可有力地增强信息的可信度，从而扩大企业的影响。CI 的规划设计和导入，就是要建立起统一的识别系统，以代替或变更企业信息传递上不规范、相异甚至相抵触的现象，从而达到理念、行为和视觉上的高度一致。

因此，在 CIS 规划设计中各个项目必须主题鲜明、基调一致。一个没有统一、明确主题和基调的 CIS 计划，是不可能深入到企业内部员工和社会公众之中的。设计师必须从企业与环境关系的整体出发，把握 CIS 计划的宗旨和要点，并将其扩散到 CIS 计划的所有环节中去。当然企业有一套完整的、严格的 CIS 体系固然重要，但更需要强有力的执行系统和反馈系统才能够保证 CIS 导入的成功。

**3. CIS 的识别性**

CIS 本身是一种差异化战略，一种突现企业与品牌个性的策略。突出企业形象的个性，是导入 CIS 战略必须遵循的第一个原则。随着科学技术的不断进步，企业之间在商品质量和销售数量上的差距相对不断缩小，企业必须建立一套统一完整的形象识别系统，以准确地传递经营理念、经营行为、经营方式等信息，树立具有独特理念、具有差异性特征的形象。只有企业与众不同，才能引起消费者的注意。哪个企业和产品能先在顾客心里占有一个位置，树立良好的企业形象，哪个企业就能取得良好的市场地位，在竞争中赢得主动。有效的企业识别系统能准确地传递企业经营理念中看不见、摸不着的信息，使人们产生恰当的暗示和联想，成功和失败的关键就在这一点。当一个顾客想买某种产品时，一个最值得信任的企业就会出现在脑海里，这就是暗示。这种暗示来源于顾客日常对企业的了解，包括企业的广告、建筑物、销售员，甚至一张名片或信封。奇怪的是，有些经营者将公司名、商标名、商标图案、标准字体等，有意识地同一些知名企业的品牌混淆在一起，希望借助别人的名气扩大自己的知名度，这是非常幼稚的想法。

CIS 的统一观念是针对企业内部而言，差异观念则是企业之间区别的基本要求。显然，通过声音、文字和图像乃至行为所传达出来的 CIS 观念如果实施有效，便会对市场产生决定性作用。

当我们不仅从香烟广告，还从体育比赛、社会公益、大众文化以及一切具有影响力的传播活动中不断地受到“万宝路”的视觉冲击后，我们事实上已在不自觉地接受“万宝路”的文化影响，在自己的大脑空间让出了一个本来属于另一种文化的位置，以致在行动中成了“万宝路”文化模式潜移默化的对象和俘虏。

企业的价值观是企业文化的核心，因而是 CIS 战略的中心目标。当围绕企业基本价值观所制定的一系列行为准则经声音、文字、图像等形式表达出来并在制度的监督下持续实施时，就形成了特定的意识形态氛围，并开始深深地影响着每一名员工。当一个老的名牌即将死亡，当公司经营的内容、方向有了改变，当公司与同类企业的差异缩小，或者当公司的形象受到了其他公司更具影响力的形象挑战时，对一套独特的 CIS 的需求就显得更加急迫。

**4. CIS 的形象性**

CIS 的形象设计可分为无形形象和有形形象的设计。社会公众对企业认识印象基本上通过认知、好感、信赖三个阶段。即从不知到“认知”，意味着只是获得某些信息并传入了大脑；“好感”则多了一些主观的感情色彩，说明企业和产品已经得到肯定的评价；“信赖”往往与企业的实力相呼应，只有到了信赖的阶段，才有可能达到“购买”的目的。而企业的建筑外观、生产规模、广告公关活动、经营服务、员工行为等具体的有形现实形象的设计、规范和塑造的目的是促成公众的无形形象。也就是说借助有形形象，去取得“信赖”的认同无形形象，才能达到真正树立企业的良好形象。

CIS 形象设计的目的性很强，它不是一种盲目的行为，而是“塑造企业新形象”。企业形象是企业通过自身的各种活动，借助各种媒介作用于消费者和社会大众，从而在他们心目中形成对企业的整体认识和想法。而这个媒介则是通过有关的人或物，如企业的产品、环境、建筑物、广告，以及产品推销、服务态度、售后服务，甚至具体到很小的细节，诸如电话用语、接待礼仪等而存在。塑造企业新形象的最终目的是为了提高企业声誉，获得经济效益。良好的企业形象可使社会大众较容易感受到企业个性的震撼力，从而提高其社会知名度，使全体员工产生信心和荣誉感。CIS是企业对内、对外塑造形象的工具。随着企业规模的逐渐扩大，企业接触的人越来越多，企业关系者的数量增多，就必须采取意图明确的策划，来塑造形象。

另外，CIS设计的目的是要千方百计让消费者记住你的企业形象。人们在注意某一事物时，许多情况下是随意的，特别是对企业形象的关注，更是无意中的注意。心理学理论告诉我们：要达到引起消费者记忆的目的，就要加强刺激的强度。其一，根据条件反射的规律，刺激在一定限度内强度越大，所引起的兴奋就越强；其二，加强单位强度刺激，如与众不同的手段、别出心裁的形式等。商品销售并不是一种突发而独立的现象，它遵循AIDMA的法则（attention注目，interest兴趣，desire欲望，memory记忆，action行动），消费者从广告媒体认识商品到购买商品是一个连贯过程，循序而进。销售与购买取决于信赖和好感的程度，社会上没有人愿意购买自己不信赖的产品，也没有人会选择没有好感的物品。人们往往透过企业形象来判断企业，因而企业形象的影响力对提高本企业在消费者心目中的信赖感起着举足轻重的作用，即使在遭受竞争对手的攻击时，“形象”亦可成为一道有效的防护墙。

**5. CIS的文化性**

企业文化是CIS的深层土壤，CIS与企业文化有密切的关系；CIS是一个企业文化体系的表达，同时又是这个文化体系的支撑，两者存在着互动关系。实施CI战略最重要的基点就是建立和完善企业内部的文化体系和文化管理的经营战略，否则，CIS的导入和实施将是无本之木。

在文化学理论中，“文化”这个词被广义地理解为人类一切创造的总和，同时文化又被分为有形的与无形的两大类。所谓有形的文化就是以物质为载体的文化形式，如工具、建筑、车辆；而无形文化则是以人自身为载体的文化，如思想、宗教、行为、语言等，当然记录了这些文化的物质形式则是两种文化结合的产物了。从总体上说来，有形文化的世界和自然界一样，往往被看作人类生存和活动的舞台，人们已习惯于将实实在在的物质作为对象和资源，在这样看得见、摸得着的物质环境中生产和生活。因此有形文化的共同基础都是占有一定空间的物质形式。文化是一个涵盖了物质与精神、由知识和训练造就的某一群体的生活方式和行为准则。我们所说的企业文化，无非是这种生活方式和行为准则在一个企业内部的存在与显现而已。

从历史渊源来看，CIS 几乎是与人类的政治和文化一起成长的。种族和部落作为最原始的政治、经济和文化集团，从一开始就以象征的符号作为自己集团的标识，这就是最原始的 CIS，直至不同的城邦或者国家以国徽、国旗等作为自己精神和体系标识的时候，则已经是完整成熟的 CIS 策划了。只不过，在这些策划中，标识系统所象征和表达的不是企业，而是政治或文化集团罢了。

CIS 是企业的一种经济行为，更是一种文化行为。一个企业的经营理念和企业精神，是这个企业文化本质之所在。在一个企业内部，从领导到一般员工，都必须对自己企业的发展目标有清醒的认识，对自己企业具有一种不可改变的归属感，把自己的精神和理想寄托于企业的发展和未来。这种目标和归属感，是企业文化的中心。在一个企业的文化体系中，价值观无疑是最重要的中心。价值观代表了一个企业全体职工为之努力的目标，也为他们的日常行为准则提供了哲理精髓和精神依据。价值观使职工团结在一起，推动企业不断地向前发展。企业导入 CIS 的过程，实际上就是一次发挥、强化和传播自己的价值观文化体系的过程。如果一个企业在导入 CIS 时没有将 CIS 理念同企业的精神文化相结合，那么它就不可能在自己的王国里创造出人人为之奋斗的目标，也不可能使员工对它怀有强烈的归属感。

**6. CIS 的长期性**

CIS 是一个发展的概念，优秀的 CIS 策略应具备承前启后、继往开来的延展特性。企业形象研究专家姆斯菲德迪说："好的 CIS 使人辨识企业，同时表现其个性，不仅是现在，甚至未来的个性也需要表现。"CIS 并不像我们穿衣服一样，可以三天两头换一件。这样既不利于效果积累，又要耗费巨额资金。那么进行 CIS 策划应如何解决这一冲突呢？导入 CIS 时，决策层在充分考虑本企业特性的同时，要对本企业的发展趋向、发展目标作出合理的预见，使 CIS 既表现出企业的个性，又有较大的涵盖力。

"娃哈哈"的前身在 1987 年开办的时候，是杭州上城区教育局属下的校办企业经销部。在一间小学校旧址 10 平方米的旧房里，由现任集团总经理宗庆后率领两名老太太，做小文具经销，后来又同时为一种叫"保灵"的营养液做推销工作。1988 年下半年，他们决定自己创牌子，研究一种口服液，于是开始了和浙江医科大学的合作。当时国内营养液品种已经数不胜数，有人怀疑再创一种营养液，是否还能争取市场空间。经过反复论证，他们认为中国市场非常大，同一类型产品参与竞争，重要的是市场策略、企业形象的竞争。市场上营养液虽多，但没有针对儿童特点的产品，于是他们将市场目标确定为儿童消费群，并取了一个"娃哈哈"的名字。从语音学角度看，这三个字都是开口音，无论多么小的儿童，只要开始牙牙学语，一张口，这三个音就能发出来。而且，它体现了产品为儿童提供保健、增加营养，使儿童更加欢乐的精神内涵。再加上"喝了'娃哈哈'，吃饭就是香!"或"妈妈，我要喝'娃哈哈'"的广告语，实在、明确、易记，不玩深沉。在"娃哈哈"口服液的基础上，后来又开发了新产品"娃哈哈"果奶、"娃哈哈"营养八宝粥、"娃哈哈"冰糖银耳燕窝、"娃哈哈"纯净水、"娃哈哈"清凉露和"娃哈哈"平安感冒液等系列产品。经过短短 10 年时间，"娃哈哈"已经发展为一家跨国公司。

一个完整的 CIS 系统，必然是时代精神和文化精神的反映。在一定的时代，CIS 具有其特殊的本质和风格。CIS 不是短期的即兴作品，而是长远规划、定期监督和领导管理组织化、系统化的作业，在时序上要保持一致。公司形象设计系统的一贯性是企业经营管理中不可缺少的一环，所有的 CIS 都面临一个如何在新的历史条件下调整自己，以适应新时代的问题。对一个企业而言，导入 CIS 本身，往往就是因为企业老的形象体系已经面临被时代抛弃的危险。CIS 的死亡，严格说来就是企业精神的死亡。我们不能想象，一个在精神上已经死亡（落后于时代）的企业能够面对新时代的挑战。

持续性不是说一成不变，它要求的只是相对稳定，随社会环境的变化不断调整，以适应形势的要求。

1886 年，美国亚特兰大的药剂师派伯顿创造的可口可乐（CocaCola）饮料，百年来以其独特的口味，通过营销战略和广告战略为主的市场活动，已具有风靡全球的魅力。1969 年 10 月可口可乐全美经销商、零售代表等共七千多人会集在迈阿密，发布了可口可乐新的识别系统，并散发以《迎接 70 年代》为题的手册，说明可口可乐标志变更的原因。文中说："70 年代是转变的年代，是生活形态、价值观、个人志向等转变的时代，更是'More'的时代。"扉页上即以"More"为标题，预言 70 年代将是人口激增（More People）、收入增多（More Money）、家庭中心化、闲暇增多（More Leisure）、受过良好教育的年轻白领阶层增多、人口与都市密集、活动空间扩大（More Mobility）、动荡增多的时代。可口可乐新的 CIS 计划正是为了适应新的时代精神，领导时代潮流而展开的。

可口可乐董事长迪克森曾说："我不愿在传统的过去，而希望在新鲜的未来。"1970 年，可口可乐公司一举跨越旧有的历史传统，创造迎接新时代的形象，正式导入了新的 CI 计划，其宣传广播的强烈视觉效果令人耳目一新。

导入 CIS 并不是为了某一特定产品的推广，而是为了保持同类产品的生命力。企业导入CIS也是一种保护名牌必不可少的措施，从丰田汽车到佳能照相机这些具有市场生命力的产品，我们可以看到同样品牌性能不断改进的历史。如果厂家在每一次研究开发新产品之后，在设计与广告宣传方面缺乏连续性，市场就不可能对新产品有所识别。即便厂家使用相同的品牌，由于标准字体、标准色以及基本设计思想的差异，都会引起严重的信息混乱，在消费者心里产生不可靠的感觉，进而影响产品销售。新产品的推出需要给消费者一个信得过的依据，孤立宣传其质量与特性是难以迅速生效的，因为消费者并不清楚该产品的真正实力。

企业导入CIS对消费者也是一种提示：虽然本产品已经更新换代，但我还是我，与过去不同的是，我具有更多适合你的特点，我更加成熟了。而没有导入CIS的企业是难以作出这样的提示的，缺乏规范考虑的广告说明词往往不如形象一致的品牌设计更具可靠性。

## CIS的意义与作用

实践表明，当代企业导入CIS企业形象识别系统效益非凡。

第一，充分发挥企业识别系统形象化整体管理的战略作用。一方面，提炼、提高、提升企业生产经营的独特发展战略、行为方式、运行实态；另一方面，以企业生产经营的独特发展战略、行为方式、运行实态协调和统一企业员工的心理、思想、行为，从而大幅度地提高企业生产经营的整体管理素质和水平。

第二，充分发挥企业识别系统形象化整体竞争的战略作用。一方面，把企业既有的物质——经济力经过提升而转化为精神——文化力；另一方面，把精神——文化力经过复归而转化为物质——经济力，从而大幅度地提高企业生产经营的整体竞争能力和后劲。

第三，充分发挥企业识别系统形象化整体传播的战略作用。一方面，塑造、渲染、传播企业及其产品的整体识别形象，与其他同类企业和产品在根本上既迅速又准确地辨识区别开来；另一方面，整合企业的文化建设、公关活动、展销服务、媒介传播等方面的各自优势和协同优势，从而大幅度提高企业生产经营的整体传播效果和效益。

**1. CIS 导入是市场经济时代的呼唤**

(1) CIS 导入是现代企业成功的经营战略。

从以上所述的 CI 发展的历程可知，最早开始于第二次世界大战之前的德国，一家名为 AEG 的公司率先将 VI（视觉识别）理论应用于经营，获得较满意效果。到 20 世纪 50 年代，欧美许多国家相继开发出不同形态的企业识别系统，其中美国的 IBM 公司最为成功。IBM 在公司和全世界分支机构中统一企业识别形象，创造出举世无双的企业规模与企业形象。IBM 公司的成功和其 CIS 设计师诺伊斯创造的视觉传播理论“经由重复地不断地出现识别符号，将可获得难以统计的乘积性效果”分不开，其后更多的企业投入到 CI 潮流中。20 世纪 60 年代末，CIS 传到日本后，日本将注重人的精神的企业文化注入了 CIS，极大地丰富了以视觉识别为主的 CIS，成功地进入了世界市场。20 世纪 80 年代初，亚洲四小龙的企业导入 CI，取得了惊人的成效。20 世纪 80 年代末，CIS 进入我国内地，首先在广东潜滋暗长，然后开始风行东南沿海企业，获得前所未有的成功，“健力宝”、“三九”、“太阳神”、“红豆”腾飞九州。如今 CI 已在全国上下得到广大企业和其他组织机构的认同和应用。

(2) CIS 导入是树立鲜明的企业标识的需要。

在明确经营理念后，采用统一的形象和一致的格调，把企业的名称、标志、标准文字、造型、颜色、图案以及企业经营方针、行为规范、文化氛围、公关特色等，通过企业员工自身、外界传媒传递出去，向社会公众展现系统、完善的企业形象，给人们造成感觉冲击，内化企业在人们心目中深刻的印象，从而大大提高企业的知名度。在设计标志时应该注意，独特新颖的企业标志能给人以视觉上的先入感，造型上的生动形象性和精巧工艺性能够吸引人们的注意力。如日本三菱公司的菱形标志、德国奔驰汽车的星形标志设计得就很成功，简洁、明快、视觉效果极佳。

此外，还需注意，CIS系统所强调的企业形式同一性原则，是指企业标志与商标应尽量做到统一，即“企业标志=企业名称=商标名称”，且相对保持稳定。

(3) CIS导入是增强企业凝聚力的需要。

企业对员工有没有凝聚力，主要体现在四个方面：一是现状收入和福利待遇；二是员工积极性和创造性的调动程度；三是企业在社会上的知名度；四是企业向职工展示的发展前景。这与企业的整体形象直接相关。卓越的企业形象对外能适应消费者的消费心理；对内则能强化企业员工的归属意识，保持企业整体旺盛的生命力。企业通过自已的形象所具有的魅力感染身在其中的每一位员工，使员工在认同的价值观的基础上凝聚起来，形成同质群体。企业运用CIS系统，有目的、有计划地进行宣传，如厂内大楼、门面、信笺、名片、文件夹、工作服、手提袋都标有企业的标志，可以增强员工的自豪感，强化其归属意识，形成一种上下一致的行动准则，从而激发出员工的主动性和创造性。如日本索尼电器公司不仅在本国企业，甚至在国外的子公司也树立起索尼公司的旗帜，以时刻提醒职工是索尼“家庭”中的一员。

(4) CIS导入是获取社会公众认同的需要。

随着企业多元化经营的不断拓展，企业的产品种类也必然增多，商标、品牌及其他经营环节的不一致性也容易出现，从而会淡化企业的主体形象。导入CIS后，可有效地克服上述弊端，并通过各种传播媒介给社会公众留下整齐、一致、规范、完善的感觉，获取社会公众对企业整体形象的认同。例如，广州油脂化工厂原来有50多个牌子的产品，不但企业形象模糊，而且还出现市场竞争中“自相残杀”的情形。窘境之中，CIS走入该企业，对厂容、厂貌、品牌、名称、商标、色调等，进行了规范化的设计，推出“浪奇”总商标，广告宣传紧跟其上，使得该企业形象鲜明，销售迅速扩大。

**2. CIS导入是现代企业发展的必经之路**

(1) 有利于与国际市场接轨。

进入20世纪90年代以来，企业集团化、市场超市化（指企业开发新产品以后，通过超级商场或超级市场迅速推向市场和扩展市场）已成为国际经济发展的特征。在我国，随着企业改革的不断深入，这一特征也日趋明显。我国加入世贸组织后，我国企业在国际、国内两个市场都将面临国外大企业的激烈竞争。这两方面的趋势，要求国内企业在市场竞争中树立鲜明的企业形象，实施CIS战略，以统一、标准、规范的对外宣传和步调一致又充满活力的经营管理，抢占和定位市场。这样既能避免“形象移位”，互相残杀，又能避免“形象弱化”，竞争乏力。企业要依靠树立鲜明的企业形象和提高竞争能力来开拓市场。

(2) 有利于推进技术进步。

企业之间竞争加剧使市场上同类型的产品日益增多，而现代科技的发展和广泛应用，则缩小了企业之间产品性能的差距，例如麦氏咖啡和雀巢咖啡谁优谁劣难分伯仲。在这种情况下，不能再依靠单纯的产品性能来吸引消费者，而需要通过塑造鲜明的企业形象来争取消费者。企业整体形象的设计，以人才和技术做后盾，企业形象的影响力如何，很大程度上反映了企业综合科技实力水平。另外，随着新技术、新工艺、新材料的迅速开发和传播，产品更新换代步伐大大加快，企业需要依据自己的实力和经营目标，重新定位传播对象，吸引和争取消费者。企业导入CIS，必然更注重其整体科技实力的提高，注重市场应变能力的增强，以确保在竞争中立于不败之地。

(3) 有利于提高管理水平。

原先人们认为只有当企业管理水平达到一定档次以后，企业才有可能有效地导入CIS。我则不认为如此，有的企业在创建设计自己的企业时，就规划设计好CIS系统，并取得良好的效果，这是作者主张“组织文化设计主义”的现实基础。CIS所体现的经营理念和企业精神，是企业发展的目标导向，是企业员工的行动规范，它可以确保在鲜明的企业形象下，实现经营者和全体员工关系的和谐，优化企业的经营管理。导入CIS，是企业管理正规化、现代化的象征，会使员工产生更强烈的自信心和自豪感，有利于企业内部凝聚力的增强，确保企业留住人才和吸引人才；导入CIS，将有利于企业各部分关系协调和利益整体配合，使企业各方面、各部分的功能以企业形象为轴心有序而高效地运行和发挥。

**3. CIS 导入是企业赢得竞争优势的最快捷、最有效的手段**

一个企业、一个组织的形象如何，对于提高其在市场上的竞争力具有十分重要的意义。在国际商战中，企业与企业之间的“形象战”也是打得热火朝天，成为企业竞争的重要表现形式。

良好的企业形象，是一种比产品、市场、技术更为重要的战略资源，是企业的无形财富、无价之宝。现代市场经济竞争的软性化，突出地表现在企业形象上。一个企业如果能以良好的形象出现在社会公众面前，就会不断地提高自己的知名度和美誉度，提高了企业在社会上的地位；给公众一种美好的、亲切的印象，一种“靠得住”的感觉，赢得了广大顾客、消费者的信赖；良好的企业形象本身就是一种财富与信誉的象征，可以在同行业中起到牵头示范作用，可以比其他企业更便利地获得资金、人才等资源；良好的企业形象可以使职工有一种荣誉感、自豪感，树立与企业同呼吸、共命运的主人翁意识，形成强大的凝聚力，奋力拼搏、开拓进取，促进企业可持续地健康发展。具体体现如下：

(1) CIS 能展现企业经营个性。

CIS 是以一种与企业目标相一致的方式来指导企业的各种传播，赋予企业视觉上统一的外观。一方面，它要使企业在同行中引人注目，脱颖而出；另一方面，又要真实反映出企业的本色。企业识别必须以企业的条件和环境为基础，如果企业本身不是生机勃勃的，识别也就不可能如此。CIS 计划能否达到其目标，并不完全取决于 CIS 计划本身，还取决于它与企业自身特点以及与类似企业 CIS 计划间的关系。CIS 计划是企业及其产品和服务特色的表现形式。因此，在制订 CIS 计划时应明确什么是企业的特色。

随着市场竞争日益激烈，生产同类产品的企业越来越多，产品质量和性能也越来越接近，众多企业发出的信息充满了我们的生活空间，形象表现之奇特，语言之精辟，形式之多样，技术材料之先进，色彩之艳丽，广告大战之起伏，令人目不暇接，其目的都是引起人们的注意。但大量的企业明显缺乏个性特征，如同名称的企业多；同名称不同产品的企业多；不同名称而生产同类产品的企业多。这既反映了企业竞争的激烈，也模糊了企业个性特点，影响企业产品销售，同时客观上给公众的消费选择带来了一定的困难。每个人头脑中储存的信息都是有限的，随着新信息的接收，就会遗忘一些旧的信息。只有那些有个性的企业组织识别才具有很强的冲击力，才能在众多的信息媒介中引起人们的注意，产生认同感。

美国假日酒店是世界上最大的旅馆连锁店之一，这个旅馆网络已经发展到美国50个州以及除南极洲以外的所有大陆上。假日酒店的老板威尔逊怎么会想到要开这样一个旅馆呢？1951年的一天，38岁的建筑商威尔逊带着母亲、妻子和5个孩子到华盛顿旅游，好不容易找到一家旅馆，其设施令他大失所望，房租却贵得吓人。这使得威尔逊一家游兴骤减，迫不及待地回家，并产生了开设一家“汽车旅馆”的念头。他想：一定要让出门在外的游客到了我的旅馆就像到了家一样的方便、舒适。不但要给旅客提供理想的住宿条件，而且还要使其成为旅客获得享受和乐趣的场所。在当今汽车已成为主要交通工具的美国，汽车旅馆肯定会大受欢迎。他将旅馆分布在公路沿线，经过公路的每一个人都能看得见，旅馆房间光线明亮，空气流通，色调柔和，陈设干净，电视使外出游玩的人晚上可以观赏有趣的节目，旅馆甚至还设计了为旅客的小狗准备的免费狗舍，而且价格很合理。由于坚持这种个性化的经营，他们今天已成为拥有1750个假日饭店的连锁集团。

(2) CIS能激励员工奋发向上的精神。

CIS的情报传达对象，不仅是消费者和社会大众，同时也是企业内部的员工。从外部看，良好的企业形象可以获得消费大众的充分信赖，从而为改善经营环境提供契机。从内部看，良好的企业形象可以使全体职工有一种归属感、优越感和自豪感，在工作中不仅能培养与企业同呼吸、共命运的价值观念，建立统一意识，提高员工士气，最大限度地调动员工的积极性，它还能迅速地吸引优秀人才，使企业保持旺盛的活力。

20世纪70年代，日本在钢铁、汽车、电机设备、电子产品、数控机床以及机器人、家用电器等领域全面赶超美国，日本工业产品一步一步夺取亚太和世界市场霸权，这对于一向以老大自居的美国企业管理界犹如冷水浇头。自此，美国企业界纷纷转向日本，研究他们的成功之道。

结果发现，企业管理不仅是一门科学，还是一种文化。与日本相比，美国的落后，不在于管理手段、方法和技术的落后，而在于缺少一种以企业文化为核心的理念。于是，一种叫作“企业文化学派”的管理思想在美国企业界日渐风行。这一学派认为：把全部精力都放在技术、方法和方案上，而忘记了生产产品和提供服务的人以及使用产品和享用服务的人，都是错误的，必须恢复企业管理中人的中心地位。

**日本丰田汽车公司的理念是“上下同心协力，以至诚从事业务的开拓，以产业的成果报效国家”，“发挥温情友爱的精神，把家庭式的美德，推广到社会”，“尊崇神佛，心存感激，为报恩感谢而生活”。员工在这种理念的引导下，激发了工作的使命感、责任感，产生了强烈的拼搏精神和献身精神，由此创造出“车到山前必有路，有路必有丰田车”的奇迹。**

现代企业的竞争，不仅是新技术、新产品的竞争，更是人才的竞争。只有具备优良形象的企业，才能赢得人才市场的信赖，在稳定原有职工队伍的基础上，不断吸收更多更优秀的人才，永葆企业的青春与活力。

⑶ CIS能统一传达信息，降低广告费用。

企业的一切活动都直接或间接地牵涉信息传递。然而，在从事这种活动时，需耗费大量资金，如果传达出来的信息未能统一，不仅会浪费宣传经费，更可能引起大众的反感，造成无法弥补的损失。反之，如果采用有组织、统一性的方法传达企业经营信息，便可以塑造独特的形象，增强信息的可信度。肯德基快餐店以创始人桑德斯老人的形象作标志，以美国国旗的红蓝两色作为自己的标准色，形象鲜明、亲切可爱、高度同一。

(4) CIS能提高企业的知名度和美誉度。

CIS的实施，有利于企业个性的展现，对拓展和占领销售市场起到了积极的推动作用，良好的企业形象容易被社会大众所接受。消费大众对于有计划的识别系统，容易产生组织健全、制度完善的印象，进而增加对企业的信赖感和认同感。美国《洛杉矶时报》1990年9月13日报道说，据旧金山的一家公司对来自美国、欧洲和日本的九千名消费者调查，世界上认知度最高的十大名牌分别是：可口可乐，索尼，奔驰，柯达，迪斯尼，雀巢，丰田，麦当劳，IBM，百事可乐。

塑造企业形象虽然不一定会马上给企业带来经济效益，但它能获得社会的认同感。未来企业竞争不仅仅是产品品质、品种之战，更重要的还是企业形象之战。产量、销售的上升犹如企业建起自己的钢筋水泥大厦，形象建设则为这钢筋水泥的大厦披上万丈金辉，使之有擎天立地之感。IBM总裁说过，IBM公司的所有资产就是IBM三个字，它被认为是“前卫、科技、智慧”的象征。IBM公司于1955年导入CI，标志最初是粗黑体，简明易读，具有强烈的视觉震撼力。随着企业的发展，要求以表现经营哲学为首要因素，于是又设计出以蓝色条纹构成的IBM字体标志，成功地建立起IBM高科技“蓝色巨人”的形象。良好的形象得到了社会的公认，IBM开创了世界范围内实施形象设计的潮流。

(5) CIS能带来可观的经济效益。

无形资产是指没有物质实体，不可物化量化，但可以被企业拥有并利用的资产。它是一种无长期固定形态、价值变化大、不易评估的资产，例如企业的影响力。企业形象是潜在的销售额，代表着企业的信誉、产品的质量、人员的素质、股票的涨跌等。德国一家研究机构曾把企业形象中的品牌价值作为一项无形资产来研究，估算出万宝路品牌价值为310亿美元，相当于其营业额的2倍，是世界上身价最高的品牌；排名第二的是可口可乐，价值244亿美元，该公司年营业额为84亿美元；美国百威啤酒价值102亿美元；百事可乐价值96亿美元；雀巢价值85亿美元……1994年1月8日，我国首次举办无形资产评估活动，由国家国有资产管理局批准，并授予评估资格的咨询服务机构北京嘉诚资产评估有限公司，发布了我国首批无形资产评估结果。这次评估结果包括："全聚德"烤鸭店牌号的价值为2.6946亿元人民币；长城饭店的商誉价值2.6427亿元人民币；海南航空公司商誉价值2.0294亿元人民币。

美国万宝路香烟总裁马克斯韦尔对名牌有过精辟的见解："名牌就是企业发展的最大资产。企业的牌子如同储蓄的户头，你不断通过广告累积价值，便可尽享其利息。"消费者在产生购买行为前对商品或企业必须有好感，在产生好感前必须先了解商品或企业的存在，所以认知是首先考虑的问题。CIS正是展现自己形象的一种设计系统，它将企业的经营理念、精神口号、企业文化以及名称、标志、标准字体、标准色等企业特征通过广告、包装、产品及服务向外界传播，给社会公众一种信任感和亲切感，从而产生购买和消费欲望，最终使企业产品畅销，效益倍增。这种经过策划设计建立起来的企业形象，包括企业理念系统的经营宗旨、经营方针、标语口号、行为准则、经营信条；行为系统的营销策略、规章制度、管理方法、公关活动、促销活动；视觉系统的企业名称、标志、标准字体、标准色等以及在三大识别系统共同作用下形成的企业信誉、信息、知名度等，都是企业的无形资产，因而有着极其重要的经济价值。正如一个博得大众好感的人，一般能较顺利地开展工作，即使与别人做同样的事，也容易得到较高的评价，在犯错误和失败的时候，常能得到他人的谅解。相反，一个形象不好的人，不管做什么事都容易令人怀疑。无形资产虽不如有形资产那样易于捉摸，但的确是一种具体可感的客观存在。它与有形资产一样，也是企业赖以生存发展的基础，同样对经营的规模和效益起决定作用，同样决定着自身的凝聚力、向心力和吸引力，因而同样具有重要的经济价值。

"金利来"也是我国导入CI成功的典范。该公司成立于1970年，开创者曾宪梓先生立志要为中国人创造一个中国名牌。他将中华民族传统文化中"勤、俭、诚、信"的人生哲学作为企业理念。公司成立后，他导入了CI设计系统，通过设计商标，赋予商品一张富有个性的脸，让人过目不忘。首先他为产品取名为"金狮"，意思为"东方睡狮的觉醒和奋起"，可是广东话"狮"和"输"字发音很近，太不吉利。经过反复推敲，决定用"金狮"的英文"Gold Lion"为名，Gold意为"黄金"，Lion意为"狮子"，Lion的读音近似粤语"利来"，合起来叫"金利来"。于是"金利来"以富有个性的商标设计展现在人们面前，从而在打开产品销路、占据市场的竞争中取得了优势。接着，曾宪梓对产品质量的要求，提出了一个响亮而近乎苛刻的口号："不是极品，就是次品"，并以此作为企业理念。公司在世界各地大做广告，以此宣传公司，宣传产品，宣传自己，在短时间内便赢得了广泛的社会声誉，产品销量大幅度上升，最终给公司带来了巨大的经济效益。CI的推行，展示了"金利来"公司的个性和风采，因而在激烈的市场竞争中脱颖而出。

(6) CIS能加速开发国际市场。

未来经济的发展，将面临更多的国际合作和更大的国际市场以及更强的传播媒介。随着生产规模的不断扩大和科学技术的进步，产品在价格、质量和技术含量上的差距日益缩小，但由于企业经营方式和信息系统的相互交叉，企业之间的形象混淆将会比以往任何时候都更普遍、更严重。同时，由于经营的国际化，一个企业将不可避免地遇到不同国家、民族和文化带来的各种问题。如果说未来企业的竞争是一种多维或者全方位竞争的话，那么CIS系统的创制与实施，将是这场竞争中不可缺少的锐利武器。CIS不仅为国际化交流提供组织与品牌的形象识别语言，还可以帮助组织树立国际形象，扩大国际知名度，加强与其他政府、国际集团的联系和合作。

未来的市场竞争，已不再是商品策略和价格策略上的竞争，而是企业营销活动融入文化意义上的竞争。以文化吸引顾客，以文化促销，是21世纪重要的市场营销竞争手段。在企业文化营销活动中，对传统文化的吸收和利用，突出民族文化特色和历史文化内涵，将在21世纪给企业带来新的市场竞争优势。

## CIS 策划的原则与流程

### 1. CIS 策划的原则

CIS 策划是对企业理念与形象的总体策划与设计，是企业发展战略不可缺少的组成部分。为了塑造良好的企业形象，CIS 策划必须把握下列基本原则，以期达到预期的目标。

(1) 全方位推进原则。

企业导入并实施 CIS 系统，是涉及企业里里外外、方方面面的一件大事。因此，CIS 策划必须从企业内外环境、内容结构、组织实施、传播媒介等方面综合考虑，以利于全面地贯彻落实，这就是全方位推进原则。遵循全方位推进原则，在具体设计时要做到以下几点。

①适应企业内外环境。一方面，CIS 系统的推行并非企业自身的事情，而是将在一定程度上影响到企业生活的各个角落；另一方面，导入 CIS 能否达到塑造和提升企业形象的目的，在很大程度上不是完全取决于企业自身，而是取决于社会公众。因此，在重视企业内部环境因素的同时，必须高度重视企业外部的社会环境因素。如果脱离了社会环境，甚至背离了社会发展的大方向，这样的 CIS 不但不能改善企业形象，只会有损和破坏企业形象。成功的 CIS 策划，从企业理念、行为到视觉设计，都是能够充分体现时代精神和潮流的，能够对社会的观念、公众行为方式起到带动的作用。

②符合企业发展战略。企业发展战略是对企业未来的发展目标、事业领域、经营管理等重大问题的规划和思考，是企业当前和今后一段时期一切工作必须遵循的指导方针。作为企业发展战略的一个重要组成部分，CIS 从策划到实施的所有内容都必须符合企业发展战略的需要，体现企业发展战略的要求，有助于企业发展战略的实现。

③MI、BI、VI 并重。CIS 系统是由 MI、BI、VI 三个部分组成的，

三个部分中，企业理念识别（MI）处于核心位置。企业在导入 CIS 系统时必须以 MI 为龙头，三部分并重。MI、BI、VI 并重，并不是平均用力，而是在不同阶段有所侧重。在调研阶段和制订方案阶段，MI 都是需要投入最多的部分，有时为了提炼、确定企业文化精神层的表述，就需要几上几下、反复讨论修改，耗时数周、数月；在内部实施阶段，BI 常常是关键，为了使员工长期自觉遵守，需要采取各种各样的方法、措施，投入相当的费用；而在对外发表和实施时，VI 则变得非常重要，从广告到各种公共关系活动都需要企业从人、财、物力方面给予充分保证。

④具体措施合理配套。CIS 的策划与设计是为了实施，实施的时机如何把握、具体方案是否周到细致、人财物力的安排调度是否合理、各个环节步骤是否衔接配套、整个过程的进度控制是否严密，这些问题都是在 CIS 策划中必须认真考虑的内容，而不是可有可无的。

(2) 与民族文化相结合原则。

现代企业的 CIS 策划与设计，越是具有本民族的文化特色，就越能为公众所接受，越有生命力。同时，企业形象越是具有民族化色彩，就越容易在世界民族之林中找到自己的位置，以自己的民族特色走向世界。因为“只有民族的，才是世界的”。美国企业在 CIS 策划中都充分体现了本民族的文化传统特色。

美国文化是一种移民文化，其文化比较开放，广泛吸收了世界各民族文化的长处，建立起来了以个人价值为核心、以实用主义为根基的文化观念。美国企业 CIS 系统启动较早，涉及面也较广，但总体说来，它是美国文化的一种折射。其主要优点是：

①由崇尚个人主义到吸引最优秀的人才。

②由崇尚个人价值到尊重每一个人。

③由崇尚创新精神到重视教育、尊重知识和知识产权。

④由崇尚效率到强调竞争。

(3) 实事求是原则。

CIS 策划的实事求是原则，主要从以下四个方面体现：

①敢于正视企业劣势和不足。CIS 是企业发展战略的重要组成部分，是建设优秀企业文化、提升企业形象和提高企业竞争实力的举措。因而对这些劣势和不足，不但不能回避和轻视，而且要认真对待、分析原因、找出对策，才能使得 CIS 更加具有针对性。

②立足于企业现实基础。CIS 策划的重点是要对企业文化模式进行规划，提出预期的企业形象。企业文化和预期企业形象从哪里来?当然是来自现实的企业文化和当前企业的实际形象。现实是联系历史和未来的桥梁，是人们从历史走向未来的起点，因此割裂企业文化现实和企业实际形象在理论上不仅是不可取的，而且在实践中也很难行得通。企业的 CIS 策划只有立足于现实基础，在对现实进行充分了解的基础上进行策划，才会取得成功，才能顺利实施。

③从员工实际出发。现代管理是以人为中心的管理，CIS 策划首先要考虑人的因素，特别是从员工的实际情况出发。构成目标企业文化的企业理念、企业行为、企业视觉等要素，首先要让全体员工（至少是大多数员工）能够看懂、正确理解，才有进行具体实施的可能性。企业员工都无法正确解释的 CIS 是不可能成功的。从企业管理角度来看，员工是企业文化建设的主体，CIS 的实施必须调动他们参与的积极性。同样，制定内部实施措施时，也要充分考虑本企业员工的实际，因为没有内部形象作为支撑的外部形象是空洞无力的，CIS 的内部实施是对外实施的前提与基础。

④对外展示企业实态。CIS 策划是一种内向型战略，更是一种外向型战略。在 CIS 对外发布和实施的时候，也要坚持实事求是，在介绍优势的同时，不隐瞒问题、不回避矛盾、不篡改事实，努力把一个真实的企业实际形象展示在公众面前。但是，实事求是也并不是说把不足暴露在那里就了事，而是要同时表明改进不足的诚意、拿出解决问题的措施，这样不但不会降低企业声誉，反而能够树立起一个真实可信的企业形象来。

(4) 标准化原则。

标准化是 CIS 策划应遵循的技术性原则。无论是对于大型的企业集团来说，还是对于中小型企业来说，都需要做到信息统一和标准化，以防止出现信息误导的现象。在 CIS 策划的标准化操作过程中，应主要满足如下要求：

①简洁明了。企业标识越简洁明了，所包含的信息量越大，传播的效果就越好。为此，需要对 CIS 策划与设计的内容进行精炼和浓缩，使之用最少的标识表达最为丰富的信息内容，从而使消费者能够在瞬间形成对企业形象的强烈印象。

②统一。即是把反映企业标识的多种形式统一到一个层面上或限制在一定的范围内。如日本索尼公司先开发出来的“随身听”，取名为“WALKMAN”，但在美国、英国、瑞典却各取一个新名字代替之。这种名称的多样化给索尼公司的广告代理商带来极大的不便。后来，索尼公司痛下决心，规定使用统一的“WALKMAN”名称。此外，大型的企业集团共同使用统一的企业名称和标志，也有利于企业员工产生对本企业的共识感和归属感，增强企业本身的凝聚力。

③通用。即一个企业及其产品的标识可以在各种场合上互相换用，而不影响企业形象和产品形象的效果。如美国著名的蜜丝佛陀化妆品，其广告世界通用，选用的女模特、广告内容、标志、包装等均保持严格的一致性。

(5) 求异创新原则。

CIS 策划中的求异创新原则，即要求塑造独特的企业文化和个性鲜明的企业形象。在竞争日益激烈的现在，个性化是企业文化的生命力，是一个企业及其产品区别于其他企业及其产品的根本标志，也是企业形象存在的价值。因此，建设独具个性的企业文化，进而塑造与众不同、特色鲜明的企业形象，也是 CIS 策划的基本要求。CIS 策划的求异创新主要体现在以下几个方面：

①要有独特的企业文化观念。比如，新奥集团在设计企业理念时，针对企业特点，制定了“优秀人才+严格管理+先进价值观=一流企业”的新奥企业哲学，与人们常常见到的企业理念“团结、勤奋、创新、进取、奉献……”之类的排列组合相比，显然就具有该企业的鲜明个性。

②企业制度创新。制度创新也即思维方式的转变。例如，某企业过去为净化企业环境，到处贴上“严禁吸烟”，却令行而禁不止，后来企业负责人从管理制度上做文章，宣布提高“无烟车间”全体人员的奖金系数。这一方法运用激励机制，变被动禁止为自觉禁烟，而且发挥了员工民主管理、民主监督的作用。结果，全部车间很快就变成了“无烟车间”。

③视觉要素与众不同。企业标志、企业标准字、标准色等基本视觉要素是最常用的，必须与其他企业有明显的区别，才能方便公众辨认。而要在公众接触到的大量企业的视觉要素中，给其留下深刻印象，则必须是独具匠心的设计。

④实施手段新颖别致。有了独特的CIS设计方案，还必须要有新颖的形象广告、公共关系活动等实施手段，才会吸引公众、扩大影响。例如，日本生产的电子表为了在国际市场上战胜瑞士的机械表，在澳大利亚使用飞机把上万只表从空中撒到地面，好奇的人们拾起这些表，发现居然完好无损，于是改变了对电子表的看法，电子表终于在市场站稳脚跟，并最终击溃了机械表。这种树立产品形象的手法确实是非常高明的。求异创新原则，体现在CIS策划的各个环节，贯穿其全过程。当然，在具体实施时，也不能不顾现实，一味追求怪诞。如果创新超越了公众的心理接受限度，必然弄巧成拙。

**2. CIS策划的程序**

CIS在导入时，通常会因各企业的特性和所面临问题的不同而有所不同，但具体的程序则大致相同，一般须经历以下几个步骤：

(1) CIS导入的准备。

以公司最高负责人为中心设立CIS筹备委员会，先研究CIS计划，慎重研讨公司必须实施CIS的理由，了解CIS实施意义和目的，然后再决定CIS计划的大概范围：是改良企业标志、形象塑造，还是要彻底重新研讨整个企业理念？

筹备委员会的主任可由董事长兼任，或由董事长委托代理人担任。如果是后者，则此委员会的主任将来可能会担任CIS执行委员会的主任。当然最好是由董事长兼任。因为CIS计划是决定企业长远未来的战略问题，董事长兼任才最具有权威性。筹备委员会的成员，一般而言都是从公司内各部门的中级以上主管选出，以5~10人最为合适，过多或过少都不太便于具体运作。

同时，企业还可以请专家来公司演讲，或派人到已经实施过CIS的企业，听取他人的经验和教训，以供借鉴。

一旦决定要实施CIS，就要组织CIS委员会，以设计今后计划的预定时间表。在此阶段，必须决定委托哪一家CIS专业机构、专业公司，听取计划的设计意见。依照CIS基本程序，一般CIS计划的导人时间需一年半左右，最短也需一年时间。

(2) 分析企业现状。

企业现状分析包括对企业内部环境和外部环境的分析。

关于企业内部环境分析，必须先进行企业员工意识调查，最重要的是和企业最高负责人沟通，以便对企业的经营现状、内部组织、营运方向等问题作深入探讨，以便为开发设计作出正确导向。同时还要和企业各阶层人员面谈，进行企业形象调查、视觉识别审查，等等。找出公司目前所存在的问题，以使CIS策划问题明朗。

企业外部环境分析，是指社会背景和企业环境的分析。如当前经济政策、经济形势，社会、时代发展趋势，科技发展现状与趋势分析，企业管理现状与趋势分析，当前市场状况分析，其他企业形象、地位分析等相关分析活动，以确实掌握本公司在国内外同行业中的地位，并探索、研讨公司今后的发展方向。

(3) 确定企业理念。

根据上一阶段对企业内外现状、环境的分析，重新研讨、审视企业理念和事业领域。

企业理念是企业之魂。如果企业理念存在盲目性或企业理念已不能适应企业发展和时代变化，那么就难以正确树立企业良好形象，同时会给企业的发展带来障碍和负面影响。因此，在企业推行CIS时，一定要重新审视企业理念，制定出适合企业发展的新理念，赋予企业理念时代性的内涵，以便于塑造企业的新形象，指导企业的事业发展。

(4) 调整企业结构。

根据企业理念、事业领域和企业现状分析，来探讨企业现状、调整企业结构，改善企业管理体制。在 CIS 专业公司、外部专业智囊人员或本企业专业人员的协助支持下，重新设定企业内的组织结构、管理体制以及信息传达系统，以形成新的企业体制。

(5) 整合 BI 和 VI。

行为识别是指通过企业结构的整合过程，必然会表现出新的企业活动。员工行动方面，企业可积极地促进内部行为改善，展开全公司的企业理念的贯彻实施计划，使企业整体行动统一化。

视觉识别是指通过视觉感官来识别事物。心理学成果表明，在人获得外界信息的五个感觉中，视觉获取的信息约占 83%，所以应特别注意视觉标识系统的统一。通过统一的视觉识别体系，把企业理念有效地传递给公众。

这一阶段的工作可细分为基本设计要素的开发、应用设计系统的开发、实施设计系统开发和实施几个阶段。

制作应用设计系统，还必须考虑企业主要采用哪一种媒介来表现理念。如果是连锁企业，则以各店铺为主要媒体；如果是制造厂商，则产品和产品包装是主要媒体；如果是运输业，其主要媒体则为车辆。

(6) 制作 CIS 手册。

CIS 策划的最后一步是制作 CIS 手册。

企业通过制作 CIS 手册，可以将企业情报传达的每个基本设计的应用要素，以简洁明了、正确的图解，来说明企业 CIS 战略的企图与概念，统一整体企业形象，贯彻设计表现精神，以作为所有设计的最后准则。通常情况下，CIS 手册包括以下几方面的内容：

①CIS 战略导入介绍。企业负责人、董事长、总经理的致词；企业经营理念、企业文化和未来发展情况；CIS 引进、导入的背景、动机和目的；CIS 手册使用方法的解说。

②基本要素。标志、标准字、标准色；标志、标准字、标准色的变体应用设计；标志、标准字的制图法和标准色的使用法；附属基本要素

(包括字体、企业造型、象征图案、版面编排的方式等)。

③基本要素组合。基本要素的组合规定；基本要素组合系统的变体设计；禁止组合的情形。

④应用要素。事务用品；标志、标牌、招牌；广告媒体；交通运输工具外观设计；企业建筑物；办公环境、办公辅助用品；商品包装设计；员工制服设计；展示设计。

⑤标志、标准字印刷的样本与标准色。

CIS 手册也非一成不变的，在相对稳定的同时，随时间的发展，不断吸收和检验，手册内容可能会删除或变更。所以，在制作手册时必须考虑到内容变动的处理方法。只有这样，方能适应时间的变化、实践的检验，从而发挥 CIS 手册的最大效用。

**3. CIS 策划的时机**

CIS 策划必须从长远的角度出发，把握策划的最佳时机，以获得理想的效果。一般来说，企业的 CIS 战略可以从内部与外部两个方面来把握策划时机。

(1) CIS 策划的内部时机。

企业策划 CIS 战略的内部时机主要是指企业进行资产重组、股票上市或企业周年庆典之际。

①企业进行资产重组，成立企业集团之时。企业进行资产重组是其从小到大，由弱到强的一条重要途径，因而，也可以说企业发展到一定规模时进行资产重组是一种必然趋势。

企业如果能利用企业资产重组、成立企业集团的时机策划 CIS 战略，可以激励企业员工的士气，改换企业作风，重建理念系统。这样有利于购并后企业经营重组的运作，使企业在一致的经营理念、管理思想和企业风格等理念识别的基础上重新建立“共识”；在共同的经营、礼仪交往、员工规范、福利待遇等行为识别的基础上建立“共释”；在统一的标识、标志、办公用品、服饰、广告等视觉识别的基础上建立“共视”。这将使被购并的企业比较容易融入到购并企业新规定的氛围中，同时，也有利于社会公众重新识别组建后的集团，产生耳目一新的感受。

②企业内部改组时。企业内部改组有两种表现形式。一种是企业制度改组，表现为对旧有的组织机构进行大幅度的调整，如成立董事会、实行新的领导制度和新的管理思路等。这时，企业往往有改变现状的要求，建构新的企业文化的内在动力。此时，企业策划CIS战略，是辅助企业转换机制，改变旧有制度的最佳途径。

另一种是企业人事改组，表现为企业面临着重大人事变动，一般是主要领导人如总经理或决策层的变动，这样企业内部组织结构、人事制度都要随之发生重大的变动。新的领导人上任，新的领导班子的组建，总会有新的思想观念、新的规章制度、新的经营模式、新的战略目标出台。在这种“废旧图新”之际，为了使企业全体员工能在新的领导乃至新的领导班子的带动下，形成一种新的机制，表现出一种新的生机与活力，并能使企业上下统一认识、统一行动，企业可通过CIS策划去创新企业的作风，使企业能够尽快地转换机制，更新观念。

③企业文化重整，企业经营理念改变之时。随着企业外部环境的变化，企业文化也需要进行重整。而在企业文化重整之时，必定要带来企业经营理念的改变。一般来说，企业文化的重整、企业理念的改变可能会有两种表现形式。第一种表现形式是不断充实、不断完善的渐变过程，这是一种改良的方式，是在企业文化和经营理念大的指导方针不发生变化的情况下进行的调整，如企业理念从口号发展到理念系统，从理念系统再发展到理念工程等。第二种表现形式是革新、重建，以全新的面貌开始全新的企业文化与企业理念，这是一种革命，是在企业文化和经营理念总体指导方针的变化下而形成的、适应环境变化，并能推动企业进步的理念系统等。

无论是对企业文化与企业理念的调整、改良，还是对其进行重建、革命，都是企业策划CIS的合适时机。企业文化与理念系统的变革，会使企业更富有生机和活动。

④企业创立周年庆典之时。举行周年庆典是企业对自身成长的一种肯定，也是社会对企业接纳和信任的结果。尤其是企业五周年纪念、十周年纪念、第三个五年计划、第四个五年计划等时机，更是最有利和最

合适的 CIS 策划时机。因为，第一个五年对于企业来说都是一个总结、提高、发展的一个新的契机，都是一个新的设想、新的战略目标形成的时期。此时策划 CIS 战略，可以刷新企业的原有形象，赋予原有企业的理念以新的内涵，明确企业下一个发展时期的目标与任务，把握企业的发展方向。同时还可以通过企业所举办的大型公关活动，将企业 CIS 的信息、未来规划和目标的信息传播出去，引起新闻媒介和社会公众的关注，从而扩大企业的社会影响，提高企业的知名度和美誉度。

⑵ CIS 策划的外部时机。

企业策划 CIS 的外部时机主要是指企业的经营和发展出现了新的契机，如新产品上市、生产经营规模扩大，或企业的生存与发展存在外部危机时。这时，企业可抓住时机策划 CIS 战略，给外界一个全新的企业形象。

①企业新产品开发、上市之时。每当企业新产品开发成功上市之时，也正是企业传播产品信息、树立良好形象的时机。因为，新产品是企业生产经营不断创新的具体成果，它会使消费者对企业乃至对新产品基本内涵产生浓厚兴趣，并关注其市场发展；它也可以引导消费者转变消费观念，形成对企业及其产品的全新印象。配合新产品上市策划 CIS 战略，可以使企业取得新产品促销和新形象塑造的双重效果。

②市场定位不准，产品个性不明显之时。企业将产品推向市场以前，总要考虑对产品进行准确的市场定价，并力求使产品的定位能承受住市场的检验。有些企业常常面临着产品的市场定位与实际市场的需要错位的现象，从而使产品销路受阻。面对这种情况，企业必须改变产品定位。此外，在经济发展领域中，由于现代科技的进步，各竞争企业的产品需要、性能、功效、价格均趋于雷同，消费者很难在众多商家的产品中作出抉择。所有这些情况，都使企业面临市场的窘境，具体表现为产品的无个性、无特色，不被消费者所接纳，没有良好的市场前景。这时，如果企业能借机策划 CIS 战略，形成企业产品的个性形象和独特风格，加深消费者对本企业产品的印象，就可以保证消费者对产品的认可与接纳，并形成对特定品牌的忠诚度。

③企业规模扩大，向多元化经营方向发展之时。当企业向多元化方向发展时，企业的产品组合和经营结构要发生很大的变化。一方面，产品组合的调整，使原有处于主导地位的产品比重下降，生产主导产品的企业地位也要根据市场的变化情况加以调整或重新确立。另一方面，企业市场经营结构也要进行重新考虑，新的主导产品和原来的主导产品会有不同的目标市场、不同的销售渠道以及不同的促销方式。所有这些变化，均要求在企业各项活动中，尤其是在对外传播中，以及企业在企业名称、标志、商品品牌、商标等诸多方面要给予全面考虑。为此，企业有必要重新进行 CIS 策划，开发新的视觉识别系统，树立全新的企业形象，通过新形象来传递企业已扩大经营范围和调整经营结构的相关信息。

④企业危机事件产生后，需要重新树立或扭转企业形象时。危机事件是指企业在自身运作中所发生的具有破坏性影响、造成企业形象受到损伤的事件。危机事件发生后，企业必须要对事件进行调查并进行及时的处理。对危机事件的处理称为危机管理。在这种情况下，企业为了扭转不利局面，需要开展公关活动，以重新树立企业形象，这类公关活动称为危机公关。

企业危机事件的特点是具有突发性、不可预测性、严重危害性、舆论关注性、处理过程的艰难性等。企业危机事件的后果是社会公众对企业及其产品的不信任、不欢迎，甚至产生抵制的心理和行为，进而影响到企业的形象。因此，任何一个企业面对着危机事件都必须要通过公关手段进行谨慎的处理。

危机事件往往是企业进行 CIS 策划的一个不容错过的时机。CIS 运作，可以使社会公众改变对企业原有的看法，因为企业以全新的理念、全新的活动、全新的视觉识别展示企业的新形象，使社会公众能够重新认识企业，唤起他们对企业的好感，形成良好的印象。

⑤企业进军国际市场，接受全新市场的考验之时。企业经营达到相当规模时，便会考虑进军国际市场。从我国目前的经济发展趋势来看，“世贸组织”的加入，必然要使我国的企业面临国际市场的竞争，而中国市场也必然成为国际大市场中的一个重要的组成部分。不管企业愿意不

愿意参与国际市场的竞争，有没有能力参与国际市场的竞争，都必须在不久的将来迎接国际市场的挑战。

企业走向国际，原有的企业名称、包装、标志等有可能不适应国际化经营的需要，甚至与有些国家的风俗习惯、文化特点相悖，同时企业还要考虑中外消费观念和消费行为上的差异，使企业行为与各种表现形态适合国际市场的需要。因此，企业必须进入 CIS 策划，以建立新的行为识别与视觉识别系统，以便企业走向国际市场。其内容不仅包括修正和设计新的企业标志、标准字等视觉识别系统，还包括在国际领域中进行商标注册，更重要的是必须树立立足于开发并满足国际市场的新的企业理念。

## CIS 策划的主要内容

CIS 策划是由里及表塑造企业差别化形象的艺术。CIS 策划应包括 MI（企业理念识别）、BI（企业行为识别）、VI（企业视觉识别）三部分，并且这三部分应系统地、三位一体地提升运作。其中，MI 是 CIS 的核心，是实施 CIS 的关键。

**1. 理念识别策划**

理念识别（Mind Identity，简称 MI）。Mind 一词在英语中的本意有概念、观念、意识与精神等含义，但更多的理解是一种指导思想。企业理念是 CIS 的核心，在三种识别中 MI 居于中心地位。

理念识别，顾名思义是指独特的企业经营观、全体职工的共同理想，即企业所追求的目标和境地。企业的理念识别策划一般包括以下内容：

（1）企业价值观。

企业理念是一种企业哲学，属于企业的上层建筑，核心是企业全体员工的共同价值观念。创建 CIS 工程的美国。IBM 公司以及美国的麦当劳公司、麦金斯公司等企业均对全体员工共同价值观在企业管理方面所起的作用进行了深入的研究，其中以麦金斯公司的研究成果最为显著，这就是著名的“7S”原则。

“7S”原则认为，企业管理好坏主要受到7个方面因素的制约，这就是共同价值观（Shared Value）、结构（Structure）、战略（Strategy）、系统（System）、技能（Skills）、作用（Style）和人员（Staff）。

共同价值观居于核心地位，只有这个问题解决好了，企业的形象战略、操作技巧与技能、项目策划与设计以及人员作用的发挥等方面的因素才能发挥更大的作用，开展CIS工程也就有了基础。

(2) 企业精神。

企业的共同价值观集中体现在企业精神所倡导的内容之中。

我国企业也都有自己的企业精神，但缺乏个性，都是雷同式的“开拓”“拼搏”“进取”“奋斗”等口号，因而很难反映出企业独特的价值取向。所以，在进行CIS导入时要首先确定代表企业身份及其价值取向的企业精神，以鼓舞企业全体员工为之奋斗。企业精神必须有个性，这种个性是企业形象的灵魂。

①企业经营理念

企业经营理念是企业精神在经营理念上的体现，是指导企业经营行为的指导思想。它既贯穿在企业经营方向、经营方式和具体业务过程中，也表现在对待社会公众，特别是消费者公众的态度上。

经营理念即企业的经营指导思想，它决定着企业的经营方向、发展思路，如坚持企业人才优势策略、产品名牌策略、高科技策略等，是企业独特的经营之道。

企业经营理念并不是靠几名专家设计出来的，而是企业领导者的经营思想和广大员工生产经营活动的实践总结，在进行CIS导入策划时要把它高度概括成为企业口号，作为全员经营行为的指南。

②企业经营方针

在经营理念指导下要制定具体的经营方针，包括市场方向、产品方向、服务方向及经营方式等，它决定了企业的经营特色。经营方针和目标是相连的，提出经营方针后就需要把它具体化，这就是具体的经营目标。

通过上述叙述，企业理念识别是梯次展开的，是从定性到定量的演化、细化的过程。

**2. 行为识别策划**

行为识别（Behavior Identity，简称 BI），有时译为行动识别或表现识别。行为识别是指公司在其经营理念指导下，在生产经营活动中所形成的独特的经营方式、经营风格，从而展示了企业个性和公司身份，使公众形成深刻印象。不同企业经营理念的差异，决定了各自经营活动的侧重点，争取公众方式和具体方法的独特性，这种行业上的差别是行为识别的立足点。行为识别策划主要表现在：企业经营战略特色、经营范围及经营目标和管理方法、管理风格、争取公众的手段、组织机构形式和经营作风。

在企业经营战略特色方面主要有产品策略特色、摊销方式特色、定价策略特色和服务方式特色等。以产品策略而言，不仅包括产品方向，还包括业务范围。如“一业为主，多种经营”这种经营策略，除了明确主业产品以外，还必须明确其他多项经营项目。社会公众通过企业产品和经营范围便可以掌握公司的专业性质。

企业的经营行为是企业的主要行为，因此经营行为在行动识别中占有突出的地位，起到关键的作用。企业在组织生产、经营、服务活动时以其优良的产品和周期的服务全方位主动争取公众。天津手表厂不仅产品质量优异而且在全国设立了百家代销网、修理网，不仅方便了顾客，而且使顾客有了安全感，这也是“海鸥表——中国计时之宝”深入人心的一个重要原因。

行为规范化是指行为一致化，是见之于企业每一个员工的规范行为，是行为识别的主体内容。塑造与传播良好的企业形象是企业全员自觉争取公众的主动行为，员工行为高度一致化，使 CIS 工程和公司经营活动紧密围绕企业方针和目标展开，这是企业归属感的重要体现。强调岗位工作规范化、主动性和自觉性，保证员工在群体共同操作和单独执行任务时均是无差异的高标准、高质量和高效率。通过员工的言行举止、待人接物，整齐划一的操作，使公众产生信任、支持的情感。

### 3. 视觉识别策划

视觉识别又称视觉一体化或视觉标示，是利用人们的视觉接受企业传递的信息，使企业形象感性化，从而加深对公众的感染。

企业根据自己的经营理念，设计特定的标识符号，以展示公司的个性，一方面使公司员工对企业产生认同感，另一方面使社会公众对公司产生特殊印象。当人们走进期货交易所时，身穿红马甲的工作人员会给你产生这里是一种“特殊”的交易场所的感觉。视觉识别在传播和树立企业形象上使公众更直观、真实地接触到了公司的个性，此种识别较 MI 和 BI 更能直接起作用。

影响形象总体展示的有三个因素：诉诸视觉程度、诉诸感情程度和重复程度。CIS 工程强调诉诸视觉，是因为视觉情报占人们遇到情报的 80%以上。人的五种感觉即视觉、听觉、味觉、嗅觉和触觉中，视觉是五觉之首，人们主要靠视觉接受信息，而且视觉信息真实感最强，说服力最强。常言“百闻不如一见”，就说明了这个道理。显然，CIS 工程抓住了视觉系统进行公司形象传播，可以说是抓住了关键。运用诉诸视觉手段，形象地传播企业个性、企业身份和企业风采，给公众以完整的形象与印象。

CIS 导入强调视觉一体化，即企业对公众传播的视觉信息高度的一致化。一方面用特殊的企业标志系统给公众特殊的印象；另一方面高度视觉信息一致化使同一种信息对公众重复刺激程度加大，增加刺激频率与强度，使公众对企业的印象加深，对企业的身份更了解。因此，视觉一体化是 CIS 设计中最基本的内容，企业的理念通过视觉一体化的特殊传播方式是 CIS 工程区别于其他传播手段的本质所在。

视觉识别策划的内容很多，归纳起来有三大类，即基本识别要素、应用性识别要素和环境识别要素。

(1) 基本识别要素。

①企业标志。企业标志是视觉设计的核心，是创造企业印象的最重要的手段。企业标志必须具有独特的创意，最能代表企业特征，反映着企业理念和企业风格。企业标志应给人以美感，力求新颖、美观大方。

可以用图形、拼音文字、汉字等多种方式设计。

②企业名称。标准中英文正体及草体字样。

③产品商标。有的企业其产品商标与企业标志不重合或采用多品牌策略要进行此项设计。

④企业标准色。企业选定一种颜色作为代表企业的标准色调，在宣传中统一使用，色调选择应有利于视觉识别作用的发挥并富有深刻的含义。如果一种颜色不足以表现企业形象，也可以再选择一两个，但不宜过多。

⑤企业专用印刷字体。

⑥中外合资企业旗帜。

⑦企业象征物（吉祥物）。卡西欧公司的阿童木，麦当劳快餐店的吉祥物“麦当劳叔叔”，美国迪斯尼乐园的米老鼠、唐老鸭等。

⑧企业的徽章图案。

⑨企业宣传标语、口号。

⑩市场营销策划报告书。

⑪企业员工手册。

视觉识别的基本要素功能是：

第一，这些要素直接反映企业最基本的身份特色，其余的要素均是基本要素的展示方式；第二，这些要素均具有某一方面的基本功能，有不可替代性。第三，这些要素均具有指导性，为其他要素的运用提供依据。

企业视觉识别基本要素由于具有基础性和指导性，因此是 CIS 设计的重点，特别是企业标志与商标及标准色的设计必须认真对待。

（2）应用性识别要素。

应用性要素涉及企业生产经营活动的各环节，贯彻其全过程，是企业识别的具体标志物。

①事务及办公用品、用具。如办公室设备、器具、印章、徽章、证件、臂章、办公用笺、记事本、留言本、工作手册、文件夹、文件袋、名片、订单、明细表、信纸、信封、契约、报表、通知单、票据等。

②产品及工艺用具。如产品、标示板、计量器具、容器、工艺装

备、包装纸、包装袋、包装箱、产品合格证、产品说明书、备品备件、附件等。

③服饰。如各种工作服、警卫服、职员制服、领带及领带夹、便服、运动服、T恤衫、风衣、雨衣、大衣、工作鞋、手套、工作帽、特种工种服等。

④广告、传播。广告文字标示，如广告主题词、广告导语、广告图样、广告基色调、招贴位置、统一图形及字体。传播方式，如招牌、展牌、展台、橱窗、POP广告（售点广告）展厅布置的统一化，报纸、刊物、电台、电视、录像传播的统一化。

⑤辅助系列。如交通工具、茶具等待客用具、各种礼品类物品、年历、贺卡等。

(3) 环境标示系统要素。

①公司主体建设造型与装饰、生产现场目视管理、定置管理、生产线排列、办公室内装饰、产品陈列室环境布置、会议室、会客室及接待室等。

②厂前区环境及标示。

③生活区标示。

④大门、道路、楼堂的路牌、导引牌、部门的标示牌等。

总之，凡是有条件用于可视信息载体的物体、物品、展示物均可成为视觉识别要素。在设计视觉识别系统时，应突出企业风格和个性，使人易于把本公司的形象与其他企业区别开来。

严格来说，CIS导入时有的还要应用听觉识，别亦称听觉形象一体化，其主要作用是利用公众的听觉接受企业信息，使公众闻之难忘。如运用广播传播的广告、报道，其作用不可低估。再如运用企业歌曲形式，对内体现员工追求，对外传播企业理念。现在我国许多企业都有自己的厂歌、店歌等。但是听觉识别与视觉识别相比是有较大的局限，在CIS工程中，听觉识别作为BI及VI的一种辅助手段，从另一侧面传播着企业形象。

## 【案例】中国航空服务有限公司：提升形象策划

中国航空服务有限公司（以下简称中航服）成立于1987年，是中国内地第一家从事运输销售代理业务的国有企业，也是国际航空运输协会(IATA)中国地区首批会员之一。截至1999年年底，客运代理销售额累计超过50亿元人民币，销售业绩在国内外十余家航空公司销售代理排行榜上名列前茅，在中国航空销售代理市场处于领先地位。

中航服作为“中体产业股份有限公司”的子公司已成功上市，加快了其向多元化、规模化、国际化迈近的脚步。

中航服的业务范围已由最初单一的公务旅客服务扩展为航空机票、货物运送、酒店预订、地面接待、商务考察、护照签证、翻译、导游、电子商务等系列产品一条龙服务，并被全球著名的“Caroson Wagonlit Travel (CWT)”旅游集团接纳为在中国地区的唯一合作伙伴。

通过与CWT的战略合作，中航服具备了在全球范围内为客户提供全方位、多功能服务的能力。公司总部设在北京，并相继在国内外建立起9处分支机构和合资企业。作为以服务为主导的国内航空运输销售代理市场已进入成熟阶段，市场竞争激烈，竞争方式已从服务竞争、价格竞争转至企业形象竞争。竞争对手大都自觉或不自觉地运用CI战略参与市场竞争，有的已形成品牌效应。作为老牌企业的中航服创业期的竞争优势和市场领导地位趋于明显。

1993年以前，企业品牌形象基本是主观的设计，并没有考虑设计所产生的营销力。当时的设计是一个地下和机尾，使消费者误以为中航服是一家航空公司而非航空服务公司，与这个品牌设计相关的其他广告宣传品设计也十分混乱，各种颜色、图案五花八门。1993年，“如意”设计的出现，使中航服进入CI之门，这个设计寓意明确、外表美观。传达了以“服务”为核心的营销理念，在很长时期内对品牌形象的建设起到了积极作用。至1999年年底，公司业务已经扩展为全方位商务旅行管理服务，但其品牌形象和广告宣传仍是单一的机票销售，严重影响了客户和潜在客户对中航服真实目的的认知，中航服的品牌亟须提升。2000年年初，易难公司着手对中航服进行二次CI导入。此次CI导入以营销为主导，以创建独具个性的形象符号为目标，实现了视觉美学与营销的有机结合。

1. 形象概念

概念阐述：美学与营销并举，创造并销售企事业的形象（人、事、物）。通常，企业比较注重企业能力的两个要素：产品力和销售力，而忽视了第三个要素，即形象力。企业形象是企业自身的一项重要的无形资产。在同质化时代，产品和服务质量，或优秀的经营和财务管理，并不能完全解释产品或公司在当今竞争市场中成功的原因，产品同质和市场竞争白热化的趋向，已很难以产品力和销售力区分有力的竞争因素。因此企业自身的个性——企业的形象力，便成了最大的竞争力因素。透过对企业的整体规划，以一套强而有力的识别系统，表现企业的竞争优势。以形象力区别出与众不同的企业价值，进而引起消费者及目标对象共鸣与回馈。

2. CI策略

以CI为主导，以视觉识别设计为切入点，将中航服的经营理念和个性，通过统一的视觉识别和行为规范系统，加以整合传达，使社会公众产生一致的认同感，提升企业形象力，从而提高企业市场竞争力，为中航服创造良好经营环境。本次CI计划实施部分包括三个层面：

理念识别是理念识别是最高决策层次，也是CI的基本精神所在。完整的企业识别系统的建立，是以企业经营理念的确立为核心，也是系统动作的原动力和实施的基石，它相当于中航服的“心”，即想法。

行为识别是通过动态的活动或训练形式，建立企业形象，它规划企业内部的组织、管理、教育以及对社会的一切活动。它相当于中航服的“手”，即做法。

视觉识别是通过静态的识别符号，也是具体化、视觉化的传达形式，经由组织化的视觉方案，传达企业经营的信息。它相当于中航服的“脸”，即看法。

这三个方面具有很强的层次性，又具有紧密的关联性。它们三位一体，相互推动，协调运作，为中航服塑造独特的形象。

3. CI 策划

通过多方面深入的沟通与调研，达成了导入 CI 活动目标。即建立第二次创业时期新的企业理念和企业精神；注入时代精神，更新与升华原有形象概念，创见独具个性的形象符号；行为识别标准化，针对性强，可操作性强；理念与视觉设计，紧扣服务产品，塑造以“全球商务旅行管理”为主导的服务型企业形象；通过整合营销传播活动，提高企业知名度和美誉度，塑造行业内名牌企业。

企业徽标在视觉识别中最为重要，要让受众一看就知道“我是谁”，它是企业的直观表现。1993 年改进企业徽标采用中国传统的“如意”图形，弧线动静结合，行业个性与理念内涵统一，象征“中航服使您如意，吉祥云伴您远行”，民族特色鲜明，在很长时期内为企业品牌形象的建设作出了贡献。但从公司目前情况分析，徽标表现似乎不能完全表现公司长远的业务发展（公司是上市企业，需要更具有战略意义的设计表现）。经过调查，重新设计的 30 多种徽标中，原有的“如意”徽标喜好率最高，达 80%以上。于是在设计提升时根据中航服的经营目标，保留了主设计标志“如意”，增加了“盘长”的辅助图形。“盘长”是中国民间广为流传的吉祥图案，是佛教“八宝”（亦称“八吉祥”）之一，有“四环贯彻，一切通明”的含义，象征网络经济时代中航服“服务至美、时刻伴随”的服务理念及无穷的生命力。

在专家评审会上，这种创新设计赢得了包括中央美术学院、清华大学美术学院等多位专家、学者的赞扬。VI 作业开发小组顺利地完成了包括事务用品、标识招牌、交通运输工具外观设计、广告媒体、公司环境、办公辅助用品、员工制服设计、展示等应用要素开发设计，并形成了中航服 VIS 标准手册。

4. CI 实施效果

对外提高了企业知名度，使中航服的品牌视觉形象更加鲜明；对内增强了企业凝聚力，企业生机勃勃，获得了“2000 年度航空运输十佳代理单位”的荣誉称号。2000 年度中航服销售额超过 5 亿元人民币，较

1999年翻一番。

5. 案例评析

在同质化竞争时代，产品和服务质量，或优秀的经营和财务管理，并不能完全解释产品或公司在当今市场竞争中成功的原因，产品同质和市场竞争的白热化趋向，已很难以产品力和销售力区隔出有力的竞争因素。因此，企业自身的个性——企业的形象力，便成了最大的竞争力因素。透过对企业的整体规划，经一套强而有力的识别系统，凸显企业的竞争优势。以形象力区隔出与众不同的企业价值，进而引起消费者及目标对象的共鸣与回馈。

中国航空服务公司在长期的市场竞争中。逐渐认识到企业形象对企业的重要性，并根据市场和企业服务范围的变化进行企业形象设计，从而获得了满意的市场效果。

CI设计关键在于能否设计出一个具有鲜明个性化的企业形象，能否将企业的服务理念贯彻进去，表达出企业与众不同的服务方式和市场形象。目前，我国企业的CI设计深入人心的形象少之又少，关键还在于设计时对企业的理念把握不够、理解不深，在宣传上没有使消费者有一个清晰的印象。中国航空服务公司在设计时关注自己“服务至美、时刻伴随”的服务理念，采用富有中国传统文化特色的“如意”和“盘长”作为企业的标志，比较贴切地反映了企业的经营理念和服务特色。这是该企业CI设计成功的地方。

# 第五章

## 公益事业对企业的影响

声誉和形象是企业最大的无形资产，是一家企业品格和魅力的象征。公益活动能明显改善企业的声誉，提升企业的形象。积极参与社会公益事业，把企业树立成一个“优秀企业公民”的形象，就是增大了企业的无形资产。

## 改善企业声誉，提升企业形象

企业要想实现可持续发展，必须要有良好的企业声誉。

在公众心目中，树立良好的企业形象是企业生存之本。如果没有获得消费者的信任，何谈企业的生存和发展。公众舆论作为影响企业形象的重要因素，往往直接影响着企业形象的好与坏，直接决定着大多数人对企业肯定或否定的看法，它对企业形象的形成具有强大的作用。

参与公益事业有利于强化企业社会责任意识，对社会、公众、环境都有极大的好处。

企业须从长远利益出发，把尽力承担社会责任，并积极持续地参与支持社会公益活动作为义不容辞的责任，这样才能不断增加公众信任的筹码，提高企业的美誉度。

现在，越来越多的国内外企业热衷于体育事业和诸如“希望工程”等。长期性公益事业，不仅在公益的平台上展现出企业的良好形象，提高了自己的知名度和美誉度，而且还推动了社会公共事业和公益事业的发展。

无数的案例已经说明公益事业是提高企业形象、改善企业声誉最有效的手段，它潜移默化地在公众心目中形成企业良好的品牌印象。

企业公益事业并不是一个个简单的公益活动的叠加，而是有计划、有目标、持续性的系列活动，它应该融入到企业的经营历史之中。

蒙牛从诞生开始就把自己定位为一个不但是靠赢利为主的企业，也是一个为社会而生的社会公民。蒙牛拥有员工数万人，产业辐射百万农民，影响着上亿名消费者。蒙牛正是源于企业社会责任的履行，才得以获得如此的企业声誉和发展。

企业行为是传播企业价值观的最现实的手段，而企业价值观也正是品牌的核心，代表企业发展的思想。蒙牛在传播“每天一斤奶，强壮中国人”的理念和为贫困地区学校学生送牛奶行动的高度统一，为蒙牛赢得了极高的美誉度，这无疑是成功的典范。

由此可见，企业从事社会公益事业，参与社会公众高度关注的公益活动，能够赢得消费者的认同和信任。不管企业多么强大，也不管产品多么优质，参与公益事业更能让企业的声誉和形象在公众面前高大起来，更能“赢得上帝的心”。

## 【案例】蒙牛：巧用公益活动提升企业形象

区域经济已经进入全球化发展的时代，品牌国际化竞争不可避免。与此相应的是，消费者对企业和产品品牌也有了高水平的要求，提出了更高的期望，除了先前要求企业提供优质的产品和服务以外，更关注企业或者品牌是否主动承担社会责任，在公益领域是否有所建树，是否扮演了良好的企业公民形象，这些都成为消费者衡量乃至选择一个品牌产品的重要依据。如何满足消费者这种对企业的期望？如何强化客户的忠诚度、保持销售额获得持续增长，已成为每个企业需要迫切解决的重大发展问题。

现在，全球越来越多的企业选择通过社会公益活动来解决企业的这种处境和“瓶颈”，并且把公益的理念贯穿到企业的营销当中，形成了公益营销模式，实现了企业与社会的“双赢”。首先，公益营销是以人为中心的，以企业社会责任、服务公众为出发点，利用公益营销向消费者传递企业的价值观、企业的社会责任感，让企业拉近和消费者的距离，使消费者对企业越越来越信任和青睐。这样既产生了企业的经济效益，也带给企业社会效益，可以极大地提高企业的社会公民的良好形象和企业的美誉度。可以说，公益营销是在公开、高调、透明的形式下让品牌在目标消费群中获得知名度和美誉度。据调查，86%的消费者认为具有公益行为的公司具有更积极的形象。

蒙牛从国内乳品的小公司发展成为国内的知名企业，得益于实施公益营销策略，极大提升自己的企业形象和品牌美誉度。通过公益营销让蒙牛在公众心目中，已经摆脱了只是出售牛奶和雪糕的企业，而且树立了拥有良好的企业社会责任感，引起公众产生民族共鸣感的企业形象。同时，蒙牛结合“中国航天员专用牛奶”、为奥运健儿“送奶”的公益事件，也升华了企业品牌的美誉度。良好的企业社会责任形象和品牌的美誉度，让蒙牛成为国内最大的乳业公司。

回顾蒙牛在国内市场的营销战略，公益营销很显然是其提升企业形象的核心手段，体现在蒙牛一次又一次品牌提升的过程中。在公益营销模式的应用中，蒙牛总是选择那些人们所关注的大事件，将公益和大事件巧妙地结合，吸引了国人的注意力，又将企业的品牌宣传和公益活动进行了融合，把品牌与公益活动紧紧联系起来，一次又一次地强化了消费者心目中的形象——“蒙牛是好企业”。

2001 年 7 月 13 日是所有中国人自豪的日子，北京申奥成功。就在那万众瞩目的时刻，蒙牛的广告出现了，与国人一起见证和经历这样难忘的时刻，同样也让更多的人记住了它。在申奥结果公布的前三天，蒙牛结合了每袋牛奶、每根雪糕的销售收入中各提取一厘钱来实施的公益捐赠，最后把累计捐赠额达到 1000 万元后，捐给“奥组委”来支持北京 2008 年申奥。这样，蒙牛既为申奥贡献自己的力量、为申奥打气，更重要的是期望通过公益活动也吸引到海内外人的注意。还有一个可圈可点的地方是，此次的公益事业是通过销售额来捐赠奥运，也就是说，蒙牛的公益活动让期间每个购买蒙牛产品的消费者也感觉到为“申奥”做了贡献，既体现了消费者的个人价值，又升华了蒙牛在消费者心中极富亲和力的品牌形象。通过这样的公益活动，让更多的消费者认可了蒙牛的公益形象，也积极参与到所倡导的公益事业中，带动了产品销售额的直线上升。2001 年 7—12 月蒙牛的销售额是 2000 年同期销售额的 3 倍。

2003 年，全国爆发了“非典”疫情，每个人都处在极度恐慌的状态中。在“非典”阴霾肆虐的危难时刻，蒙牛率先向国家捐款 100 万元，成为中国首家捐款抗击“非典”的企业。此后，蒙牛向全国 30 个城市的医务工作者和消费大众捐款 900 万元，捐奶价值达 300 万元；“非典”

后期，蒙牛又发出了“向人民教师送健康”的倡议，向全国17个城市的125万名教师，每人赠送牛奶一箱，总价值达3000万元。“非典”过后，这些公益活动再次为蒙牛的公益形象加分，蒙牛被公认为有公益责任心的社会企业，再次成为消费者最信任的企业之一。

之后，蒙牛又把目光聚焦到“神舟五号”载人飞船首次进入太空事件。这是中国航天发展史迄今为止具有划时代意义的航天事件。这一事件，不仅吸引着国内外民众和媒体的极大关注，也吸引着全世界人民对中国的关注。蒙牛没有放过这一千载难逢的机会，于是向“神舟五号”太空电视直播活动伸出橄榄枝，策划了一系列赞助活动和广告传播活动，并将活动本身的各种关键元素与产品进行管理暗合捆绑，如“航天员专用牛奶”、“蒙牛牛奶，强壮中国人”等，成为至今在国内公益营销中影响力最大、最有特色的公益活动之一。蒙牛又一次抓住了这一空前绝后的机会，再次树立起一个具有民族内涵的品牌形象，从而提升蒙牛的品牌魅力，增大了品牌的知名度，升华了品牌的美誉度，受到举世瞩目的关注。

作为“中国航天员专用牛奶”的蒙牛公司，提出“蒙牛牛奶，强壮中国人”的口号，不但传达了民族品牌为中国的航天事业尽心尽力的社会责任感，同时也将自己身为社会人的角色运用到公益营销中，从而影响到更多的民众。“举起你的右手，为中国喝彩”的品牌理念和企业的价值观传递给中国每个人，由此树立起一个具有社会责任的、富有民族感的品牌形象。

此次公益活动将企业品牌宣传商业目的和对公益事业支持结合在一起，不但建立起了蒙牛富有社会责任的企业价值观和社会公益形象，而且这样的效果直接拉动了终端产品的销售，赢得了利润。从2004年1月起，蒙牛液态奶销量已经连续30个月居全国奶类销量之冠。经过2003年蒙牛的一系列公益营销，蒙牛当年销售收入40.71亿元人民币，同行业排名第三位，蒙牛成为了行业的佼佼者。

2006年，蒙牛根据温家宝总理在重庆考察时的指示精神，启动了蒙牛“每天一斤奶，强壮中国人”的公益营销活动——在全国范围内捐奶助学工程。这是有史以来最大的一次助学活动。蒙牛给全国500所贫困学校的贫困学生免费提供一年的牛奶，折合人民币上亿元。通过这次活动，蒙牛不仅仅帮助了弱势群体，起到很好的社会效益，也增强了人们喝牛奶身体健康的意识，掀起了全国范围内最大的一次饮奶“大行动”，促进了终端产品销售。

蒙牛的公益活动，体现了其对供应商、对消费者、对社会弱势群体、对国家的关心和支持，也正是蒙牛从公众的利益出发，真正承担企业社会责任。从“捐助奥运”到“全国赠奶”的公益活动，“蒙牛一直在为中国民族的强壮事业努力着”，“强壮中国人、愿每一个中国人身心健康”传递了蒙牛富有社会责任的价值观，正是这些公益事业让蒙牛一次次成为消费者关注的焦点，一次次赢得消费者的信任和青睐，让蒙牛树立了良好的企业声誉和企业形象，赢得了更多消费者的心。

## 提高品牌知名度，增加顾客忠诚度

一项有特色的公益活动将吸引公众的目光，会成为社会各界关注的焦点。例如，中国最大的公益项目“希望工程”，蒙牛的“每天一斤奶，强壮中国人”等。

公益活动能够让人们对企业和产品产生良好的情感互动效果，能够在整体上达到强化品牌的目的，从而大大提高企业品牌知名度的深度和广度。

公益活动能够为企业的产品、服务创造附加价值，加深消费者对企业的认同，提升顾客忠诚度，是吸引消费者或其他利益相关者非常有效的手段。

作为全球汽车成功企业之一的福特公司，非常注重应用公益活动的作用，提高消费者对企业品牌的认知度，从而强化客户的忠诚度。

企业品牌知名度、顾客忠诚度是保持市场优势的核心指标。公益活动的作用在于能提高品牌知名度、增加顾客忠诚度，因为企业的公益善举容易感动公众，而人们也很乐意主动去传播这种善举，在人们的意识里总是把“好人、好企业、好产品”相联结。

## 【案例】福特汽车：应用公益活动，增加客户忠诚度

福特公司在业界历史最久，它以生产一系列成本低廉的中档家庭用车和卡车著称。多少年来，由于福特公司大量使用公益营销，培养了大批忠诚客户，使其在中、低档车上占有一定的市场份额。福特除了不断以赞助、捐款形式来参与公益活动，还有几十年如一日以福特基金会的名义为广泛的公益项目拨款。如今，福特公司已经日趋把重点放在人们非常关注、知名度高的健康公益活动上。

常规的思维让我们总是感觉买车是男人的事，好像女人参与得很少，而福特的做法则恰恰相反。通过市场调研，女性在购买车时也起到非常大的作用。于是福特公司期望建立起与女性购买车者的信任桥梁，而且要“把女性也包括在公司的价值观的承诺中”。为了达到这个目的，公司明确表态要与女性站在一起，同时公司认为需要改变与女性的沟通方式，于是积极投身于能够提高人们对企业的忠诚度、改善消费者和企业的关系的公益活动。

在选择公益活动时，福特公司把目标聚焦到女性健康问题。由于有很多人群患了乳腺癌，因此它成了一件令人们高度关注的健康大事。福特公司也正是基于人们非常关注这个健康问题，选择了对乳腺癌的防御和治疗的公益事业。

1995 年，福特公司选择和考曼乳腺癌基金会合作，成立对提高疾病认识，增加资源来积极消除乳腺癌的公益事业。在随后的 6 年的时间里，随着福特以赞助费、媒体支持和礼品的形式为基金会捐献了 4800 万美元，这个公益活动也被推向了高峰。一个显著的成效是，参与此公益活动的福特经销商数量从 1995 年的 54 个剧增到 2001 年的 3000 多个；同时福特 12000 多名员自愿、积极地参与了考曼基金会的公益事业，形成了福特公司内部的公益力量。

为了扩大公益事业的影响力，福特赞助了知名度很高的“康复跑总动员”公益活动。

1997 年福特出资买下了付费的连续剧中的一段插播。这个连续剧是一个拥有大量的女性观众，并且是一档聚集社会关注的节目，而剧中的女主角正受着乳腺癌的煎熬。作为插播的唯一广告主，福特还出资为一部乳腺癌公益广告买下 3 分钟广告时间。在节目播出后，吸引了很多身患疾病的女性朋友纷纷联系考曼的免费电话号码和网站，来寻求帮助。

同时，福特还在杂志中策划插页，讲述某歌星与乳腺癌抗争的故事以及她从考曼“康复跑总动员”得到的帮助和成效。

2001 年，在乳腺癌认识活动中，福特邀请来了时装界人士，委托一位当红设计师来创作以“为对抗乳腺癌而走到一起来”为主题的大手帕。公司在活动现场分发这些特制的手帕，而且还利用两个知名的百货公司进行更为广泛地分发。福特赞助“康复跑总动员”公益活动使用的专用帐篷、旗帜和手帕上印上了福特公司的名字。在所有 12 场巡展比赛中，公司特别给与会者提供了“留住瞬间”数码摄影机会，并且可以让大家进入公司网站浏览照片。

“康复跑总动员”巡回比赛取得了骄人的成绩，有超过 1.2 万名全美各地公司的员工参与了活动。也就是说，福特公司公益事业引起了很多人的关注和支持。

为了进一步扩大公益营销的范围，福特又出资建立了一个颁奖网站专门提供乳腺癌知识以及当地考曼“康复跑总动员”的活动信息。在福特公益事业的影响之下，数据显示出大约 19%的读者（估计为 3700 万人）采取了行动，排定了健康检查的时间。读者们都表示她们觉得福特与他们靠得很近，非常关心她们的健康问题，由衷地感谢这个企业。

随后，福特也赞助了《人物》杂志上的乳腺癌特别报道，其中有 11 位知名人士战胜了乳腺癌的故事。她们是牛顿·约翰女士、前第一夫人贝蒂·福特、朱丽亚·蔡尔德、秀兰·邓波儿及冰上明星佩姬·弗莱明，也有那些普通女性的感人至深的故事。这一期，“人们”达到了 3400 多万的收视率，据估计其中女性朋友就占了 2200 万人。

2000年，福特与相伴有线电视网联合，以“为了女性”的广告口号支持10月份的认识乳腺癌月。公众认识活动中出现一句把观众带入福特力量网站去浏览的提示。这个效果非常明显，在两个月实践里，该网站的点击率突破了12.2万人次。

在以后的几年中，支持和参与公益让福特保持了优秀的企业公民声誉；当公司遭到公众安全问题质疑时，支持和参与公益中的公众、员工和经销商网络共同筑起的商誉帮助公司渡过了这些难关。

来自各方的反馈和数据显示出：公益事业给公司形象及消费者采购决策带来了极大的正面影响。关于消费者调查结果显示：65%的受调查者感觉福特更加亲近，35%的受调查者因公司参与公益而更愿意考虑购买福特的产品。与此同时，在全国范围内参加人数更是创下历史最高纪录。

福特汽车通过建立女性与福特品牌的情感纽带，积极参与到顾客关注的公益活动，展现了它的企业价值观和社会责任的承诺。

福特公司和考曼基金的合作也为各自获得了收益。

福特公司的目的是通过公益事业，帮助福特进一步扩展分销网络，以接触更广泛及更多样的目标市场；通过公益营销带动的良好品牌效应、广告活动及公关活动获得更高的企业知名度和消费者忠诚度。

通过双方努力，“康复跑总动员”成为世界最大的5公里跑系列的赛事之一。的确，该公益活动为考曼基金以每年39%的速度持续增长。在不断播放公益广告中，考曼基金也声名鹊起，越来越多患病的女性上网浏览和主动拨打考曼免费电话，公益活动帮助了更多的人。

福特与考曼基金会的合作利用了全方位的公益活动营销的方法，即使用平面媒体、电视电台和有线电视、网站事件营销和名人参与等，合作双方的一致目标是增加所有年龄段女性对乳腺癌的认识及早期发现。

以策略性同盟来强调品牌和公益的有力连接，精心把主题信息对准特定的消费群体，以跨文化的传播方式给多元化人群传递活动信息，以及动员当地社区参与等，这些尝试的确发挥了作用。

福特表示它打算继续保持与考曼基金会的合作，并使新型合作跨出赞助的层面，成为一个持之以恒的公益营销的合作。

许多公司投入公益事业不仅是体现它的企业社会责任感，还有更重要的是它带给企业的商业价值。企业从事公益事业、承担相应的社会责任和投资社区建设的行为不仅为企业和相关方建立良好的关系创造了机会，同时也切实地对提高企业品牌的知名度、增加客户的忠诚度起到了较为积极的作用。

## 积极投身公益事业能吸引、保留高素质员工

随着经济竞争的全面化，企业成败关键之一就是科学技术，科技竞争的关键又在于员工的才能。这也就使越来越多的公司管理趋向于“以人为本”的理念，关注企业内部人才智库的建设。公司如何吸引、保留高素质员工就成为企业建设人才智库的关键问题。

据相关调查，有超过一半的员工希望公司主动为社会公益事业做贡献，并为有此价值观的公司感到自豪。员工的忠诚度，对于企业而言是非常重要的人力资源，让企业更具有竞争力。

调查显示，企业公益形象和行为将直接影响到企业是否能够招募到优秀的员工和一流的高级管理人员，也将对现有的员工产生巨大的影响。企业主动承担社会责任、积极从事公益事业，能够调动员工的积极性，鼓舞员工的士气，并培养他们的自豪感。所有这些正面的情感因素都会影响员工的忠诚度并有利于企业留住有能力的员工，增强企业的竞争力。

安利公司是通过优秀人才的能力和素质来带动企业发展的一个典型企业，安利（中国）建立了以人为本的管理理念，并把参与公益事业、吸引并保留高素质员工作为经营要点。

未来，企业将通过履行企业的社会责任，提升企业雇主品牌形象，承担对员工及营销人员的责任，实现企业与员工及营销人员的共同发展，通过优秀的企业文化和公司搭建的公益平台，让员工成为人们心目中的好邻居、社会认可的好公民。

在高科技时代，企业竞争更多表现为人才的竞争，有了高素质人才就有了强大的生产力。因此，企业采取怎样的人才观念和人才战略来吸引、培养、善用和保留高素质人才就至关重要。现在，通过公益事业塑造的企业的文化特质来吸引、保留高素质员工，已经成为一些成功企业常用的方法。人本向善，员工会因为企业的公益善举而获得一种信赖感、归属感。这种信赖感、归属感的获得是员工忠诚的前提。

## 【案例】安利公司：持续公益保留人才

1959年，安利公司成立于美国。时至今日，安利已发展成为世界知名的大型日用消费品生产及销售商，业务遍布100多个国家和地区。1992年，安利正式进入中国内地市场，1998年安利（中国）经国家批准采用店铺销售和直销方式经营。通过店铺和营销人员，公司为消费者提供优质的产品和周到的售前、售后服务。截至2007年年底，安利（中国）的投资总额达到2.2亿美元，拥有员工5000多名。

随着业务和人员规模的日益增长，如何加强员工及营销人员对公司企业文化和认同感、吸引人才、留住人才？工作并不只是谋生的手段，在基本的薪酬、福利、健康和谐的工作环境之外，如何让员工建立良好的心态，建立工作与生活的平衡，享受工作的快乐？如何管理20多万活跃的营销人员，并为他们提供充足的发展的空间？这些问题不仅关系到安利员工的切身利益，也是确保公司生产更优质的产品，提供更优质的服务的关键。

针对员工和营销人员各自不同的特点，安利在提供多劳多得、公平合理的事业机会的同时，通过完善的培训体系，为员工和营销人员提供充足的发展空间；同时，通过安利优势的企业文化，加强员工及营销人员对企业的认可度和忠诚度。

2003年12月，安利（中国）创立了以营销人员为主体的安利志愿者协会的公益事业，截至2007年6月，已在全国31个省、直辖市、自治区成立了141支“安利志愿者服务队”，拥有3.7万多名注册志愿者。2003年至2007年间，志愿者协会先后开展了“冬日暖阳大行动”、“牵手特奥”等全国性志愿者服务项目，服务内容覆盖了敬老、助残、扶贫、医疗、环保等领域，累计服务时间超过38万小时。为了进一步弘扬志愿者精神，安利（中国）于2007年8月启动“2006年度安利优秀志愿者评选”活动，以推动营销人员持续发挥“奉献、友爱、互助、进步”的志愿者精神，积极履行社会责任、成为对社会有益、受社区欢迎的优秀公民。

2006年2月在安利（中国）正式启动“健康身心，美丽人生”公益项目，此活动结合员工自身发展的需要及企业作为公民应该承担的社会责任，项目设定理念为“身（追求健康）、智（提升自我）、心（回馈社会）”，由总部围绕“身、智、心”三方面设定活动主题，各地分公司可自行组织当地员工参加活动，充分发挥地方特色，在全国各地定期开展丰富多彩的系列活动，包括午间充电站、知识讲座、运动比赛？户外活动、技能竞赛、资讯交流与分享、家庭同乐、公益活动、学习交流等，让员工汲取新的知识并不断进步。

2006年，“健康身心、美丽人生”项目围绕不同主题，全国共开展了567场主题活动，覆盖全国31个省、直辖市、自治区。在6月份的“爱心活动”以及11月份“辅助贫困和残障”活动中，全国共有3099名员工参加了98场社会公益活动。除此以外，员工还自发组织一些活动，例如在倡导环保方面组织了节约塑料袋、“绿色志愿者”活动、美化家园等50多个项目；追求健康方面有“创造健康生活”宣传活动、“心眼明亮”护眼行动，“健康你我他”等40多个项目；关爱儿童方面有助残幼、贫困山区支教、爱心捐款助学等近50个项目。安利志愿者协会自成立以来获得56个奖项，其中2006年3月荣获共青团中央授予的“中国青年志愿者行动贡献奖。”

通过公益活动与品牌活动两种方式的结合向社公大众诠释安利的品牌理念：“为您生活添色彩。”同时，公司通过大量体现社会责任感的公益事业，积极调动员工的积极性，鼓舞员工的士气，并培养他们的自豪感。所有这些正面的情感因素都会影响员工的忠诚度并有利于企业留住有能力的员工。这些优秀的员工以健康、积极、快乐的生活和工作态度，也在实际工作中起到减少客户抱怨及赔偿投诉、减少缺勤率、降低错误或事故发生率、提高公司的公众形象、提高生产率、提高绩效管理、提高员工留职率等效果。

通过组织一系列的公益事业，安利得到了员工及营销人员的积极拥护和支持，极大地加深了对企业的认同度。员工不仅对公司的社会责任有了更深的理解，同时还积极地自发地用实际的行动回馈社会，安利的每一位员工都自觉成为企业绩效的推动者、企业形象的维护者和企业文化的传播者，以健康、积极的个人形象成为安利的代言人，从而对企业提升雇主品牌形象以及美誉度发挥积极的促进作用。

目前，安利员工的自愿流失率为8%，低于市场的14.9%，有64.2%的营销人员因为公司具备优秀的企业文化和管理理念而选择安利，对个人在安利的发展充满信心。

安利通过公益活动参与，推行“吸纳人才、培育人才、善用人才、善待人才”的人才资源策略，营造“关心人、重视人、以人为本”的良好的氛围，通过各种培训和实际工作的锻炼，提高员工和营销人员的专业水平，提升个人素质。有了人才，才能为安利长远的发展注入强大的生命力。

## 降低运营成本

降低运营成本，也是企业增强竞争力的核心要素之一。但对于企业而言，降低运营成本却面临着极大考验。一旦以降低运营成本为目的，就势必会产生管理各环节的变革风险和经营不确定性。那么，是否还有其他解决途径呢？

通过积极、周密的策划，企业能够有效地运用社会公益活动参与来促进企业降低经营成本。这听起来好像有点不可思议，但事实上许多企业已经做到了。

企业通过公益事业的参与直接或间接地影响企业的消费者或潜在消

费者，进而改善企业宣传的途径、缩短企业与消费者之间的距离等。例如，诺基亚、摩托罗拉公司通过应用公益营销活动，不但让公司影响力更大，而在今天这个竞争白热化的市场环境中，消费者可选择的产品多种多样，消费者为什么选择 A 而不选择 B，这其中的原因有许多是非产品层面的因素导致的。

消费者关注的不仅仅是产品质量、价格以及促销活动，而且更有心理和价值观念层次上的需求。在环保教育等方面的公益投入，都很好地给摩托罗拉的消费者及潜在消费者带来潜移默化的影响。

对于好企业而言，消费者就像水，而企业就像鱼。

只是“如鱼得水”是远远不够的，只有让水活起来才能养鱼，鱼儿才能在水里更快、更好地生长。换言之，企业只有对社会有益才能长期旺盛地持续发展。摩托罗拉自然已经成为中国的一个优秀的企业公民。自 1987 年进入中国市场以来，摩托罗拉在公益事业上的投入越来越多。同时，也得到了广大消费者的大力支持和良好的社会回报。

参与公益事业能降低运营成本。主要体现在三个方面。其一，企业良好的社会责任形象，使顾客购买过程中的精神成本明显降低，销量提升，效益增加，经营成本比例就相对减少；其二，公益宣传能够迅速提高消费者好感，大大提高宣传效率，从而节约宣传费用，降低宣传成本；其三，许多产业链上的企业社会责任的履行，可以直接降低运营成本。

## 【案例】诺基亚：公益事业降低运营成本

作为全球最大的移动通信企业诺基亚，企业社会责任、公益事业已经成为了诺基亚基因的重要一部分，并长期在世界和中国致力于环境保护和青少年教育发展事业。在取得经济效益的同时，注重社会效益，努力成为优秀的企业公民，这也是诺基亚企业社会责任的核心目标。社会责任、公益事业已经融入了企业发展的核心战略之中，成为可持续发展的重要支撑力量。

诺基亚的环保理念不同于一般的环保公益活动，它的环保是充分结合企业各个业务领域的全方位的环保，渗透到了公司运营的各个层面和环节。十多年来，诺基亚致力于全球和中国的环保事业，所做工作不计其数。

从诺基亚最基本的产品——手机出发，一个小小的手机，其中却蕴含着贯穿整个产品生命周期的环保理念，每一部诺基亚手机，从设计研发，到生产、使用，再到消亡、回收的过程，环保理念无处不在。在设计阶段，诺基亚就将“为环境而设计”的要求体现在每一款手机上；在研发产品阶段，把环境保护放在重要位置，选择无毒无害的原材料、减少材料的种类和使用量、使手机废弃后易于拆解等；在采购手机元器件时，他们严格对供应商的管理，保证选用环保的材料制作产品，还专门制定了“诺基亚供应商要求”，规定主要的直接和间接供应商必须通过ISO 14001环境管理体系认证并建立完善的环境管理体系。

此外，他们还通过沟通、培训、签订合同以及供应商审核流程，带动供应商一道提高环境标准，将诺基亚产品环保链延伸到原材料采购之前；在包装运输阶段，他们使用紧凑型包装，只需要过去一半的包装材料，在2006—2008年为公司节约了4亿欧元的包装运输费用；在手机使用阶段，他们还积极引导消费者的环保意识，首家推出内建警示信息的手机，提醒消费者充完电后拔掉充电器，节约能源；从2007年开始，诺基亚建立了手机学习平台“行学一族”，嵌入了很多环保知识让消费者了解；在手机废弃阶段，他们也采取了一系列行动进行手机回收和循环处理。

诺基亚在实践中发现，贯彻企业社会责任、公益事业的理念能为企业节省运营成本。位于北京经济技术开发区的诺基亚中国园“绿色大楼”，因为使用大量环保材料，建筑费用增加了不少，但是节水37%、节能20%。2006—2008年诺基亚提出使用紧凑型手机包装盒，这一环保的举动为诺基亚节约了超过4亿欧元的包装和运输费用。另外，诺基亚还实施了星网绿色产业链，将公司各部门及供应商集聚在开发区一公里范围内，不但降低了交通工具二氧化碳的排放量及原材料包装物的使用，更降低了会议差旅、原材料及零配件的运输成本。可以说，公益营销真正起到了降低企业运营成本的作用。

## 增加销售额、市场份额

在当今同质化品牌竞争时代，企业的营销手段五花八门，令消费者眼花缭乱，以至于无从下手去选择产品。更有企业急功近利，做出一些不择手段的营销方式欺骗消费者，令消费者反感，最终让企业发展停滞。

据统计，中国的中小企业平均寿命只有 2.9 年，每年约有 30%的中小企业倒闭。破产原因在很大程度上与企业领导的心态有关。很多企业追求短期利益，不顾及企业长期发展目标和利益，更不用谈企业应履行的社会责任问题。

国内外的百年老店之所以能够百年常青，是因为在重大公益事件中，时时刻刻都有他们的声音和身影，就是这种社会责任感促使它们成为一直受到社会公众的关注和尊重的伟大企业。

所以，企业的长期发展，依靠公益事业是推动力之一。一方面履行社会责任，另一方面促进企业与社会的融洽关系，促使消费者对企业品牌、企业文化的认同，可以增加企业销售额、市场份额。

一个成功的公益项目运作，可以得到比广告和其他模式更有效的回报。公益逐渐成为一种企业经营模式，成为一种营销模式，这种模式必将超越任何传统的营销模式。王老吉在四川汶川大地震捐赠了一个亿时，不仅受到社会各界巨大的反响和好评，还让企业的销售额达到了前所未有的高度，实现了名利双收。

企业参与公益事业潜移默化地占据了消费者的心理空间，让更多的消费者主动购买和使用企业的产品和服务，不断增加企业销售量和市场份额，成功应用公益营销是企业较之前所有营销手段的最有效的增加销售额和市场份额的模式。

同时，也能带给企业更高的品牌知名度和美誉度，赢得更多消费者的信任、尊重和拥护，最终赢得消费者忠诚度，成就企业的持续发展。

参与社会公益活动所树立的企业形象和传达的产品特质，更能够使消费者接受而采取购买行动，也能获得更多与企业有相同价值观的消费者的认同，从而选择企业的产品。同样，也会吸引具有相同价值观的合作伙伴，比如代理商、经销商等。这些正面的影响都会增加企业销售额和市场份额。如今的消费者不满足于单一的物质需求，更期望企业能赋予产品更多的额外价值，以满足其更高层次的需求。在大多数情况下，公益活动是带来这种额外的附加值的有效手段。

## 【案例】王老吉：抓准公益营销时机，名利双收

今天的业绩，得益于公司一直都非常关注社会公益事业的发展，在2003年“非典”时期，公司与科研单位及大专院校合作，运用中药最新的“三超”技术研制保济片、克感利咽口服液等新产品，克感利咽口服液因在“非典”期间表现出对流感病毒和呼吸道常见致病菌有明显抑止作用，被列为“广东省抗SARS和流感的重点科研攻关项目”；与南丹麦大学签署了《克感利咽口服液抗病毒机理的研究》专项科技合作项目，以“科技输出”的形式成为欧盟传统药品法生效后，国内首家进入欧盟的企业。

在2005年，香港同兴药业强势加盟王老吉。王老吉一直秉承着成为资源消耗低、环境污染少、科技含量高、经济效益好，具有中国特色的社会主义新型工业企业发展理念，借助同兴超前的经营理念，管理科学，特别是在中药海外销售方面，中国香港和东南亚地区拥有庞大的中药销售网络，使王老吉产品在国际市场上打通渠道。与此同时，王老吉药业一直未停止参与资助社会弱势群体的活动，积极参与社会公益事业。2005年开始，王老吉和中华慈善总会共同举办的“王老吉·学子情”公益活动，让王老吉在帮助高考贫困学生顺利进入大学校门之外，让自己的品牌在这次公益活动中推广到全国14个省区53座城市。

2008年，发生了百年不遇的四川汶川大地震，给无数的中国人带来了从天而降的巨大天灾，每个中国人都无不伤痛欲绝。就在这个举国伤痛之时，王老吉这个民营企业毅然捐出1亿元拯救受灾后的兄弟同胞。

这个举动受到成千上万的网友的关注，大家都在热火朝天地议论这件事情。很多网友在网上正话反说“封杀”王老吉，提出口号：“喝饮料只喝王老吉”，“有多少王老吉统统买光”，“今天你王老吉了吗?”一夜之间，让大家对王老吉的呼声更高，也让摆在货架上的王老吉大卖，甚至有的地方脱销。我们不得不说，民意的力量可以让一个企业发生奇迹，也可以让一个企业瞬间倾倒。直到如今，王老吉这次汶川捐赠事件的善举，一直还被无数中国人娓娓道来，促使更多的民众去关注它的产品、购买它的产品，直至更想了解王老吉发展史，和它的企业。而王老吉这样一种一直重视公益活动的善举，促使更多的人认同王老吉的企业文化，最终成为王老吉的忠诚消费者。

由于王老吉一直坚持技术创新与技术进步、支持社会公益事业作为经营的核心，定位为不上火的快销品饮料，受到了消费者的喜欢。销售额从 2002 年 1.8 亿元，2003 年 6 亿元，2004 年 15 亿元，2005 年超过 25 亿元，2006 年达到了 35 亿元，2007 年更是达到了 50 亿元。经过几年的发展，王老吉迅速跃升为中国饮料行业销售额最高、品牌影响力最大的品牌。国际权威调研机构 AC.尼尔森关于饮料市场的一则最新数据显示，2007 年下半年，王老吉在国内罐装饮料市场的销售额已经超越在中国饮料市场上的众碳酸饮料品牌。2008 年抗震救灾公益营销的成功应用，更让王老吉迎来了销售的最高峰。

此次赈灾中王老吉捐赠 1 亿元的公益活动事件，王老吉选准了一个非常好的时机，让它的销售额和企业品牌美誉度达到了前所未有的高度。可以说，王老吉作为一个大众饮料品牌在此次赈灾中名利双收。

## 获得更多资源支持

在当今开放性不断增加的社会形势下，企业可以选择参与不同的社会公益事业，并结合企业经营状况实施公益营销策略，这对企业发展的推动作用日益明显。

从效果来看，除了能够提升品牌形象和社会声誉，提高品牌知名度，提高顾客满意度和企业销售业绩，吸纳人才和降低运营成本等之外，还能够切实为企业的发展赢得新的资源优势。

从另一个层面上讲，参与社会公益事业实际上也是对企业内外资源进行整合运用的过程，更是吸纳、积累社会资源的过程。对于资源的占有程度和利用程度代表一家企业的发展速度与水平，并关乎企业能否健康发展，关乎企业是否能够持续地发展。

资源的稀缺性决定了对资源争夺的激烈程度，大凡成功的企业都是善于利用资源并将其市场化的能手。那些稀缺资源往往是企业逐猎的对象，而资源不是平均享有的，需要通过交换才能获得。

通常情况下，资源拥有者比较倾向于或者青睐那些帮助或者协助自己个体，因此成为资源拥有者的合作伙伴，似乎就能够享受并获得优先权或支配权。

政府是所有资源的终极拥有者，是公共利益的管理者和维护者，但是由于经济、人力等方面原因，政府也需要其他社会力量的协助、支持和参与，才能够将社会工作效率最大化、资源分配最优化。

为此，政府在进行资源的分配过程中，会优先考虑那些为政府提供服务、替政府操劳的企业，而这往往成为企业快速、稳定发展的重要因素。

通过公益事业的积极参与，企业能够与政府建立良好的关系，进而成为政府优先扶持的对象已是不争的事实。当然，这并不简单。

综观经济发展的趋势和方向，只有那些顺应潮流，以“社会和谐”为最高宗旨，并将企业经营与社会需求紧紧联系在一起的企业，才能够赢得未来。

公益事业的发展为企业经营提供了良好的经营环境，为企业充分展现存在的价值提供了广阔的平台，企业只有抓住机会以积极主动的姿态进入社会公益角色，才能够取得良性发展优势。

企业公益活动将有力地促进企业战略向科学合理的方向转化，把公益纳入经营战略体系，也是未来企业的必然要求。通过公益活动，企业的核心目标和价值才会得以完美地结合，与公益组织在内的社会力量整合在一起，形成长期稳定的、互利互惠的共生合作关系。

越来越多的企业认识到，企业参与公益事业带来良好效果的同时，也帮助企业自身实现经营目标。在这种认识的影响下，企业推出各种公益事业项目，是希望与相关的慈善团体或公益事业建立长期稳定的协作关系，从而产生持续性的公益力量和公信力。

因此，企业在参与公益事业过程中，将产品和服务融入其中，并将公益事业活动的参与作为一种资源性的投资行为，贯穿于企业的长期战略中，从而获得持久的发展能力。

现代企业应当与所有利益相关的权益人保持适当的均衡利益关系，包括企业股东、员工、消费者、供应商、销售商、媒体、政府、金融机构、社会评论家、第三组织等，通过企业公益事业把各利益方团结起来形成持久的协同关系，并建立诚信、透明、互相尊重、互惠互利原则下的合作伙伴和战略关系。

企业的成长过程，其实就是企业与社会不断进行价值交换的过程，其中有合同交易和情感交易两种方式。企业参与的社会公益活动，就是向各利益相关者的情感账户存款，存储的资源越多，可提取的资源就越多。另外，企业参与公益事业就是社会资源共享的主要形式，这种共享能够让企业自身资源发挥最大效用。

## 【案例】恒源祥：公益事业促进品牌发展

恒源祥创立于1927年，中华老字号企业。从上海南京路上一家占地100多平方米的毛线商店变成了一家拥有中国驰名商标，集针织、服饰、家纺、绒线于一身的集团企业。1999年，管理层MBO（管理者收购）之后，恒源祥得到了飞速的发展，品牌价值已经达到20多亿元。恒源祥不仅是享誉全国乃至全球，除了有知名度，更在于它们有深层次的文化认知度。根据麦肯锡的报告，《财富》杂志排名前250位的大公司，有近50%的市场价值来自无形资产。作为纺织行业的领导者品牌，恒源祥深知这个道理，因此，更加注重品牌文化内涵的培养和积累。

恒源祥找到了切合自身发展的经营模式——公益活动，这种选择促使得恒源祥在很低的消费者认知成本付出下就获得了品牌的含金量。“恒源祥”每年将10%的利润用于公益慈善事业，通过捐赠、义卖、倡议等公益活动将自己的品牌传达给消费者，赢得社会的尊重，在无形之中提升品牌价值。“恒源祥”已经将自己的发展和经营战略同自己应该承担的社会责任紧密结合了起来，把公益活动融入到企业长远发展战略中，将其作为了企业文化、企业战略的一个有机组成部分。

在这种战略的指导下，恒源祥与中国儿童少年基金会合作，在全国举行大规模的奉献爱心公益活动，提升品牌形象，增加品牌的无形资产，从而步入了飞速发展的快车道。2003年，恒源祥与中国儿童少年基金会等单位发起了“非常拍卖·非常爱心”活动，通过网上竞价，拍卖了恒源祥集团一只3600克的金羊。在六一儿童节，拍卖所得的50万元，全部捐赠给了受“非典”影响的家庭中的儿童。

2005—2009年，恒源祥与中国儿童少年基金会共同主办了“寻找万名爱心父母编织爱心毛衣”的恒爱公益活动。活动最初是“要让全国57.3万孤残儿童都穿上一件毛衣”，由在全国寻找出来的万名爱心父母为孩子们亲手编织毛衣，送给孤残儿童。2009年，主办方与全国21个省市自治区的妇联代表共同发表了《恒爱宣言》，明确提出要组合社会各界的慈善力量，关注孤残儿童的生存与发展，共同营造适合孤残儿童健康成长的社会环境。同时，还启动了“中国孤残儿童生存现状调研”行动，希望掌握中国孤残儿童的生活状况，了解他们的切实需求，从物质、情感、精神等多个层面，与社会各界一道，持续地为孤残儿童的健康成长提供更多的支持与帮助。

恒源祥的公益战略行动，促使它逐渐成长为消费者记忆中帮助孤残儿童的著名品牌。在将本公益活动做深、做扎实的过程中，恒源祥也在寻找、影响更多的企业行动起来。“恒爱行动的目标，就是要让全国57.3万孤残儿童都穿上一件毛衣！”这是全国妇联党组书记、副主席、书记处第一书记黄晴宜在2006年度恒爱行动启动仪式上立的“军令状”。

恒源祥倡导的是“爱心”，并传递“爱”，让更多的人感受爱、奉献爱。随着恒源祥爱心行动的不断深入，从国家干部到基层领导，从军人、民警到工人、农民，从演艺明星到著名运动员，从白发老人到妙龄少女，甚至十几岁的孩子，都加入到救助孤残儿童的编织大军中。同时，众多媒体也参与其中，《湖南日报》、《今日女报》、《中国妇女报》、《潇湘晨报》、《长沙晚报》、《东方新报》、湖南卫视、湖南经视、湖南教育电视台、都市频道、卫视公共频道、新闻频道、红网、湖南人民广播电台等都积极支持并广泛报道。

恒源祥先后投入数百万元，捐赠10000斤爱心毛线，在全国范围内寻找万名爱心父母为孤残儿童织了50多万件毛衣，动员了千千万万名爱心父母关注孤残儿童。还举行包括义卖、捐赠等公益活动形式，向社会倡导支助孤残儿童事业。57.3万件爱心毛衣这一原计划用十年完成的目标，仅用了不到五年就基本实现。

恒源祥关爱孤残儿童的公益行动，引发了祖国上下对这一弱势群体的极大关注，不但得到了政府、媒体和群众的广泛支持，还逐步在全国形成一个互动的爱心公益营销网络。为此，恒源祥建立了拥有100多家联盟体特许工厂和6800家特许经销店和专卖店组成的产销网络，市场年销售额接近50亿元，成为中国纺织企业唯一一家北京2008奥运会赞助商。

通过以上案例，我们会得出很深刻的启示：在弱势群体、弱势区域受到越来越多关注的今天，企业如何配合协助政府，积累整合运用公益资源，积极参与公益事业，已成为企业成长过程中需要重点思考的问题。

恒源祥为解决全国近60万孤残儿童的健康成长问题，从关爱的角度出发，号召社会各方积极参与援助。既协助政府在解决社会问题中贡献恒源祥的力量，又起到深化品牌文化的作用，还达到公众认为的“好企业”的形象标准，进而自然地拉动终端市场的销售。

# 第六章

## 诚信是企业立足市场的根本

企业良好的信誉是很重要的，是企业最大的无形资产，尤其应该看到，随着市场经济的发展和国际化的进程，不讲诚信的企业不仅会失去市场，砸了自己的牌子，严重者还会受到法律的制裁。可以这样说，任何一个企业要能够快速发展，就必须亮出自己的诚信“名片”。

## 信誉就是生命

市场，也是企业的生死场。我们的企业和企业家就像风口浪尖的冲浪手，每一次市场的变化，都面临着生与死、成与败的抉择。最后的成功者，一定是那些能够适应市场的企业。

这是作为市场经济条件下的企业最重要、最基本的条件。面对一个不断变化的市场，没有常胜将军。只要能生存下来，不断提高产品的质量和服务，赢得客户的忠诚，保持市场占有率稳中有升，本身就是一种胜利，这样，也就可以称为“剩者为王”。

诚信是一个古老而又崭新的话题，讲信用、重承诺是中华民族的传统美德。远古时代，人们靠“讲信修睦”，维系群体和谐，公平分配资源，共享劳动成果，“人无信不立”的古训相传至今。封建社会，守法商人把讲信用作为兴商立业之本，徽商靠诚实守信的经营理念，雄踞商界三百年。清代“红顶商人”胡雪岩所说的“有诚信便能立世，无诚信则会失世”，都能体现出人们对诚信价值的高度评价。

市场经济，明智的企业家把诚信看作打开市场的敲门砖，“信誉就是生命”成为各大公司的治企格言。

企业是市场竞争的主体。要在市场竞争中胜出，就必须遵循市场规则和诚信原则。诚信给品牌形象带来的价值是非凡的。一个诚信的形象，将维系客户的美誉度和忠诚度，为企业的可持续发展奠定坚实的基础。因此，诚信应当成为一切企业的经营哲学基础，也应当是企业品牌形象塑造的必然目标之一。

诚信是企业立身之本、兴业之道。诚信是人们在长期交往中进行现代企业市场运行的重要纽带。诚信是企业的一项最重要的资源。对于一个企业来说，资金困难、技术落后、市场危机都不是最可怕的，都能够通过努力得到解决。最可怕的是企业不讲诚信，出现诚信危机，这是企业的致命伤。企业不讲诚信，会影响社会投资和消费及企业间的正常经营活动，会使企业在社会公众中失去信用，将导致公众对企业及其产品产生抵制心理，最终将使企业丧失自己的生存空间。

市场化程度越高，对诚信体系发育程度的要求也越高。企业是市场竞争的主体，在我国由计划经济体制向市场经济体制转变的过程中，特别是我国加入世贸组织后，影响企业经济效益的因素日益呈现多元化，企业诚信在市场竞争中的地位及其对经济效益的影响日渐突出，成为一个企业是否成功、成熟的重要标志。

世界上最成功的企业之一——美国通用电气公司的CEO杰克·韦尔奇，对诚信的重要性有深刻的理解。他曾说，作为一个企业的领导者，最令他关注的问题可以用两个字表达出来，就是“诚信”。韦尔奇告诫通用公司的员工，诚信是通用电气公司全体员工100多年来所创造的无价资产，如果在经营活动中违背了这两个字，公司将停滞不前。他说：“没有什么东西，无论是完成业务指标或是上级的命令或是为客户服务，能比行为正当、坚持诚信更为重要。”

韦尔奇正是按照这样的思路去做的。通用电气公司作为一家全球性的跨国公司，已经在100多个国家开展了业务。为了规范公司的业务活动和员工的行为，公司制定了员工行为准则，并在此基础上制定了一整套诚信制度。在执行诚信政策时，公司不但要求自己的员工遵守，还要求代表公司的所有第三方，比如代理商、销售代表、经销商等都承诺使用通用电气公司的诚信政策。

通用电气公司的员工人手一本诚信手册。每到年末，公司都要与员工签署“员工个人的诚信承诺”。公司的诚信政策涵盖了与客户和供应商的关系、全球性竞争、与政府部门的交往、公司社区及保护公司资产等内容。例如，他们在关于诚信的政策中规定，公司员工只能通过合法和符合道德标准的方式来开展业务，不得为获取不当利益而向客户或供应商提供任何好处；不得从供应商、客户、竞争者处接受超过一般价值的礼物。公司还整理了一份“黑名单”，专门列出那些企图行贿的承包商和供应商，以提醒员工在和这些承包商和供应商的进一步接触中提高警惕。

如今，通用电气公司名列世界500强前列，而其盈利率则超过排名在其前面的企业，公司还多次在《商业周刊》、《财富》等杂志举办的评选活动中被评为全世界最受推崇的企业，这一切应该说和公司高度重视诚信原则，并在经营活动中有效地实施诚信原则是密切相关的。

同仁堂是我们国药的旗帜，历经300多年锤炼铸造经久不衰，它不但享有配方奇特、药到病除的美誉，背后还有着中国传统文化的深刻烙印，且不说中药本身直接运用的中华传统医学和哲学思想，仅就它的经营观就折射出中国传统的精华。同仁堂的古训“修合无人见存心有天知”，“炮制虽繁必不敢省人工，品味虽贵必不敢减物力”，传承中国人诚与信的优秀传统，济世养生，为民除病，充分体现了中国儒家文化“仁”“义”精神。品牌的影响力，不仅仅同这些品牌的高知名度、适度的市场造势和出色的专业表现有关，更表现为对这些品牌的专业声望、市场表现口碑和品牌个性塑造的认同，是对品牌所承载的信用度的认同。而这种建立在诚信基础上的品牌价值，很容易为品牌带来“光环效应”，大大提高企业的知名度。

在现代文明发展迅速的今天，我们本应将诚信操守发扬光大，然而无论是银广厦的黑幕，还是“蓝田神话”的破灭，西安宝马彩票案沸沸扬扬，一系列的大案要案，暴露出中国的经济生活正面临着诚信的危机，一些企业无视诚信的价值，已走到信用崩溃的边缘。诚信缺失，道德秩序的恶化，已成为我国社会经济生活的一大公害。有关专家对因诚信缺失给我国经济造成的损失进行了更深入的研究，指出：我国近几年的市场交易无效成本占GDP的比重至少为10%，直接经济损失年均5000多亿元。这么大的数字，足以引起我们每一个企业和企业家重视。

总之，如何延长企业寿命是每一个企业家首要考虑的问题，关键是要打造企业品牌，而要创品牌，就必须恪守企业信誉，进行诚信营销，建立良好的信用和良好的服务形象，以取得众多用户的信任，使企业成为客户依赖的对象。

## 因为信誉好，所以伙伴愿意合作

我们知道，所有企业都存在于产业链条中，如何处理好与上下游的关系是企业存亡的关键。这好比在食物链中，狼吃羊，羊吃草，虽然狼不吃草，但是没有草，狼就活不了。事实上，企业的供应链也有这样一种相互依存的关系。生产企业如果没有原材料，甚至毛坯料都要自己去做粗加工，那样生产周期就太长了，所以还要依赖于供应商。同样生产出来的产品即使质量最好，但是整个销售网络如果没有打开也不行。俗话说："独木不成林"，"一个好汉三个帮"，都说明了无论个人还是企业都不应该孤军作战的道理。

创维在2004年的经历更能够说明这个问题。2004年11月30日黄宏生事件发生后，创维不但避免了像金正、爱多等家电业的民企"当家人一倒，江山变色"的悲剧，不但没有受到巨大冲击，一切工作按部就班地进行，反而借力于危难之间，在2004年12月份和2005年1月份创造了销售和回款的双增长。

这一切除了归功于创维成熟的公关技巧和"未雨绸缪"的公司制度外，还要归功于其"上下游"合作伙伴的挺身而出和拔刀相助。

一向以大手笔公关著称的创维，在此次事件中，更是不忘充分利用各种可能利用的资源稳定供应链，为成功"复牌"精心策划。

先是上游供应商，以彩虹集团为代表的8家彩管供应企业纷纷表态支持创维渡过难关；紧接着来自下游流通渠道的国美、苏宁、永乐、大中等四巨头分别向创维领导人表示，无论发生什么情况，它们都力挺创维。这为创维市场的稳定起到了积极作用。

与经销商、客户对金正的落井下石相比，创维似乎要幸运得多。其他行业相比，家电业的主要危机不是来自于消费者，而是上下游，在关键时刻不被他们抛弃是创维度过危机的关键。

比如就彩虹而言，创维是其第二大客户，自从创维做彩电起就开始与其合作，业务往来已经很长时间。据说创维一年的订单就有7亿元，而账期只有一个月。

“创维一直是我们信誉很好的客户之一”，彩虹的相关负责人评价说。而黄宏生出事的时候，双方结账期限刚过去10天，创维欠彩虹的余款不过1800万元。在足够信任的前提下，彩虹很爽快地同意了创维延长账期的请求。也正是有彩虹这样的合作伙伴力保，才使得创维闯过了难关。

值得我们关注的是，现今企业的产业链也在不断延伸，一些国际知名企业的产业链大都延伸至10个国家以上。事实上，合作伙伴的多寡，是衡量一个企业成功与否的依据，合作伙伴数目的增加有助于提升公司的自身能力，微软之所以有今天的地位，与它有2万多保持长期合作的合作伙伴有直接关系。

管理学界最近有一句话很为企业界认可：“未来的竞争是价值链对价值链的竞争，是产业集群对产业集群的竞争，是联盟对联盟的竞争。”竞争的手段千千万，竞争力体现的方式和场合也五花八门，和强者结成牢固的战略联盟，以使自己有竞争力就是其中的一种。我们经常看到这样的例子：某个广告公司因为与中央电视台合作而日进斗金，由原来一家名不见经传的小公司，最后成为广告界的大鳄；某个配件厂商，比如说生产保险杠或者万向节的，因为和一汽结成了长期的战略伙伴关系而累计了亿万资产。在市场经济的环境中，企业如果要和另一家强势企业结成战略联盟，就必须努力成为对方价值链上重要的一环。而诚信就是使双方价值链牢靠的最重要因素。

好的企业形象，离不开诚信，有了良好的信誉，在未来竞争愈演愈烈的市场上，就等于有了招徕联盟强援最大的本钱。

## 品牌塑造与企业信誉建设

品牌是企业信誉资本的载体，也是一种无形资产，它是品牌忠诚度、知名度、品质认知度、品牌联想、个性等综合要素的集合体。品牌资产也是企业的核心动力，在经过市场从无序到有序的过渡，最后大家拼的不是价格，而是品牌！现在人们越来越追求有信誉的消费。连一些简单农产品也开始制造品牌，例如，“小汤山绿色蔬菜”，在北京各大超市出售，往往能够卖出远远高于其他地方的蔬菜的价格。除了商业竞争因素外，信誉资本也是一个重要的原因。名牌之所以高价，与其说是其质量好，不如说产品中包含有信誉成本。

品牌就是稳定的信誉，诚信经营，追求持续发展。企业之间的竞争，说到底是信誉和品牌的竞争，而品牌又是由信誉凝聚而成。品牌竞争是市场竞争的最高层面。为什么品牌竞争是最高层面呢？在质量竞争方面有一个信息不对称的问题，当消费者掌握的信息不全、不能确定这个产品的优劣时，他就不会掏钱。解决信息不对称有两个办法：一个是用广告进行各种说明和推销，目的就是让消费者掌握更多的信息，促使他的消费活动，这种办法不仅成本高，而且不见得都有效。因此，品牌竞争最有效的办法就是两个字——“诚信”。如果企业是讲诚信的，消费者即使辨别不了产品的好坏，他也会信任你，因为企业的信誉就在企业的产品中。所以，信誉是解决交易障碍的一个最简便、成本最低、效果最好的途径。

从企业发展的角度看，品牌是企业经营制胜的法宝，是企业持续增长的关键所在。而诚信，则几乎是所有著名品牌的共同属性。企业树立品牌和形象的过程，也是积累企业信誉资本的过程。因此，正确处理好企业品牌塑造与诚信建设的关系，是企业持续成长的又一关键因素之一。品牌是一个企业赢得持久竞争优势的最强大、最有力的武器。品牌对于企业持续成长的重要作用，可以从品牌建设与扩张——顾客对品牌的感知程度——顾客购买服务的增加——企业竞争优势得以强化，这样一个过程来考察。企业品牌是一种无形资产，而产品与服务是品牌建设的基础。只有将产品和服务的内在品质特性和外在表现经过充分发掘和加工提炼出来，有意识地赋予产品以人格化个性，并外化为视觉和听觉形象，为顾客所了解和接受时，企业的产品和服务才能够成为“品牌”，其中的关键就是企业品牌的塑造和建设。在企业的成长过程中，企业品牌的优劣，在一定程度上反映了企业经营效果的好坏、企业文化的优劣和企业整体能力的强弱，实质上也就是企业信誉的反映。因此，品牌是企业的灵魂，而诚信则是品牌的灵魂。在企业构筑持续竞争优势、锤炼核心竞争力的过程中，品牌效益能够帮助企业更好地整合内外部资源优势，提高内在品质，获取更大的市场份额。

从顾客角度讲，在市场竞争环境下，企业一旦形成品牌，就具有独特的形象和鲜明的个性，代表着这家企业及其提供的产品和服务带给顾客的丰富而美好的联想：

①具有特定的利益保障，顾客会从这一品牌中知道，购买这家企业的产品或者服务能够保障自己的利益，甚至大大增加自身付出的利益的价值。

②由于已经接受过类似的服务，或者口碑传颂，顾客对品牌会自然而然地产生亲切感，认为这样的品牌充满人情味，在物质的收获之外，精神方面也得到了一定的满足。

③顾客对品牌产品或服务的持续忠诚，会激起相关消费者的购买冲动，使其不断重复购买，发挥品牌的联动效应。“老名牌”为什么能得到信任，就是因为老名牌是众多消费者检验过的，是讲诚信的，是可靠的。企业要善于把“信誉资本”装进产品，让自己的产品成为大众信赖的名牌。

品牌建设是企业信誉资本积累、企业实现持续发展的一条必由之路。创造品牌是企业制胜的法宝。品牌是企业产品的名称，也是产品品质、服务品质的标志。创立知名品牌则是一个全优的综合概念，它要求产品在质量、款式、价格、服务、信誉和市场占有率等方面均有优异的表现。在目前的市场环境下，品牌成为企业的一种非常重要的标识，体现出其背后所代表的深层内涵：谁拥有叫得响的品牌，谁就拥有竞争的主动权；越是知名度高的品牌，给企业带来的无形资产就越大；企业借助品牌可以吸引更多的资金以扩大生产规模，占领国际市场。如可口可乐、耐克、雀巢、吉列等这些世界著名品牌都代表了良好的产品品质、优质的服务、顾客至上的经营宗旨。

以信誉资本为基础的名牌在实际操作中表现出相当大的威力。

第一个威力就是市场开拓力，它表现在卖得贵、卖得多、卖得快、卖得久。这个牌子有信誉，是一个名牌，产品就会卖得贵，比不是名牌的价格高、卖得多、卖得快。还有一个奥妙就是卖得久。其实产品卖得久，也就是你产品的生命周期长，是一个很大的效益因素。不然你天天换产品、天天技术改造、天天投入，虽然可以赚钱，但是成本太高不合算。

第二个威力就是资产的内需力。你创造了一个好的名声、好的信誉存在哪里呢？信誉就存在品牌里面。所以我们重视信誉、重视无形资产一定要重视品牌，不然你的信用无处存放，创造出来也会丢失。

还有一个很重要的威力就是，企业最好的经营状态是有形资产和无形资产的良性循环。就是用你的产品创造了你的信誉，然后用你的信誉促进经营，直接的促进就是产品的销售，这种信誉循环形成了企业经营的最佳状态。而名声循环可以实现的重要条件就是品牌，也就是说用产品把牌子打响，然后用牌子促进销售，没有品牌作为中介，这个循环是无法完成的。

总而言之，一方面，信誉是企业的一种资本，既具有经济价值，也具有社会网络关系价值，而且难以被准确量度，也就是说具有不可估量的价值。另一方面，信誉又是一种脆弱的资本，极易遭到破坏，所以企业必须持续地对信誉资本进行投资、维护，才能保证企业信誉资本生生不息。

## 信誉资本的维护与评估

当企业对自身信誉的投资越来越多时，它就越发关注自身的信誉，为维持和扩大信誉做进一步的信誉投资。因为原有的投资是一种沉淀成本，沉淀成本越高，丧失信誉机会成本也就越高。信誉均衡路径依赖机制的另一种表现是，信誉一旦丧失就很难再重新建立起来，或者说信誉的建立要比信誉的毁坏要难得多。

信誉并非呼之即来的，这一资本需要长期的累积，需要长时期的立言立行，付出更多的真诚实事，还需要让大众的世俗眼光评判，才能获得公众的认可和信赖，从而使有形的诚信行为转为无形的信誉资本累积。更重要的是，在公众心目中树立良好的服务品牌和行业形象。实际上，“信誉资本”是持之以恒创建良好信誉所形成和发展起来的。凯文·杰克逊认为：“企业信誉是社会广泛和深刻的认同感。它包括公众认同感，企业全员的诚信度，企业与顾客、股东关系等企业行为的社会影响与环境影响。”企业应将“信誉资本”经营目标与企业其他发展目标结合起来，制定和实施整体战略，认真和严格地落实到经营管理层和每个员工行动之中，贯穿于业务发展、行业规范和社会服务等经营全过程。倡导企业价值提升源于社会价值实现的最新经营理念，坚守百年诚信，讲求法制规范，开展社会责任经营，在关注全球和人类社会发展中求得自身发展。唯有这样，才能创建企业良好信誉，不断扩大“信誉资本”，增强企业市场竞争力，永葆百年企业的青春。

信誉资本不会凭空而来，它和你的资产量、经营能力、是否信用经营、别人对你的信任程度和信用传播度有关。要想有较高的信誉资本，首先要积攒实力，这个世界是靠实力掌握话语权；其次要注意积攒的方式，所谓“君子爱财，取之有道”；最后要多交朋友，乐于助人，所谓多一个朋友多一条路。这一个过程是漫长的，但一旦建立起自己的信誉资本，将受益无穷。

银行与企业关系的发展史很好地证明了社会失去信誉资本的可怕。当信贷不断成为坏账时，企业也绝望地发现贷款越来越难。尽管多数企业并不是为了骗贷而来，但对银行来说，惜贷便成为银行对企业的团体惩罚手段。但当你有了信誉资本，有担保公司为你担保时，你会发现你融资的路很宽，甚至不用担保公司担保，融资大门照样敞开。

企业信誉的建立源自两个方面：一是个人心理的认同，来自社会道德建设；二是社会自发的惩罚机制，类似于市场中的竞争机制。在经济发展的过程中，经济目标成为主要的追求对象，社会道德的建设看起来不是那么轻而易举。因此，建立完善的惩罚机制就至关重要了。这种惩罚机制当然不能来自政府，政府不可能有如此精力。惩罚机制应该像市场竞争机制一样自发地起作用：如果违背承诺，会遭受市场的惩罚，受到孤立，不会再有人和违约者进行贸易。一个无限重复的交易博弈可以促成建立完善的诚信机制：一次交易中的违约会在下一次交易中遭受报复。除此之外，企业的经营绩效、公司文化、经济增长速度乃至社会文化心理也都或多或少会影响企业信誉的建立和维持。在实际经营中，我们常看到这样的例子，很多企业会使用增大注册资本，和社会名流以各种形式的合作等手段来增加信誉资本。在企业发展初期，使用这种虚拟信誉资本有一定作用，非常时期使用非常手段人们也能理解。但要注意的是，这样建立的信誉资本既然是虚拟的，那么如何将这种泡沫实化就是下一步工作的重点，否则泡沫破裂后会引起一系列后遗症。

作为一种无形资产，信誉资产只能使用评估的办法来测算。国际上通用的对商誉的评估办法用来评估信誉资产会有一定的局限性。如已倒闭的百年老店，在其倒闭破产时，使用常用的评估办法，其资产已所剩无几，商誉更可能不在账上。这无法说明数十年后，老店重新开张的事例。我们只有使用另外的方法来评估其信誉资产，才能正确解释此现象。

我们还可以看到信誉资产与一个人（或组织）的资产有关。这就是说：一个再正直、善良的乞丐，其信誉资产再多也多不过一个碌碌无为的富翁。这就是为什么在经济活动中，诈骗犯常常要制造很多假象来让你相信其很有实力。当然，一个人的信誉资产是可以远远大于其净资产。这并不奇怪。在现实中，一个信誉好的人是可以通过向许多人借贷即置换信誉资产而拥有超过自有资产的创业资金的，如果算上透支的信誉资产，他借贷的金额会更大。

## 信誉资本的作用

最有效的资本就是信誉，它 24 小时不停地为我们工作，它在任何一个角落为我们工作。

**1. 企业信誉可以给企业带来“超额利润”**

“信誉资本”的市场增值潜力，随着企业经营信誉的积累与提升而不断扩大，甚至能够超出有形资产的市场价值。“可口可乐”是一种知名品牌信誉，其 CEO 曾经说过，如果“可口可乐”公司不复存在，只要凭借“可口可乐”的品牌信誉，就可在很短的时间内重新崛起一家新公司。高质量的产品可以得到一种高于边际生产成本的额外奖励，这种奖励同时还是促使高质量产品的卖方维持其信誉的必要手段。在形式上，它似乎是一种超额利润，但如果考虑到高质量的企业为建立信誉进行的初始投资，那么这种额外奖励实际上是企业信誉投资的利润。

**2. 信誉本身就是竞争优势**

信誉是竞争主体最强大的资本，最良好的形象，最无穷的魅力，最长远的利益，最高明的策略。良好的信誉能够帮助企业赢得竞争，而企业也必须凭借信誉才能赢得竞争。市场竞争是逐渐展开的，从价格竞争进到质量和服务竞争，再进到技术竞争，最后到信誉竞争，竞争在不断加强和提高。前者是单方面的竞争，后者是综合竞争；前者是一时的竞争，后者是长期的竞争；前者是物质技术竞争，后者是精神文化竞争；前者是低层次的竞争，后者是高层次的竞争。价优、质量服务好、技术先进未必就信誉好，但信誉好必须价优、质量服务好、技术先进，缺少哪一项都未必信誉好。所以，市场竞争归根结底是信誉的竞争，没有信誉的竞争只能是局部的竞争、一时的竞争、物质技术的竞争、低层次的竞争，最终没有形成真正的竞争。市场经济是一种竞争经济，在市场竞争中，人们都愿意选择信誉好的合作伙伴，而不愿同信誉差的交易主体打交道，有信誉者才有竞争机会，无信誉者无竞争机会，市场竞争优胜劣汰，核心之一就是信誉好者胜信誉差者汰，激烈的市场竞争迫使人们去建立良好的信誉。因此，竞争产生信誉，竞争需要信誉。市场竞争是利益的得失变更，是生死存亡之争，在此严峻考验面前，方显信誉本色。竞争是考验信誉的试金石，真正的信誉是竞争的信誉，处在竞争中。信誉高于竞争重要于竞争，竞争应服务服从于信誉，竞争是为信誉而争，竞争应在信誉的统帅指导下进行，不能脱离信誉而竞争，不讲信誉的竞争是恶性竞争，是不正当竞争。

**3. 企业信誉是交易的保障**

现代社会被称为“匿名社会”，因为现代的社会运行节奏加快，人们的交际面扩大，人与陌生人进行一次性交易的可能性越来越大。信誉资本在这种条件下似乎不重要。造成这种现象的原因并不是信誉本身的问题，而是信息不对称的问题。信息不对称对交易双方来说，拥有信息少的一方自然处于劣势。如果这种不对称加大的话，劣势的一方往往被迫就范。在信息不对称条件下，信任可以看成是一种风险，一方所承受的风险取决于另一方的行为结果。接受这样一种风险的决策就意味着信任。在社会经济交换过程中，当一个企业总是违约或欺骗时，其他潜在的交易者也会对其避而远之，对违约的惩罚演变成为一种社会行为。反之，那些在交易中总是以诚相待的人则会赢得“值得信任”的美名。这种赢得他人信任的能力也就是我们所说的信誉。企业实际上是不同个体之间的复杂的契约交汇而构成的一种法律实体。在这种法律实体中，契约的有效实施离不开信誉保障。

# 第七章

## 企业的环境形象

企业的环境体现了企业的个性特点，是企业的一种外在形象。企业环境是企业生存和发展的最基本条件。一方面，要能适应外部环境，使其积极因素作用于企业，促进企业形成良好的小环境；另一方面，要搞好内部环境，如企业的工作环境和生活环境，以良好的小环境促进大环境的改善。

## 企业环境形象概述

环境是人类赖以生存与发展的空间。这个空间，大至整个自然界和社会，小至一居一室。通过企业形象识别系统的开发，创造出富有企业特性风格的美的环境形象，有特别重要的时代意义。

环境分为广义环境和狭义环境。广义环境是指一个国家、一个城乡、一个自然景区的总体环境；狭义的环境则是指一个地区、部门、企业、场所和员工生活及工作环境。

拿企业的工作环境来说，对于每一个员工，工作环境就是他们的岗位环境，工作岗位通常根据工作性质和任务的不同而有不同的办公设施，根据技术工艺过程的要求装备相应的设备装置与工具。许多工作岗位组合起来就是一个生产班组或营业柜组，一个工作人员一生中 1/3 的时间是在工作岗位即工作环境中度过的，因此恶劣的环境，容易使他们把工作看成是一种极大的负担和折磨。

如果把每个员工都看成有思想的人，而不只是一双会干活的手，我们就会发现，企业不仅是员工挣钱来养家糊口的地方，而且还是他们创造自己的人生价值、实现自己人生意义的奋斗场所，更是员工共同的生命之舟。

企业环境是人创造的，但环境反过来会以一种无形的力量影响到人的行为，影响到他们的精神风貌、行为模式、工作态度、人际关系、工作质量和数量。

环境对人的影响作用，是通过光线、颜色、声音、物体的外形对人的视觉和听觉乃至整个感性系统的刺激，这些刺激因素结合起来引起的感觉在人的思想中与多种观念联系在一起，形成人对客观环境中的事物和现象的评价态度。

对社会公众来说，企业环境是他们认识和识别企业形象的窗口，优美的企业环境，能给外部公众留下企业管理水平高，企业有内在活力和蓬勃生机，员工精神风貌好的深刻印象。在外部公众看来，一个脏乱不堪、秩序混乱的企业是没有能力生产出高质量的产品，没有可能提供优质服务的，因为在这样的环境中的领导和员工是不会有责任心的。

顾客看重的是商场环境，因为他们要在商场选购商品；企业的协作者、竞争者、投资者、产品用户则看重生产环境，因为他们要了解这个企业到底有没有活力和发展前景。企业环境如此重要，因为它是环境中活动主体的价值观、行为方式、精神风貌的象征，是主体意识的生动反映和再现。

随着企业间竞争的日趋激烈，竞争内容的外延和内涵的不断扩大，通过一种独特的环境来吸引社会公众，是企业形象识别系统中 VI（视觉识别）的重要任务之一。

企业环境形象是企业内外生产和生活条件的建设和总体展现。

环境对于人的影响力历来是很大、很深、很久远的。一个优美的环境，不但能影响与改变人的心理状态，变厌恶为喜欢，变冷漠为热情，变懒惰为勤奋，变消极为积极等，而且还能影响与改变人的情绪、兴趣、意志与信心等。而人心理等状态的不同，往往决定着一个厂家或企业的命运。因为人构成企业的主体，是企业生命力和活力的终极动力，没有人的奋斗和努力，企业的生存发展就失去了保证和活力。

要创造有吸引力而又优美的环境，就要精心地设计、布局和美化环境。设计要切合工厂企业的实际，切合企业的生产经营特点和产品性质，布局要合理，做到主次相宜、疏密相宜、色彩相宜、明暗相宜。

中美合资的北京吉普汽车有限公司，在开业伊始，美方管理专家到厂后抓的第一项工作，就是厕所改造。他们的这一举措当时曾使不少中方人员不以为然，可是美方专家坚持一抓到底，为什么？美方专家以为：如果一个企业连厕所都管理不好，还能管好生产、管好设备、管好产品质量吗？环境形象问题绝不是一件小事。

北京吉普汽车有限公司提出了打造绿色工厂的理念。行业人士共知，汽车生产过程中的涂装工艺是主要的污染源，如涂装工艺的前处理、电泳、喷涂等工序在生产过程中产生大量的废水，产生的污染物有COD（化学需氧量）、BOD（生化需氧量）、SS（水质中的悬浮物）等。为此，公司在喷漆车间的建造设计中，建成了处理能力达35吨/小时的水处理站，该处理站通过物理化学及生化方法去除水中二价离子，降低COD、BOD、SS、石油类污染物的排放。同时，接纳发动机及铝件清洗废水，使生产中的污水全面实现了达标排放。另外，为了控制可能导致的大气污染物的排放，公司在厂区建设中也采取了行之有效的措施：如在涂装烘干段采用RTO焚烧炉、职工食堂安装了油烟净化器等，这些细致入微的设计都起到了有效控制烟尘、减少污染物排放的效果。他们认为，尽管这一举措让公司支付了高昂的成本，增大了企业经营发展中需要消化的负担与压力，但这种坚持却意义深远，它不仅具有了世界级汽车制造工厂的胸怀，也是一个优秀企业的社会责任感最直接、最有效的体现。

环境形象总体上可分为工作环境、生活环境、企业外观环境和社区环境四个大的方面。具体地讲，企业环境包括五个方面：一是厂区的绿化、美化；二是生产车间内部的整洁有序；三是厂区的各种有创意的雕塑、装饰、点缀设计；四是企业建筑群落的艺术风格和特色；五是厂内的废水、废气、废渣的治理情况。

企业的工作环境是企业外显性视觉对象的重要内容之一，是企业外在形象的重要因素之一。环境形象的建设和美化是企业公共关系工作的重要任务。

## 环境审美心理

人类本能是自然界长期发展的产物。人类特有的能动性，就在于它富有能动的创造力。人类不仅可以创造自身赖以生存的物质生活资料，而且还可以创造人类的第二自然。

人造自然不是自然的再现，而是给大自然留下许多属于人类创造的新的物质形态。人可以再现大自然中本来已有的东西，如厂区环境的绿化、美化，也能够创造大自然中本来没有的东西（当然，创造所用的材料可能部分来自于大自然），如企业的建筑群落、雕塑点缀等。在特定的意义上说，人造环境美较之于自然美，有着更集中、更典型、更优美的性格和特征。

人类为了自己的工作、生产和生活，在享受大自然给人类的自然美的同时，还通过其主观能动性，在头脑里和物质上创造出社会美、艺术美，人的劳动条件、劳动资料、劳动产品，都在历史发展过程中遵循美的规律而不断地被创造、更新、发展。

美是人的本质力量的对象化。这里讲的人的本质力量，是指人的一切思维、感觉、实践能力的总和。人们在自己的生产、生活实践中，将自身力量施加于对象之上，并使经实践加工和改造过的对象，变成显示人的本质力量的物质载体。人所创造的“产品”，即经过人加工和改造过的对象，就成为证实人的本质力量的现实了。比如企业的建筑群落，是人所创造的人工环境，建筑物的风格、雕塑装饰的特点、绿化美化的技巧，将会从总体上反映出企业的价值取向、精神风貌，从而展现企业人的本质力量。

一方面人创造着体现和显示人的本质力量的对象，另一方面人的本身也得到了相应的改造和提高。这就是主体与对象“交互作用”。主体在实践过程中，既改变了对象，同时也改变着自身，并且相应地改变了主体与对象的审美关系。在一个优美环境里工作的员工，会有一种美的愉悦感，企业的每一个建筑设施，每一个车间环境，每一处绿化带，每一个雕塑群，都会给他以振奋的感觉，使他得到美的享受，从而更深地理解工作和劳动的意义。人创造环境，环境又反过来塑造人。

环境美给人的美感主要表现为：主题感、广安感、繁简感和生命感。

主题感直接关系到如何追求与选择主题，关系到环境美的存在价值。

大凡一个美的环境，多半都有一个主题，大环境有大主题，比如企业的厂区；小环境有小主题，比如车间工作地。大小环境中的局部，同样也各有一个主题。环境美的主题，也就是环境美的中心内容。一个企业，由于价值取向、产业性质、员工素质的不同，环境主题也不同。一个高科技企业，各方面的环境设计都能显示出一种现代工业文明的意韵，而一个涉外星级宾馆，环境设计上则更要考虑到其国家形象。主题是环境美的灵魂，主题感是环境美的第一美感表现。

广安感是广阔和安定感的统一。一处优美的环境可以看做是一幅成功而巨大的艺术、绘画作品。环境不论是以西方数学协调为主调，还是以东方情调协调为主调，都要致力于使企业工作环境成为一个情感亲切、富有活力、庄重稳定的统一体，正是这个统一体，富有并且给环境中的人以广阔和安定的美感。广阔感，在客观上具有一种壮阔、开朗、明快、向上的特点；而安定感，在客观上具有一种平稳、轻松、明净、流畅的特点，它能给人以安适、温暖、可信赖的感受。

繁简感是环境美的又一表现形式。一个美的环境，不仅要给人以繁荣感，而且要给人以简洁感。繁荣感给人一种欣欣向荣、生机盎然的感觉，给人以繁荣、富足和憧憬的美感享受，以及饱满、旺盛、积极的进取精神。简洁感主要是指环境内各内容的结构、布局、设施等简洁而干净的状态。简洁感之美，就在于清淡、优柔、闲适、贴切、自然。在繁荣中求简洁，则繁荣更加繁荣；在简洁中求繁荣，则简洁更加简洁，这正是环境美的创造设计者和鉴赏享受者所期望达到的效果。

生命感是环境美真实性的表现。它主要指环境能给人以某种感化作用，即能给人以某种震撼、暗示和启迪，给人以某种思考和追求。这种思考和追求实际上也就是一种精神力量。这力量既来自自然，为人所认识、所把握，又来自人工设计，即人把人的智慧转化为环境美。前者是自然的人化，后者是人化的自然。

以生命感创造环境美，能赋予环境美以生命；以生命感捕捉环境美，则环境能给人以生命美。一个人在一个有生命感的环境里生活和工作，就会获得有生命力的美感享受。如果工作环境杂乱、无序、阴沉、肮脏，就会使人感到一种生命受压抑和被窒息的无形力量，很难使人们热爱本职工作，做好本职工作。

## 环境的力量

环境是一种无形的力量。

美国美洲银行总部的会客大厅，会令每一个来访者受到强烈的震撼。这个会客厅足有一个足球场那么大，铺满了昂贵的红地毯，但偌大空间，仅在会客厅的一头摆了几排沙发。强有力的空间感，足以使来客留下“这是家实力雄厚的大银行”的印象。

环境在人们的交往过程中，往往会产生出人意料的作用。环境所营造的气氛能够形成一种感染力，改变人的精神状态。

在当代社会，环境所带来、产生的力量更加具有冲击力。心理学家认为：懂得运用环境力量的人，能把事件不知不觉地引入他所希望的状态。当他想和朋友们指点世事、挥斥方遒时，那么站在高楼上，俯瞰着大都市，自然而然就会进入期望的心境；当他想和好友倾诉心中的秘密，在一个烛光摇曳、半明半暗的环境中，就会感到顾虑全无；当他想和对方达成一个严肃的契约时，可选择一间庄重典雅的房间，以使得双方的态度倾向于郑重；当他想说明一件尴尬的错事时，轻松融洽的酒吧或茶座环境是再合适不过了；当他试图促使对方尽快作出决定时，选择拥挤的街头、汽车、电梯中，往往会收到意想不到的效果。环境是人的世界的背景，环境就是人的心态，环境的力量无所不在。

企业厂房车间、办公室、接待室、会议室、商场庭院、商场大厅、商场柜台的陈设、周围的光线、门窗的方向、墙布的颜色等，都对企业环境形象有着特别重要的意义。先以商场环境为例。

⑴ 店面装修设计

店面装修不能只求豪华，而要根据自己的实际情况，结合经营内容和特点以及环境条件，力求简洁大方、布局和谐，识别性强，并适当运用材料的质感、色彩和灯光效果，注意以典雅整洁的店容店貌，给人以新颖独特的印象。还可以大胆地将橱窗展览替换为大型透明玻璃，使顾客透过橱窗，对店内装饰、商品一览无余，以增强吸引力。

⑵ 展卖空间设计

现代商场展卖形式已改变过去封闭的布局，销售商品多为开放型、自由挑选的，这种布局无疑极大地方便了顾客，这是售卖方式由被动变主动，经营观念转向以顾客为中心的重大变革。有些商场货区规划不当，出租柜台挤占流通空间，商品摆设拥挤不堪，使顾客很难有心境耐心挑选商品。

设计合理的大中型商场，人行主通道最少应是 3~5 条，支流货区通道宽度也应不小于 2~3 米，使顾客有挑选商品的回旋余地。

⑶ 室内景园设计

室内景园美化，可起到移植自然景观，带来室内空间隔断、转换、渗透、过渡等作用。在商场空间点缀花草盆景、雕塑装饰、美术作品，配备休息坐椅，会收到更好的环境美化、个性化、风格化效果，更利于顾客对商场的环境识别。

以工业企业为例。

(1) 车间工作地点

车间工作地布置，是指对车间各基本工段、辅助工段、生产服务部门、设施、设备、仓库、通道等在空间和平面上的相互位置安排。合理布置工作地，对组织生产活动、管理人员的工作繁简、工人生产情绪的高低都有很大影响。

车间工作地布置的好坏，实际上决定了员工直接工作环境的好坏，是工业企业内部环境设计的重要任务和目标。

合理布置车间环境的要求：①按工艺流程布置设备、工段和工作地，生产对象在加工过程中路线最短，避免倒流；②合理利用生产面积，设备布置紧凑，各纵横跨区内布置的工段和生产线总长度相等，不留死角；③合理安排通道，物料进出方便，符合工艺流程的要求；④安全可靠。

色调、采光、照明、通风、取暖、卫生、防噪声等因素都要考虑到；⑤合理布置更衣室、卫生间、休息室等生活设置。

(2) 厂区环境布置

厂区环境布置的主要内容应该有：厂区建筑群落的布局合理，厂区内道路宽畅洁净，厂区大路两旁有鱼池、水塘，各种草木花果繁茂，每个车间旁的空地上都开辟有员工体育锻炼场地，并设置了单双杠等体育器械，厂区内有亭台、假山，使人走进厂区，仿佛走进了公园，体验一种美的感受，从而增强敬业精神。

人总是在特定的环境里生活的，现代化的工业生产，更需要现代化的环境，我们把一个工厂、公司企业环境的设计、布局与美化称为区域优美。这个设计、布局、美化符合不符合美的要求，是否有利于人的活动，是区域优美的关键。我们还把这个区域环境是否有特色，是否能充分显示企业个性特征，看作是当代企业环境是否优美的重要标准。

从共性上来说，优美环境对主体的作用是巨大的。也就是说，人生活和活动于某个企业环境之中，感不感到舒适、轻松、愉快；觉不觉得心旷神怡、乐而忘返；能否体会到比花园还美、比家庭更温馨，是环境美与不美的衡量尺度。而生活与活动在优美环境中的员工，如果真能感受到环境的美，体验到环境的温暖和舒适，必然会产生爱厂如家，爱产品如生命的感情，使得他们在轻松、愉快的氛围与环境中充分发挥自己的潜能，创造一流的工作业绩。

对于一个工厂企业来说，其优美环境主要是指本厂、本企业范围内大环境的设计、布局和美化。这种大环境优美的主要功能在于从全局调动人的真实感情。世人都爱家，一个人从某种意义上讲是为家而生存，为家而奋争的。一个企业若能调动每个人爱厂如家的情感，员工就会将爱家之情移植和转化为爱厂之心，就会把自己的前途命运同企业的前途和命运联结在一起。

当一个企业的员工将自己的命运和企业的命运结合在一起的时候，这个企业就将是所向无敌的。我国的许多企业，强调工人的主人翁地位，十分重视布置厂区环境，使工人走进厂区，就置身于赏心悦目的环境之中，从而更加热爱本职工作，产生以厂为家的感情。

环境是一种无形的力量，是一种吸引力，吸引内外公众向往企业，产生凝聚力；环境还是一种感染力，它能使内外公众通过优美环境产生一种愉悦的感情，增强他们的奋斗精神；环境还是一种诉求力，它准确无误地向公众展示了企业的独特风格和追求，它能使公众深刻体会企业的理念和内在精神。

正大青春宝药业集团的前身是杭州第二中药厂，在几十年的办厂过程中，十分注重研究企业管理环境，并花很大力量来不断改善管理环境，使企业管理在一个良好的人造环境里进行。这个厂从三个层次来改善空间环境。第一层次是自然空间。该厂在杭州西郊的桃源岭下，山清水秀，为建立良好的企业管理环境提供了一个有利的自然空间条件。在厂区内，经过十几年的艰苦奋斗，整个工厂建成了一个像大公园似的中药生产基地。第二个层次是生产车间。每一个生产车间里，工厂与宽大的走廊是用双层大型平板玻璃的轻型钢窗隔开，配备空调设备。车间是封闭式的人造环境，再加上一台台自制的色调和谐的设备，洁净明亮，令人赏心悦目。第三个层次是职能管理部门，如电脑中心、质量检验中心等处，长廊地面的彩色水磨石经金线勾画，落地大型玻璃窗与红色的地毯浑然一体。该厂通过建立优美、清洁的工作空间环境，使职工保持了最佳精神状态，并自觉遵守管理制度，形成了文明生产的良好秩序，提高了工作效率。

## 【案例】中华二厂：打造优质环境，以人为本

深圳中华自行车（集团）股份有限公司二厂，以优美的企业环境而著名。一进中华二厂，就会看到五栋厂房回环而成的生产区内，由喷水池和绿地组成的园中园。厂房采用天井式建筑，从下向上望，很像深圳国贸大厦的大堂。

走进天井两侧车间厂房，只见悬挂着轮胎、车架的流水线旁满眼草木葱茏，翠绿欲滴。厂房外墙瓷砖挂面，大堂内装修大理石楼梯、地面，

垂挂着半房高瀑布似的吊灯。一幢主框架同长方形花岗岩砌成的十几层大厦是公司的办公楼。正面、背面均是具有时代感的玻璃幕墙。台湾利奇公司董事长看了这个工厂后感叹道："这是我一生走遍世界所见的最大、最新、最漂亮、最现代化的自行车厂。"

中华自行车（集团）股份有限公司是中、港、美三方合营的中外合资企业，企业管理层的经营理念是："要让别人知道，中国的企业是最优秀的，中国的产品是最优秀的，同时向全世界宣告中华民族也是最优秀的!"他们提出，绝不满足于世界自行车出口第二的荣誉，不但要建设全世界最大的自行车生产厂，而且要真正做到生产美的产品，创造美的工作环境，建设一个世界一流的企业。

为使员工在生产生活中感到舒适满足，中华集团决定将环境设计引入到管理系统工程和管理思想中去。

在南方，夏天时间长，阳光强烈，工人在干活时最讨厌阳光斜射进窗户，下雨时天气凉爽，可是必须关窗，不然雨就要打进去，关窗户又造成车间内闷热。为了防晒，许多工人在玻璃上贴纸，刷油漆，形象很丑陋，也影响厂容。

再设计窗户时，中华二厂将以上问题都想到了。采用了遮阳式窗户设计，窗户深深凹进墙里半米深，阳光斜射不进去，刮六级风不用关窗，既减少了热量又保持了通风。

走进中华二厂，厂房顶上有用玻璃钢材料做成一个个小天井式的窗户。这种窗户既采光又隔热，由于不用开灯，也就减少了热源，虽然天井式窗户比一般厂房房顶增大了开支，但节省的电费算下来也就合算了。

在厂房环境设计上，在设备的选择上，"中华博采众长"，哪国的设备优秀就选哪个，哪个有利于工人的健康就采用哪个。焊接需要排出废气，焊接车间比其他企业同类车间的高度提高了两米，为此多投入70-80万元。

喷漆车间采用世界最先进的全封闭式雾状喷漆，喷漆工人被完全与加工的零配件隔离，而且还安装世界最先进的排污设备。"园中园"把喷漆车间包裹起来，不仅美化了厂区环境，而且减少了喷漆车间的环境污染。

为了让员工尽可能感到舒适卫生，他们为员工建造可容纳1500人的单身宿舍楼，每人配有一张统一制作的可供学习的小桌、一张床和一个小柜，宿舍整洁得像军人的营房。

全国人大、国务院环境执法检查团在观察了这座被人称为“园林式工厂”的公司厂区后，对该厂环境和环境投资，给予了高度评价。检查团团长欣然命笔，留下了十六字赞誉：“美的思路，美的产品，美的环境，美的前景。”

## 企业环境识别系统

企业环境是独特的、有鲜明个性的。有100家企业，就有100个企业面孔。环境的个性化是企业形象个性化的要素之一，也是企业形象识别的“VI”所着重研究和开发的内容之一。

**1. 企业环境识别系统的开发领域**

企业环境识别系统的开发领域应包括以下几个方面：

(1) 企业门面设计

这里讲的企业门面设计是从“VI”角度出发，而不是从建筑和装饰设计的角度出发。企业门面设计与装饰应能从企业自身特点出发，做到新颖、独特、醒目、美观。特别要注意显示出企业的鲜明个性特征。

(2) 企业招牌设计

企业招牌是企业名称的载体。其统一的名称、字体、结构、色彩、组合都会给公众以强烈的个性冲击，留下难忘的印象。这里讲的企业招牌不仅指门面招牌，而且包括厂区路牌、指示牌、办公室指示牌、车间内的各种标牌。

(3) 企业的建筑物设计

“VI”中的企业建筑物个性识别设计要考虑到建筑物的外观造型、建筑物的橱窗、建筑物的内部装饰布置三个方面。总体要求是个性特征强，有易于识别的特点。

(4) 企业展示场地设计

展示场地主要指产品展示厅、厂史展览陈列或企业荣誉室。布置企业发展史、产品样品、主要业绩成就的艺术性展示，以显示企业的实力与水平，增进公众对企业的了解。

(5) 企业象征物设计

企业象征物是指在露天或室内展示的代表企业个性的雕塑、点缀、吉祥物设计，也包括含有强烈个性冲击的广告牌和立体、实物广告设计。

**2. 企业环境与企业社会责任**

当代企业除了建立以人为中心的经营理念之外，还必须具有较强的环境保护意识，这是企业应该承担的社会责任之一。

同世界上许多国家一样，我国也存在着日益严重的城市环境问题，尤其是大工业最集中的城市，环境污染问题日趋严重。

我国城市的污染物有很大一部分来源于工业污染源。大气污染是城市的主要环境问题之一。我国大多数城市由于历史的原因，工厂与城市居民区犬牙交错，彼此穿插，使城市居民经常处于工业污染的影响之下。一是工业废气排放，二是工业废水排放，三是工业废渣倾倒，四是绿色植物被破坏。

构成自然环境的基本要素有光、热、土、气、动物、植物，以及这些自然要素与人类长期共处所产生的各种依存关系。自然环境的功能主要表现在两方面：一方面，它是人类生存与发展的终极物质来源；另一方面，它承受着人类活动产生的废弃物和各种作用结果。一个良好的自然环境是人类发展最主要的前提，同时也是人类赖以生存、社会得以安定的基本条件。

环境不仅是一个自然科学概念，而且还是一个经济学概念。生态环境是一种为人类提供各种服务的“资产”。这是一种特殊的资产，因为它提供生命支撑系统以维持人类生存与发展。如果人类盲目破坏生态环境，例如滥伐森林、过度放牧、环境污染，这等于环境资产流失；相反，人类自然保持生态平衡，保护环境，例如整治国土，植树造林，建设草场，治理污染，这相当于环境资产增值。

环境能够直接为消费者服务，是一种“公共财产”（或称公共物品）。这是一种特殊的商品，因为它能够为每个人所消费，并极易接受和获得，具有非排他性和非竞争性。例如，清洁空气、干净水流，每个人都能轻易获得和享用，每个人的享用都无法排除。所以，公众很容易形成“免费搭车”的心理，谁都不想治理环境，却都想享用“免费”的环境资源，从而产生社会悖论。

作为群体的理智选择以及整体的长期利益，是维持资源的再生，实现合理的永续利用；作为个体的理智选择以及个人的短期利益，却是尽量多地占用公共资源。每个人都可能想，即使自己不多占用，别人也可能多占用，即使自己多占用一点，也不会对整个资源有根本的影响。当群体的理智与个体的理智相互矛盾，或者短期利益与长期利益相互矛盾时，就会出现社会悖论。社会悖论的结果是，当每个人都采取优越策略时，却会导致灾难性的社会后果，即生态破坏与环境污染。由于生态环境是公共财产，一旦破坏，就会导致每个人的利益受损。

1987 年，世界环境与发展委员会提出采用持续发展的总原则是：“今天的人类不应以牺牲今后几代人幸福而满足其需要。”这个原则已被广泛接受。

强调企业环境的绿化与美化，实际上就是基于对人类生存环境的保护这个大课题而言的。今天，保护人类生态环境，为子孙后代造福，已经成为优秀企业的重要理念。

我国历史上一直比较重视生存环境的绿化和美化。所谓“堂虚绿野犹开，花隐重门若掩”。“杂树参天，楼阁碍云霞而出没；繁花覆地，亭台突池沼而参差”，“远峰偏宜借景，秀色可餐”，等等。都说明了古人对绿色的重视，用绿色来美化人们的生活。

把大自然的风采浓缩在庭院里和厅堂内，便形成“无形的构成诗，立体的画”，能寄托和陶冶人们的高尚情操。

到了现代，作为环境艺术主体的建筑，忙于解决复杂的工程技术问题，而对于艺术问题难以顾及，大批高层玻璃方盒子建筑拔地而起，造成许多人工峡谷，阳光被阻挡，巨大的物质尺度压抑着人心。人与自然越来越远了。要求重返自然、与自然接触的呼声越来越高。

1967 年，美国建筑师波特曼首先在亚特兰大海特摄政旅馆设计了“中庭”。各层客房围绕着一个带有玻璃顶棚的多层大厅，引进阳光、绿化、水体、石头及生物到室内，创造了一个富有天然胜地气氛的“共享空间”。绿化是中庭的最富美感的因素，再加上阳光普照，流水潺潺和鸟语花香，满足了现代人在室内也希望接触外界自然环境的要求。

花卉、树木、山石、流水，这些自然物无须修饰雕琢，就会以它们的自然魅力使人赏心悦目，给人以亲切爽适的美感。

现代的大型商场往往是高层建筑。室内绿化还有调节气温、湿度、减少噪声、净化空气的作用，并为顾客提供了在商场内享受自然景色的休憩、观赏的场所。

高层旅游饭店利用裙房屋顶错落层次，开拓人造花园，形成空中绿化。利用建筑物立面广植攀藤植物的垂直绿化，也能起到装饰和美化饭店建筑形象的效果。

20 世纪 90 年代红极一时的郑州亚细亚商场，正是以其独特的店堂绿化美化设计在众多商场中脱颖而出的。商场内部为天井式结构，地下、地上一至五层为营业大厅，六楼为酒楼、餐厅、娱乐场所和廊亭绿化组成一体的屋顶花园。一楼大厅内，有丛丛棕榈、叮咚流水和朵朵太阳伞装点的咖啡厅。每层楼中间的天井四周，摆满鲜花，商场绿化工作做到三季有花，一季有果，四季常青，从而吸引了中外游客，使亚细亚不仅是购物的地方，而且成为了当地一大著名景观。

绿化美化总是离不开水的作用。现代建筑，周围不一定有优美的花园风景，更需要在室内设计象征外部自然风格的庭院、绿化、山水等，使厅堂内洒满阳光，绿荫丛丛，流水潺潺。

绿化与水的审美作用，主要表现在美化、软化环境。绿化与水的富有活力的千姿百态，以其丰富、活泼的形态、色彩，生动的自然美与人工制成的简洁空间、设备、办公家具等形成鲜明对比。它能克服建筑与设备的方正设计所导致的生硬的冷漠感，使公众产生亲切温暖的心理，同时，绿化和水也能改善大空间巨大尺度所引起的人们无所适从的压抑心理，从大天地中找到自己的小天地。

水池、喷泉、小溪、瀑布等室内水体，晶莹透亮、喷珠泻玉，令人神往，以形态多变、性格鲜明的特征引人联想。明镜似的水池清澈见底，给人以宁静平和的感觉；飞珠溅玉的喷泉，气氛欢快，给人以振奋激荡的感觉；奔腾而下的瀑布，气势磅礴，更令人心旷神怡，浮想联翩。

从 VI（视觉识别）设计的角度，企业环境的绿化和美化不能千篇一律，而要显示独到的个性特征。只要在设计时遵循独创、新颖的原则，绿化和美化就会从一般意义上自然景观改造或塑造成为某个企业的形象景观。强调差异，避免雷同，是 VI 设计的灵魂。上海华亭宾馆大门外的瀑布水景与大厅内无数支喷泉，使得现代化建筑生机勃勃，华光四溢；广州白天鹅宾馆中庭“故乡水”的设计，成了宾馆大厅的主景，带有鲜明的“白天鹅”个性；山东济南齐鲁宾馆底层咖啡座，通过条状绿化与走道分隔，非常贴切自然；日本大阪皇家旅馆门厅，将水从室外引进室内，门厅内出现蜿蜒的小溪，潺潺流水从室内流至室外庭园水面，成为一个别有趣味的旅馆门厅，显示了皇家旅馆的独特风格，给人留下了难忘的印象。

# 第八章

## 履行社会责任，提高企业形象

企业的社会责任是一种企业精神。它是指在组织企业经营过程中关心整个社会的进步与发展、为社会多做贡献的境界。企业只有切实履行社会责任，才能得到公众的好评，使自己获得更大、更长远的利益。这就要求企业积极参加社会公益事业，支持教育、文化、社会福利、公共服务设施等事业。通过这些活动，在社会公众中树立企业注重社会责任的形象，从而提高企业的美誉度。

## 企业社会责任的本质

企业社会责任这一概念最早于 1924 年由英国学者欧利文·谢尔顿提出，其基本含义是指企业应该为其影响到其他实体、社会和环境的所有行为负有责任。事实上，企业社会责任的概念自其诞生之日起就饱受争议，褒贬不一。

**1. 企业社会责任的古典观和社会经济观**

人们开始认识到仅仅把利润最大化作为企业的唯一目标是不可取的，企业还应当对社会其他利益相关者负责，并由此引发了 20 世纪 30 年代著名的伯尔和多德以“董事对谁承担义务”为主题的激烈论战。随后，对企业社会责任的不同认识逐渐形成了两种相对的观点，即古典观和社会经济观。

(1) 企业社会责任的古典观。

古典观的最重要倡导者是 1976 年诺贝尔经济学奖获得者、美国经济学家米尔顿·弗里德曼。弗里德曼认为，在自由企业制度中，企业管理者必须要对股东负责，而股东想尽可能多地获取利润，因此，企业的唯一使命就是要力求达到这一目的。当管理者将企业的资源用于社会产品时，可能会破坏市场机制的基础。企业承担社会责任，生产社会产品，实际上是一种资源的再分配，有人必须为这种分配付出代价。如果企业的社会行为降低了利润和股利，也就是说，企业管理者在未经股东许可的情况下把股东的钱花到了公众利益上，那么股东将遭受损失；如果企业通过降低工资来消化企业社会责任行为的成本，那么员工将遭受损失；如果企业通过提高产品或服务的价格来补偿其从事社会活动的花费，那么顾客将遭受损失；最后，如果市场不接受更高的价格，销售额将大幅度下降，那么企业也就不能生存，结果只能是企业的全部组成要素都将遭受损失。因此，企业承担社会责任将使其成本增加，从而在激烈的市场竞争中处于不利的地位。更重要的是，弗里德曼指出：当企业管理者追求利润以外的目标时，他们实际上是将自己置于非选举产生的政策制定者的地位，而他们并不具有制定公共政策的专长。

（2）企业社会责任的社会经济观。

针对古典观的观点，社会经济观明确主张企业应自觉地承担起社会责任。持社会经济观观点的学者认为：时代的变化使公众对企业的社会预期发生了改变，而企业的法律形式就是对此最好的说明。在美国，企业要经过州政府许可才能成立和经营，同样，政府也有权解散企业。因此，企业已不再是只对股东负责的独立实体了，它必须对建立和维持他们的社会负责。在社会经济观论者看来，企业管理者应该关心其长期的资本收益最大化。为了实现这一目标，企业在创造财富、追求利润最大化的同时，还要承担起对政府、对员工、对消费者、对社区和环境的社会责任，包括遵守法律、法规和商业道德、注重生产安全、保障职业健康、保护劳动者的合法权益以及保护环境、节约资源、支持慈善事业、捐助社会公益、保护弱势群体和倡导良好社会风气等。

“一个好的企业能为顾客提供优秀的产品和服务，而一个伟大的企业不仅能为顾客提供优秀的产品和服务，还竭尽全力使这个世界变得更美好。”这是在2005年的中国第五届福特汽车环保奖上，福特汽车公司现任董事长兼首席执行官比尔·福特致辞里的第一句话。作为历史最为悠久的汽车企业，福特公司一直在追求企业与社会的和谐发展，而严格遵守企业的社会职责是这家企业成功的经验所在。

**2. 企业社会责任的内涵与外延**

尽管企业社会责任问题已经越来越多地受到企业界和理论界的关注，但是由于其含义本身的模糊性，加之不同学者研究的视角不一样，因此，有关什么是企业社会责任目前还没有统一的定义。下表列出了西方学者对企业社会责任定义的不同看法（表8-1）。

表 8-1　西方学者关于企业社会责任定义的主要观点

| 时间 | 代表人物 | 主要观点 |
| --- | --- | --- |
| 1924 年 | 谢尔顿 | 把企业社会责任与经营者满足产业内外各种人类需要的责任联系起来，并认为企业社会责任含有道德因素在内。 |
| 1963 年 | 迈克·伽尔 | 社会责任的观念意味着企业不仅具有经济和法律的义务，而且还具有某些超出这些义务之外的对社会的责任。 |
| 1975 年 | 塞斯 | 社会责任暗指把企业行为提升到这样一个等级，以至于与当前风行的社会规范、价值和目标相一致。 |
| 1979 年 | 卡罗尔 | 企业社会责任囊括了经济责任、法律责任、伦理责任和慈善责任。 |
| 1985 年 | 霍德盖茨 | 社会责任是指企业为了所处社会的福利而必须关心的道义上的责任，要对不同集团承担特定的社会责任，这些不同集团主要有股东或业主、顾客、债权人、员工、政府、社会。 |
| 1998 年 | 维尔翰 | 企业具有超出对其业主或股东狭隘责任观念之外的替整个社会承担责任的观念。 |

但是，许多经济学家认为阿奇·卡罗尔关于企业社会责任的定义相对来说更加全面、合理。阿奇·卡罗尔企业社会责任定义包括 4 个具体方面，即企业社会责任意指某一特定时期社会对组织所寄托的经济、法律、伦理和自由决定（慈善）的期望。

（1）经济责任。

企业必须承担经济责任，把经济责任称为社会责任看起来有点不可思议，但是，实际情况就是如此。美国社会规定企业首先是一个经济机构。也就是说，企业应该是一个以生产或提供社会需要的商品和服务为目标，并以公平的价格进行销售的机构。

（2）法律责任。

既然社会已准许企业负起前面提及的生产职责，去履行有关的社会契约，那么，社会就会相应制定一些基本规则——法律，同时希望企业在法律的框架内开展活动。遵从这些法律是企业的社会责任，但是，法律责任涵盖不了社会对企业的所有期望行为。其主要原因是：第一，法律应付不了企业可能面对的所有话题、情况或问题；第二，法律常常滞后于被认为是合适的新行为或新观念；第三，法律是由立法者制定的，可能体现了立法者的个人利益和政治动机。

(3) 伦理责任。

法律是重要的，但永远不够用。伦理责任包括那些为社会成员所期望或禁止的、尚未形成法律条文的活动和做法。消费者、员工、股东和社区认为公平、正义的，同时也能尊重或保护利益相关者道德权利的，凡能反映信义的所有规范、标准、期望都是伦理责任所包括的。从某种意义上讲，伦理规范或价值观的变革在立法之前。从另一个意思讲，即使伦理责任可能反映出的行为标准比眼下法律所要求的要高，也可能只被看作包含和反映新出现的、社会期待企业去迎合的价值观和规范。

(4) 慈善责任。

企业的慈善活动或行为被视为责任是因为它们反映了公众对企业的新期望。这些活动是自愿的，也就是说，是非强制性的，并非法律要求的，也不是寄予企业一般伦理方面期望的，只取决于企业从事这些社会活动的意愿。不过，社会确实期望企业多行善，慈善从而成了企业与社会之间契约关系中的一个构成部分。这类的活动包括企业捐赠、赠送产品和服务、义务工作、与当地政府和其他组织的合作，以及企业及其员工自愿参与社区或其他利益相关者的活动。

企业社会责任定义的实质内涵是由经济、法律、伦理和慈善这 4 个方面责任构成的。如表 8-2 所示。

表 8-2 企业社会责任定义理解

| 责任类别 | 社会期望 | 例子 |
|---|---|---|
| 经济责任 | 社会对企业的要求 | 盈利。尽可能扩大销售，尽可能降低成本。制定正确的决策。关注股息政策的合理性。 |
| 法律责任 | 社会对企业的要求 | 遵守所有的法律、法规，包括环境保护法、消费者权益法和雇员保护法。完成所有的合同义务。承兑保修允诺。 |
| 伦理责任 | 社会对企业的期望 | 用道德的精神实质和字面条文作出回应，认识到道德能够左右企业的行为。做正确、公平和正义的事。合乎伦理地开展领导工作。 |
| 慈善责任 | 社会对企业的期望 | 成为一个好的企业公民。对外捐助，支援社区教育，支持健康/人文关怀、文化与艺术、城市建设等项目的发展。帮助社区改善公共环境。自愿为社区工作。 |

### 3. 企业社会责任的本质内容：道德责任

企业社会责任的本质内容要求就是企业必须履行其对社会的道德责任。目前人们所接受企业社会责任的具体内容十分广泛，大致可以概括为以下几个方面道德责任。

(1) 对顾客。企业应该对顾客忠诚，深入调查并千方百计地满足顾客的需求；广告要真实；交货要及时；价格要合理；产品使用要方便、经济和安全；产品包装不应引起环境污染；实行质量保证制度；提供周到的售后服务。

(2) 对供应者。企业应该恪守信誉；严格执行合同。

(3) 对竞争者。企业应该公平竞争、不诽谤，放弃不正当竞争。

(4) 对政府、社区。企业应该执行国家的法令、法规；照章纳税；保护环境；提供就业机会；支持社区建设。

(5) 对所有者。企业应该及时、如实公布财务会计信息；提高投资收益率；提高市场占有率；使股票升值；主动做到信息对称。

(6) 对员工。企业应该公平就业、上岗、报酬、调动和晋升；安全、卫生的工作条件；丰富的文化、娱乐活动；参与管理、全员管理；教育、培训；与员工分享利润。

(7) 在解决社会问题方面。企业应该救济无家可归的人；安置残疾人就业；资助失学儿童重返校园；在高校设立奖学金；支援边穷地区发展经济；帮助老人；资助文化、教育和体育事业。

**4. 企业社会责任与企业伦理**

企业社会责任与企业伦理有着密切的联系。从内容上看，狭义的企业社会责任主要是指道德责任。企业经济责任自然要负担，因为这是其自身利益之所在，法律责任也是要负担的，而以前忽视的正是道德责任。换句话说，企业社会责任观念的提出主要是针对道德责任而言的。由此可见，企业社会责任与企业伦理在内容上是一致的，要求企业讲究伦理道德，实质上就是要求企业履行社会责任，反之亦然。

从对象上看，企业社会责任的对象与企业伦理涉及的领域基本一致，此外，企业社会责任观念的提出为企业伦理的兴起打下了基础，而企业伦理学的发展，有利于进一步明确企业的社会责任。当然，企业伦理与企业社会责任还是有区别的。企业伦理强调权利与义务两个方面，企业社会责任只注重责任；企业伦理是双向的，企业社会责任是单向的；企业伦理旨在明确怎样处理好企业与利益相关者的关系，企业社会责任重在回答企业在社会中应尽什么样的责任；企业伦理还包含员工的职业道德规范，企业社会责任则不涉及个人的责任。

## 企业社会责任的理论基础与内容要求

**1. 企业社会责任的经济学基础**

随着经济社会的发展，企业的快速成长导致了企业股权的分散，随之股东的核心控制地位也日益受到威胁，企业权利不再完全操纵在股东手里。对于企业权力的转移理论，美国经济学家阿道夫·贝利和米恩斯1932年合著的经典著作——《现代股份企业与私有财产》，提出了“贝利—米恩斯假说”。“贝利—米恩斯假说”认为，大企业的高速成长导致企业股权的日渐分散，从而弱化了股东权力，与此同时，经营者取得了企业的控制地位。因此社会应当朝着“新的企业活动”和“置企业于社会利益之下”的方向发展。所谓新的企业活动，是指企业既不像过去那样单纯地为股票持有人的利益服务，也不像现在这样被企业管理者用来为自己谋利益，而是为社会利益服务，所有者的要求或管理者的要求都不能反对社会的持久利益。贝利和米恩斯指出：大企业的管理应当发展为一种纯粹中性的技术统制，把各个社会集团的各种要求加以平衡，并且按照公共政策，而不是根据私人的贪欲，赋予每一个集团以一部分收入。这一观点，成为20世纪80年代利益相关者论的前身。古典经济学家之所以认为企业经理运用种种权力时必须顺从股东所期待的行为标准，是因为企业经理依赖于其投入的资本，也就是说，企业经理必须使企业活动经得起股东的考察和判断，因此市场判断限制了企业、企业家的活动。但是现在市场判断已经丧失了大部分效力，因为限制大企业的力量不在于股东，而在于舆论的压力和政府的干预。这两个主要力量的存在，使得企业不能任意行使其权力，而必须从企业顾客和整个社会的利益出发，从而使现代企业成为一个服务性的组织，而不至于成为专横的机构。

1941年，美国制度经济学家詹姆斯·白恩汉在《经理革命：世界上正在发生什么》一书中第一次提出了经理革命的概念，将企业中经理的地位提升到了社会统治阶级的高度。白恩汉认为，虽然从法律角度，所有权和管理是可以分开的，但从社会学的角度来看，所有权本身就意味着管理，因此真正的所有者（而不是名义的所有者）必然是接近生产手段和产品分配的人，经理阶级正是这样的人，而对大多数股票持有人来说，所有权有着非常次要的性质，因为他们很少有接近生产手段的管理权，而且没有比较决定性的管理权，故经理阶级是社会上最有权力的人，既是管理者，又是实际的所有者。

1967年，新制度学派重要代表人物加尔布雷斯在出版的《新工业国》一书中指出：现代企业的权力已经从资本家手里转移到技术结构阶层手里，因为谁掌握了最不可或缺的或最重要的生产要素的供给，谁就拥有权力。200多年前，土地是最重要的生产要素，所以地主掌权；后来，资本代替土地成为最重要的生产要素，故权力也就转移到资本家手里。现在由于资本的供给日益丰裕，资本失去了决定性生产要素的地位，取而代之的是专业知识成为企业成功的决定性生产要素，于是权力转移到专门知识的拥有者——技术结构阶层的手中。原来掌权的资本家成了正在消失的形象，虽然企业的章程将权力置于资本所有者手中，但技术和计划要求把这种权力转移到技术结构阶层那里。那些未拥有专门知识的股东，对现代生产、技术和业务活动越来越不了解，所以对企业经营无权过问。随着股东人数的增多，每一个股东的投票权所起的作用日渐减少。由于权力的转移，现代企业的结构发生了重大变化，由原来的金字塔式变为圆圈式。因为资本家不再掌权，所以现代企业的目标已经发生了根本的变化。加尔布雷斯认为：凡是权力转移到“技术结构阶层”的企业即为“成熟的企业”，而“成熟的企业”并不一定要使它的利润最大化，它也不会这样做。理由之一是技术阶层的收入主要是薪水和奖金，而不是股息。如果企业追求最大限度的利润，得到好处最大的仅仅是本企业的股东们，而技术结构阶层却要为此承担风险，所以出于自身利益的最基本考虑，技术结构阶层不得不把防止亏损放在获取最大限度利润之前，因为亏本会搞垮技术阶层，赚得多却使别人受益。因此，企业的目标已不再是追求最大限度的利润，而是企业持续稳定的发展。

到了20世纪80年代，利益相关者理论勃然兴起，它对股东本位主义发起了强有力的挑战。其核心就是企业的目的不能局限于股东利润最大化，而应同时考虑其他利益相关者——员工、债权人、供应商、用户、所在社区及经营者的利益，企业各种利益相关者利益的最大化才应是现代企业的经营目的，这不仅公平而且具有社会效率。因为企业与各利益相关者的真诚合作可以为企业赢得竞争优势。利益相关者理论认为，经济关系具有典型的合作博弈或囚犯难题的特征。完全合作可以使参与者的总支付最大，然而背叛在一次性博弈中却是一种优势战略。但企业在真诚合作方面赢得的声誉在长期内可以使合作的结果取代背叛的结果，在鼓励专用投资、互惠交易、吸收新的交易伙伴和投资者方面获得优势，利益相关者的治理由于促进利益相关者之间的合作关系，因而是有效率的。希尔和霍恩斯建立了一个利益相关者——代理模型，他们指出，当真诚合作使长期利润最大化时，股东应鼓励经济采取这一战略。但由于契约的不完善和机会主义行为，股东的背叛行为随时可能会出现，为了在该模型中维护合作战略，企业必须与其员工和交易伙伴建立一种有形的、长期契约和制度保障。

**2. 企业社会责任的法学基础**

随着社会由封建制度过渡到资本主义制度，个人主体意识日益受到重视，于是产生了以保护个人权利、崇尚个人自由、尊重个人意识自治的以个人为本位的中心观念。与此相呼应，法律在制定上极度尊重个人财产和坚持所有权绝对的原则。在这个时期，个人利益作为一种绝对的利益被法律自始至终地推崇和保护着，对个人利益的尊重，就是对社会利益的尊重，因为个人利益和社会利益是一致的，亚当·斯密提出的个人利益与社会利益的一致性为人们追求个人利益提供了理论基础。亚当·斯密认为："个人追求自己的利益，往往能使他能比在真正出于本意的情况下更有效地促进社会利益。"杰里米·边沁也认为："社会是一个个人的总和，社会利益是个人利益的总和——只要每个人真正在追求他自己的最大利益，最终也就达到了社会最大利益。"然而，个人本位思想的泛滥终究导致了劳资对立等严重的社会后果。到了19世纪末期，随着人们对社会利益的关注，加上以庞德、耶林等为重要代表提出的社会利益理论的推动，人们逐渐认识到"社会利益包括并高于个人利益"。法律的目的就是社会利益，社会利益是法律的创造者，是法律的唯一根源，所有的法律都是为了社会利益的目的而产生。社会利益理论的崛起为法律或国家限制个人自由、干预个体行为创造了理论基础，个人利益的极度膨胀及过分追求导致的社会问题被人们越来越重视，制止纯粹利益取向的市场短期行为和机会主义已成为法律不可推卸的责任。社会利益观念的兴起与企业责任的提出是一脉相承的，其平衡协调个人与社会利益，将个体对利益的追求置于社会整体利益的发展上进行评价，最后实现对个体利益可持续最大化追求，这已成为社会责任发展和相关立法活动展开的基础。

公平和效率都是法律的基本价值。法律往往通过保证机会公平来实现公平，通过缩小贫富差距来实现公平；通过确立和保障市场经济制度来保证经济效益，通过解决市场失灵来提高效率；通过法律的可确定性，确立和保障市场经济制度、降低成本，运用确定的科学方法来提高效率。在效率和公平这对矛盾中，效率一般占主导地位，为了实现赢利最大化的目标，企业应追求尽可能高的效率。但同时，也要考虑公平的道德因素，如果企业一味追求高效高利而破坏社会的公平正义观，最终社会中所有的个体将不得不为此付出沉重的代价。

**3. 企业社会责任的伦理学基础**

20世纪50年代末60年代初，美国出现了一系列企业经营中的丑闻，包括受贿、规定垄断价格、欺诈交易和环境污染等。公众对此反应强烈，要求政府对此进行调查。1962年，美国政府公布了一个报告——《对企业伦理及相应行动的声明》。20世纪70年代初期，企业伦理问题引起了美国企业更为广泛的关注。美国企业越来越多地卷入了非法政治捐款、非法股票交易、行贿受贿、弄虚作假和窃取商业机密等活动，人们感叹企业中相当一部分管理者已经达到了道德沦丧的地步。由此引发了整个社会对企业伦理问题的关注。

伦理学是关于道德的学说，是道德思想、道德观念的系统化和理论化学说。它所要解决的问题既多又复杂，但伦理学的基本问题则是道德和利益的关系问题。用中国传统思想家的话来说，就是义和利的关系问题。这个问题包括两个方面：一方面是经济利益和道德的关系问题，即是经济关系决定道德，还是道德决定经济关系以及道德对经济关系有无反作用的问题。另一方面，也是与上述问题直接相关的，就是个人利益和社会利益，或者说局部的、单个组织的利益和社会整体利益之间的关系问题。伦理学论证了为什么单纯追求利润最大化作为企业社会责任是不合适的，尤其是论证了为什么企业社会责任应该包含道德责任。无疑，伦理学的产生和发展为企业社会责任理论奠定了基础。

**4. 企业社会责任的基本内容**

企业社会责任的本质内容就是要求企业必须履行其对社会的道德责任。目前，人们所接受的企业社会责任的具体内容十分广泛，大致可以概括为以下几个方面。

(1) 企业对员工的责任。

员工是企业财富的创造者，企业的发展离不开员工的贡献。一个富有社会责任感的企业应该善待自己的员工，充分尊重员工的价值，发挥员工的创造性。

①为员工提供安全、健康的工作环境是企业的首要责任。员工为企业工作是为了获得报酬维持自己的生存和发展，企业不应以为员工提供工作为由而忽视员工的生命和健康。

②在招聘、报酬、培训和升迁等方面为员工提供平等的机会。企业要为不同性别、年龄、民族、肤色和信仰的员工提供平等的机会，不得人为地划定限制。

③为员工提供民主参与企业管理的渠道，为实现自我管理企业创造机会。员工在企业中虽然处于被管理者的地位，但同样有权利参与企业的经营管理。企业应当尊重员工民主管理的权利，重视员工的意见和要求，这样也有助于调动员工的工作积极性。

(2) 企业对消费者的责任。

企业是为获得最佳经济效益而向消费者提供某种产品或服务的组织。消费者是企业产品或服务的购买者，对企业的生存发展具有重大意义，它是企业生存的基础和发展的前提与保证，企业利润的最大化最终需要依赖消费者的认同来实现。因此，企业的一切行动都要以消费者的利益和要求为导向，充分尊重消费者的合法权益。

①向消费者提供优质的产品和服务是企业最基本的责任。消费者购买企业提供的产品和服务是为了满足自身的某种需求，按照公平交易的原则，企业必须为消费者提供令其满意的产品和服务。

②企业应尊重消费者的知情权和自由选择权。消费者在购买产品前有权通过企业提供的产品信息对产品进行全面的了解，以便在多种商品

中做出选择。企业应当通过广告、宣传材料和说明书等方式向消费者提供真实的产品信息。

③企业应该通过各种途径了解消费者的需求，利用消费者的思想和建议等来对产品、服务和流程进行改进和创新，最大限度地满足消费者的需求。随着人们生活水平的提高和消费观念的转变，随着卖方市场向买方市场的进一步过渡，一种新型的以人为本、消费者至上的理念正逐步得到强化。这种新理念要求企业不仅要以消费者作为整个生产过程的终点，更重要的是以消费者作为整个进程的起点。

(3) 企业对所在社区的责任。

社区就是企业赖以生存的环境，没有一个好的环境，企业将难以生存，更谈不上持续、健康地发展了。企业与社区的关系就好像鱼和水的关系一样，鱼离不开水，只有水才能给鱼提供生存发展的机会和空间，它们一荣俱荣、一损俱损，企业关爱社区就是关爱自己。只有社区支持企业的发展，企业才能如鱼得水、畅游自如。因此，企业要实现自己的发展目标，就必须促进社区的发展。

在推进社区发展的过程中，企业不仅要扮演好“居民”的一般角色，还要力争充当主要角色。通过了解社区的具体需求以及企业自身所具备的资源，选择能够使社区的需求与企业拥有的资源相匹配的社区活动项目，制订出切实可行的社区活动计划。从而在社区这个大舞台中找准自己的定位，最大限度地发挥自身的积极作用，为社区的建设做出自己应有的贡献。另外，企业应积极参与慈善公益事业，例如，资助文化、教育和体育事业的发展；帮助老弱病残；支援老少边穷地区发展经济；对遭受自然灾害的地区进行捐赠等。

(4) 企业对政府的责任。

在市场经济条件下，政府和企业的关系不是单纯的管理和控制，更多的是监督、协调和服务。

①企业应当遵守法律、法规，依法诚信纳税。企业如果想做大、做强，长久地经营下去，遵守国家的法律、法规是一个基本的前提条件。否则，即使企业经营得再出色，一旦有了违法的污点，也将失去社会的

认可，遭到社会舆论的谴责，严重的可能会导致整个企业的灭亡。

实践证明，遵守政府法律、法规的企业常常能被国家或当地政府给予更多的自由甚至一定的认可和奖励，从而有利于企业保持持续稳定的发展。

②企业应当支持政府的社会公益活动、福利事业和慈善事业，以此服务于社会。政府是代表国家对社会进行组织、协调、监督和管理的组织，它所代表的是社会公众利益。企业积极参与政府组织的社会公益活动、福利事业和慈善事业，是企业服务社会、造福人类的积极表现。

(5) 企业对股东的责任。

在市场经济条件下，企业与股东的关系实际上是企业与投资者的关系，这是企业内部关系中最为重要的内容。企业对股东的责任和一般的社会责任不同，它是通过对股东负责的方式体现出来的。

①企业对股东的最基本责任是对法律所规定的股东权利的尊重。法律的规定是每一个企业必须遵循的、应当履行的最基本的责任。企业若是违背了法律的规定，侵犯了股东的利益，就是对股东严重的不负责任。

②企业要对股东的资金安全和收益负主要责任。投资人希望通过对企业的投资而获得丰厚的回报，企业应当满足股东这个基本期望。

③企业有责任向股东提供真实的经营和投资方面的信息。企业必须保证向投资者公布的信息是真实可靠的，任何瞒报和谎报企业信息、欺骗股东的行为都是不道德的，企业对此要负道德和法律的双重责任。

(6) 企业对环境的责任。

企业对环境的污染和消耗起了主要作用，是环境问题的主要责任者。大大小小的企业每天都在吞噬着自然资源，排放着有害废弃物。当今大多数的环境问题，如不可再生资源的耗竭、可再生资源的衰减、环境污染加剧和生态平衡的破坏等，都与企业活动有关系。因此，作为环境问题的主要责任者，企业为了与环境和谐发展，更为了自身的可持续发展，应当主动承担对环境的责任。

①企业对环境的首要责任体现为：树立人与自然和谐发展的价值观，努力做到尊重自然、爱护自然，合理地利用自然资源。企业必须遵循环

境保护与经济发展同步的原则，不能以牺牲环境来换取经济增长。企业应该以保护环境优化经济增长，在保护环境中求发展，实现经济和环境的双赢。

②企业要以绿色价值观为指导，强化绿色角色意识，实施绿色管理，积极倡导绿色生产和绿色消费。企业应积极构建绿色供应链管理，实现循环生产模式。绿色供应链是把环境融入整个供应链中，通过资源综合利用和环境保护，降低整个生产活动给人类和环境带来的危害，最终实现经济效益和环境效益最大化。绿色供应链的管理体系模式包括绿色设计、绿色采购、绿色生产、绿色物流和绿色回收。

③企业要严格自律，按照绿色审计的要求进行严格的企业自我管理。绿色审计就是把环境因素作为企业管理的重要内容。企业在日常经营管理中应严格自律、自我监督、自我检查，杜绝危害环境的任何不正确的观点和做法。

⑺ 企业对供应商的责任。

企业的供应商参与了企业价值链的形成过程，对企业的生产经营有着举足轻重的影响。

因此，企业应该恪守信誉，严格执行合同。此外，企业应当建立对供应商的核查和评估机制，促进供应商履行企业社会责任，确保形成与供应商共同承担社会责任的一体化战略。企业应该采用国际上通用的标准，由专人对供应商的情况进行评估检查，并与供应商保持顺畅的沟通，如定期召开供应商会议，定期公布核查结果，对不符合标准的供应商提出限期改进的建议，在规定期限内仍达不到要求的将被解除合约。

⑻ 企业对竞争者的责任。

在市场经济中，企业与企业之间的竞争是一种相互依存的关系，双方都在为获得或维持自己的利益而相互较量，任何一种旨在削弱或剥夺竞争对手利益的行为都将遭到对方的强烈抵制，要么两败俱伤，要么虽然一方获胜，但却可能无法赢得消费者。一个富有社会责任感的企业应当遵循公平竞争的原则。公平竞争是指竞争者之间所进行的公开、平等、公正的竞争，它对市场经济的持续、健康发展具有重要作用。它可以使社会资源得到合理的配置，并最终为整个社会带来巨大的福利。因此，在市场竞争中，企业应当采用合理合法的竞争手段，杜绝腐败和贿赂行为的发生。

## 提升企业社会责任的主要途径

借鉴国内外成功企业的经验，适应现代企业的发展趋势，中国企业应以历史眼光、全球视野和未来意识，加快公司责任理念的提升，全面履行公司责任，在全球树立负责任大公司的形象，不断提升公司价值和国际竞争力。

**1. 全面树立现代公司责任理念**

进入新世纪以来，现代公司责任理念发生了三大转变：一是从过去片面强调企业自身利益和自身发展向企业与经济、社会、环境协调发展转变；二是从过去单纯追求股东利益最大化向统筹股东、员工、合作伙伴、客户、社区、当地政府和人民群众等利益相关群体转变；三是从过去片面强调企业利润最大化向更加注重企业的成长和可持续发展转变。

在现代企业竞争中，拥有先进理念的企业更能够吸纳外部成本更低和更有价值的资源，通过内外资源的整合，形成更强大的公司竞争力。纵观经久不衰的百年企业，无不是公司理念先进、全面履行责任、商业道德高尚的企业。企业要实现做大、做强、做久的目标，不仅要有明确的发展战略和高效的组织结构，还必须要有先进的现代公司责任理念。

(1) 切实履行经济责任。

在市场经济条件下，中国企业作为经济组织，必须把发展作为第一要务，把追求企业经济效益作为经济发展的活力和动力，把回报股东、回报国家、回报社会、回报员工作为公司追求的主要目标，努力提高经济实力、盈利能力和利润水平，提高国有资产的保值、增值能力，提升公司优化配置全球资源的能力和国际竞争力，实现持续、有效、较快、协调发展。这也是全面履行政治责任、社会责任和环境责任的经济基础和重要保障。

(2) 切实履行政治责任。

中国企业必须把履行政治责任放在重中之重的位置。必须以对党、对国家、对人民高度负责的态度，以坚定的政治责任感和历史使命感，牢固树立政治意识、大局意识、责任意识和忧患意识，认真履行企业职责，努力保障国民经济发展需求，保障国家经济安全，为经济社会发展做出更多、更大的贡献。

(3) 切实履行社会责任。

履行社会责任是当代企业管理的发展趋势，也是转变经济增长方式、提高企业管理水平、实现经济与社会协调发展的重要途径。中国企业的发展，要在创造利润、对股东负责的同时，积极对利益相关者（包括企业内部员工利益、社区利益、政府利益、客户利益、供应商利益等）负责，还要切实遵守商业道德、实现安全生产、提高资源利用效率、注重职工健康、维护劳动者合法权益、保护生态环境、支持慈善事业、捐助社会公益、帮扶弱势群体等。

(4) 切实履行环境责任。

工业企业是排放“三废”和污染环境的主体之一，也是保护环境和发展循环经济的主体之一。中国企业必须牢固树立清洁发展的理念，坚持环保优先的方针，健全完善企业管理体系，本着对环境负责、对社会负责、对未来负责的原则，切实采取更加有效的措施，加大环保投入，加强隐患治理，强化生产受控管理，加快实现环保形势的根本好转，实现企业与环境的和谐发展。

**2. 深入研究国内外公司责任标准并开展对标分析**

国际上对企业社会责任标准已有一些相关规定，如 SA 8000（社会责任标准）、2001 企业社会责任国际标准等。国内还没有出台统一的企业社会责任标准，商务部正在研究制定之中，但有一些行业组织出台了一些推荐性标准，如 CSC9000T 是中国纺织协会推出的纺织企业社会责任管理体系。从实际运作看，国内外一些知名大公司都已经或正在编制公司社会责任报告（或称为可持续发展报告、企业公民报告等），编制标准也不一致。2006年11月，美国《财富》杂志公布了“2006年企业社会责任评估”排名，评价指标包括股东责任、管理制度、公司战略、管理执行情况、公开披露以及是否聘用外部独立审计等六个方面。尽管其指标体系还不够完善，但有很大的社会影响力。对中国企业而言，应主要从以下几个方面开展对标分析工作：

(1) 研究国内外主要公司责任标准指标体系，明确主要指标。

主要指标应包括公司治理、经济责任、环境责任、安全与健康、社会责任等方面。

①公司治理。包括董事会、监事会、经理层等治理结构情况，以及管理体制、管理制度和管理方式等。

②经济责任。包括经济发展、股东、客户、财务信誉、供应商和承包商、作业涉及的国家及社区、员工等。

③环境责任。包括控制温室气体排放、减少火炬燃烧、控制其他气体排放、资源管理和能源效率、控制泄漏、废弃物处理、发展高级燃料和能源技术、推进环保型交通方式、水资源的保护、保护生态环境等。

④安全与健康。包括职业病和工伤、员工参与、安全、产品品质保证、员工和社区居民健康等。

⑤社会责任。包括人权、商业道德、政治、反贿赂和反腐败、就业政策和实践、社区和社会等。

⑥其他方面。

(2) 结合企业实际，逐项进行对比分析。

根据确定的指标体系和主要指标，逐类逐项进行对比分析，分析的重点包括三个方面：一是企业已经做了相关工作并达到标准的指标；二是虽然做了一些工作，取得了一定的成效，但还未完全达标的指标；三是目前还未做相关工作，仍处于空白状态的相关指标。

(3) 制定措施和办法，尽快达标。

通过上述指标的对比分析，明确企业尚未达标和处于空白状态的主要指标，有针对性地制定主要目标、整改措施和具体工作方案，层层分解和落实，确保达到相关标准的要求，完善公司责任体系，提高履责能力，提升公司形象。

**3. 建立健全公司责任管理体系**

建立和运行公司责任管理体系，是实行责任理念、执行责任标准、实现责任目标、保持责任体系持续改进的关键所在。中国企业应学习和借鉴跨国公司的成功做法，带头强化公司责任理念，建立健全公司责任管理体系，率先全面履行公司责任，提升企业形象。

(1) 建立健全组织体系。

成立专门的组织机构，如公司责任推进委员会或可持续发展指导委员会，从战略层面整合公司可持续发展的政策以及公司责任政策，指导全公司的运营，包括制定中长期可持续发展战略、公司责任行动计划，定期召开专业会议，检查工作进展情况，建立有效的激励约束机制，鼓励公司上下积极投身于可持续发展工作之中。公司责任推进委员会可以由公司总经理兼任主任，下设副主任，负责可持续发展和社会事务。公司责任推进委员会的成员可以由有关部门的负责人组成，同时吸纳所属企业代表参加。公司责任推进委员会下设公司责任推进计划小组，负责制定具体的工作目标和行动方案，同时还需要协调集团层面与下属公司之间公司责任议题的对话、实施、反馈和审核。

(2) 确定公司责任体系。

主要包括经济责任、社会责任和环境责任。

①经济责任主要包括三层含义。

第一层含义：遵纪守法。从最根本的意义上理解，责任的含义首先是服从、遵守中国和业务所在国的众多法律和法规，依法经营，透明运作，主动接受政府监管、社会公众的监督，并建立严格的程序，积极组织落实并接受检查。

第二层含义：商业道德。在全球各个国家都坚持公司一贯的行动准则、职业道德标准，从根本上保证产品、服务的质量与安全。诚实守信的道德观念使消费者、合作伙伴、职工、股东和其他利益相关者对公司有充分的信任和信心。

第三层含义：事业发展。事业发展是国有企业确保国有资产保值增值，为社会创造财富的基本要求，也是企业对股东或投资者提供长期稳定回报，促进公司价值提升的基本要求。事业发展要求公司以全球连贯一致的方式行事，并应用公司不断扩大的经营范围和经营规模来持续改善公司的商业经营方式。在追求经济利益的同时，兼顾环境和社会要求，走可持续发展的道路，实现公司长远价值的最大化。

②社会责任主要包括三个方面。

一是对员工的责任。坚持以人为本，实现公司发展与员工的全面发展相统一。

第一，尊重员工的基本人权。禁止招用或使用童工；禁止直接或间接强迫或强制劳动；尊重员工依法组织和参加工会的自由和集体谈判的权利；尊重文化多样性；避免歧视。

第二，维护员工的基本权利。以人道主义精神对待员工，高度重视员工的职业健康和安全，改善员工工作环境，提高员工生活质量，保证员工薪酬待遇，切实保障和维护员工合法权益。

第三，拓展员工的发展空间。加强员工教育培训，规划员工职业发展，为员工提供均等的发展机会，激励员工尽职尽责不断创新，为员工提供更多的福利待遇，将公司的发展与员工的发展有效结合。

二是对供应链利益相关者的责任。坚持合作共赢，保证整个供应链良性运转。

第一，持续改进 HSE（健康：Health，安全：Safety，环境：Environment）管理体系。将健康、安全与环境管理动态体系应用于整个供应链，不断降低整个供应链上可能出现的风险，持续改进供应链管理。

第二，建立战略合作伙伴关系。与供应链上关键合作者建立战略伙伴关系。为客户提供全面解决方案，帮助客户规划发展。联合客户共同开发节能研保型技术和产品，帮助客户和供应商达到卓越。

第三，为客户提供优质产品。坚持以科学技术为第一生产力，着力加强自主创新能力建设，不断开发新工艺、新技术、新产品，以具有竞争力的价格和高质量的产品回报客户。

第四，保安责任。确保供应链上各个环节的保安工作，避免不必要的损失。

三是对社会公众的责任。坚持坦诚透明的原则，建立企业公民形象。

第一，沟通和交流。建立专门的部门，以坦诚的心态，与业务运营的所在社区、非政府组织、社会公众在重大环境问题上保持公开的对话交流，开展可持续发展及社会责任议题的沟通与合作。

第二，信息披露。以开放的方式，定期向社会公众提供关于公司生产和产品的环境信息。

第三，公益事业。积极参与和支持当地社区的建设、公共事务管理和公益事业。发挥公司资源、经验优势，在项目合作方面开展工作。真诚回报社会，为构建和谐社区、和谐社会做出贡献。

③环境责任。其主要包括五个方面。

一是污染物防治。全面开展污染物防治工作，实施严格的环保标准，以零污染为目标，对废弃物进行严格控制。

二是减少排放。坚持不懈地推进企业生产经营清洁化，致力于建设环境友好型企业。

三是提高资源利用率。严格保护耕地，坚持节约使用土地；大力开发和推广应用节水、节能技术、设备和产品；提高水资源和能源利用效率，降低单位产值能耗。发展循环经济，以尽可能小的资源消耗和环境成本，获得尽可能大的经济效益和社会效益。

四是加强环境风险管理。投资大项目前，对施工和运营阶段对当地环境和社会影响做出评估，并采取适当措施加以预防。

五是强化危机管理。对环境风险控制及应急措施做好预先部署。

**4. 积极主动承担对利益相关者的责任**

“利益相关者”理论认为，企业的目标函数不应该只是股东利益的最大化，利益相关者应分享企业剩余和控制权。在经济全球化时代，经营企业面临的挑战越来越大，管理者不仅要实现经济上的目标，还要为利益相关者谋福利；不仅要为企业和股东赚钱，而且钱要赚得干净，还要让整个社会分享好处；如果忽视了利益相关者，企业赚钱就会越来越困难。

企业履行社会责任不仅是为了满足利益相关者的期望，也是实现自身经营目标和使命的机会和途径。企业为所有利益相关者谋福利，不是独立于商业目标之外，而是商业目标的重要组成部分。越来越多的企业经营者开始相信，公司运行中同时实现经济目标和社会目标并不矛盾，企业在创造利润对股东利益负责的同时，也应该承担对员工、消费者、社区和环境的社会责任，包括遵守商业道德、生产安全、职业健康、保护劳动者合法权益、保护环境、支持慈善事业、捐助社会公益、保护弱势群体，等等。

承担对利益相关者的责任。除了保证股东利益外，首先是善待员工，建立和谐的劳资关系。这是企业提高工作效率、激发创新精神，从而带来经济利益的关键，损害员工正当的合法权益，就不是一个合格的现代企业。其核心内容包括国际公约中有关社会保障、劳动者待遇、劳工权利、劳动标准等。其次是对消费者负责，建立和谐的供求关系。随着人们价值观念、消费观念的改变，以及对可持续发展观的认可，消费者越来越关心他们所购买商品的制造过程是否符合人权标准和环保标准，并以拒绝购买为手段，对违背社会责任的企业实行市场化制裁。再次是对所在社区负责，建立和谐的社会关系。企业利益的实现要以社会公众利益的实现为前提，不论自己在哪里经营，绝不再是一个单纯的营利组织，而是整个社会的一个基本组成单位。企业要实现利益，按照原来只单纯依靠市场竞争这条道路是走不通的，必须考虑社会公众的利益，特别要对所在社区做出贡献。最后是对政府负责，建立和谐的政企关系。企业应该倡导尊重法律法规，自觉遵守公共秩序，以主动维护公共环境为荣，强调环境保护、注重就业稳定、主张性别平等。企业倡导的这些理念，既体现于公众的日常生活中，也体现在政府的政策中，构成了社会和谐的基础。

对利益相关者承担责任可以采用各种形式，这里我们仅以社会营销为例进行说明。企业的社会营销是一种手段，企业通过它来支持一项行为改善活动的策划和实施，目的是要改善公共健康、安全、环境和社区福利。行为改善始终是此类活动的中心和预期的结果。成功的活动主要是利用一种战略性的营销策划方法进行情况分析，选择受众目标，确定行为目标，找出行为改善的障碍和有利因素，然后制定出恰当的营销组合策略，以便消除障碍并最大限度地利用潜在的有利因素。这要依赖于为企业的商品和服务制定和实施营销战略时用到的原则和技巧。

**5. 持续发布公司责任报告，不断完善公司责任报告体系**

通过研究和借鉴跨国公司的指标体系，将主要指标纳入责任报告之中，向利益相关者和社会公众昭示公司的价值观，在社会上全面树立公司的良好形象，成为既为员工和股东负责的大公司，也为社会和环境全面负责的大公司。

(1) 编制并发布企业社会责任总报告。

这是公司自愿确立的前进标杆，主要是向利益相关者和公众昭示公司的价值观，指引企业前进的方向，规范企业的行为。企业社会责任报告可以叫《可持续发展报告》、《企业公民报告》或《公司责任报告》等。根据中国企业履行公司责任的实际情况，不仅需要强调对社会、对环境负责，还应强调对股东、对国家负责，不仅需要对当前的发展负责，还要更加注重可持续发展，其责任的内涵远远超过企业社会责任，建议使用《公司责任报告》或《可持续发展报告》。

(2) 编制针对主要国际市场的单行报告。

20 世纪 90 年代以来，中国企业大力实施国际化战略，海外业务取得了跨越式发展，主要经营领域遍布全球主要国家和地区。由于各国的体制、机制、制度和文化的差异，对公司责任的规定和要求也不尽相同，中国企业以统一标准格式编制和发布公司责任报告，虽然能满足多数国家的要求，但不可能完全满足所有国家的要求，因此必须根据一些生产经营所在国的特殊要求编制个性化的公司责任报告。个性报告的主要内容，除了上述所列公司责任报告的主体内容外，要特别注意突出目标国的差别化需求，提供符合其国情和有关要求、以其本土化语言印刷的中国企业责任报告。

(3) 每年定期发布公司责任报告和不定期发布针对主要国际市场的单行报告。

建议在每年公布企业年度业绩报告的同时，发布中英文版本的公司责任报告。选择适当时机和国际化经营主要区域、国家和目标市场，不定期发布突出重点内容、具有较强针对性的公司责任报告。

**6. 将全面履行公司责任提升到战略高度并贯彻于生产经营的全过程**

(1) 从战略高度认识和履行公司责任。

现代企业已经进入战略制胜的时代，战略成为提升公司竞争力和实现可持续发展的关键，战略管理成为企业管理的核心。多年来，国内外大公司、大集团越来越重视经济效益最大化和股东利益最大化，将履行经济责任和股东责任提到了公司战略层面，但对全面履行社会责任和环境责任的规模行动是在进入新世纪以来才逐步开始重视，多数企业还没有将之纳入公司战略的重要组成部分。经济全球化和中国经济社会进入战略转型期的大背景，客观上要求公司责任理念与履责行动必须适应这些转变。因此，必须从战略的高度认识和履行公司责任，并通过一系列的规划、计划和实施方案予以落实，切实提高战略执行力。

(2) 切实加强公司责任管理。

责任管理是现代企业管理的一个新命题，也是一个必须强化到位的重大命题。国内外实践证明，承担公司责任与企业绩效呈正相关，良好的经济责任管理，不仅可以使企业获得良好的社会效益，而且可以获得更长远的商业利益。中国企业应学习和借鉴跨国公司将强化公司责任管理与企业价值链管理有机结合，注重在供应商管理、生产过程管理、市场营销管理以及员工管理等各个方面加强公司责任管理。要建立健全“确认责任理念—做出社会承诺—纳入公司战略—制订行动计划—强化组织实施—开展评估审计—发布责任报告—及时反馈信息—持续调整改进”的公司责任管理流程。在公司责任管理过程中，企业决策者、经营管理者和岗位操作者要齐抓共管、协同努力，切实做到认识、培训、组织、落实和监督“五个到位”。同时，要妥善处理好公司责任管理与企业战略管理、企业文化管理、公共关系管理等各项管理工作的关系，实现管理行为规范化、管理制度科学化和管理方式现代化。

(3) 在企业内部开展履行公司责任评价活动。

公司责任行动是一项全员全过程的系统工作，履行责任的过程也是不断提升责任理念的过程。因此，对于产业链较长、所属企业较多、经营领域广、员工总量大的大型集团公司，应在公司内部开展履行公司责任情况的评估、评价和评选活动。一方面，通过这一活动引导和促进所属企业树立现代公司责任理念，并全面履行公司责任，进而提升整个公司的履责能力与水平；另一方面，通过这一活动积极查找问题及其产生的原因，及时总结、归纳和推广先进单位的成功做法，以点带面地促进整体水平的提高。

**7. 加强与国内外公司责任评估评价机构的广泛联系与有效沟通**

(1) 继续深化对公司责任的研究。

应与外部研究单位联合跟踪研究国内外大公司履行公司责任的主要做法、取得的成效和成功经验，从领导者、经营者和企业员工三个层面，在诚实守信、道德文化、相关利益、节约资源、环境和谐、以人为本、关注社会和可持续发展等方面，提出履行公司责任的基本思路、主要目标、指标体系、工作重点和主要措施等。

(2) 加强与国内外公司责任评估评价机构的广泛联系。

随着公司责任运动全球化进程的加快，《财富》和《商业道德》杂志以及道琼斯可持续性指数、多米尼道德指数等一些国外研究机构开始将公司责任纳入其评价体系之中。随着时间的推移，逐步会产生一批为社会所公认的具有权威性的评价指标体系和评估评价机构。中国企业应坚持“企业内部自评、员工全员全过程参与、持续评估改进”的原则，强化企业内部评估，形成“企业自我管理、开展阳光经营、接受社会监督、强化多方合作”的公司责任监管体系。在此基础上，逐步建立健全外部评价信息系统，积极参与社会评估评价机构的相关活动，重点聘请评估机构的评价专家进行企业履责情况咨询，在增进了解、赢得理解和支持的同时，加大整改力度，提升管理水平和排名位次，树立良好的社会形象。同时，中国企业要加快公司责任标准体系认证工作，并适时申请加入“全球契约”、国内外的可持续发展工商理事会等组织。

**8. 采取各种综合措施，提升企业社会形象**

(1) 加大公司社会责任投入力度，加快转变企业发展方式，不能以牺牲精神文明为代价，不能以牺牲生态环境为代价，不能以过度消耗能源资源为代价，更不能以牺牲人的生命为代价，努力实现企业与经济社会的和谐发展。

(2) 公司领导和机关部门要在以高度责任感和高尚道德品格经营企业的同时，有选择性地出席一些规格和层次较高的国内外公司责任论坛，介绍公司履责情况及对公司责任的认识，争取更多的话语权，扩大社会影响力、支持度和认可度。

(3) 加强与生产经营所在地政府的沟通与协调，建立健全联动机制，在支持和拉动地方经济社会发展的同时，取得地方政府的理解和支持。

(4) 更加注重处理好与媒体的关系，尤其是在借助主流媒体言论分量重、公信力强、社会影响大的优势，扩大其对公司的正面宣传和舆论引导，树立良好的负责任公司的社会形象。

(5) 高度重视企业品牌建设、诚信体系建设和软实力建设，不断提升公司价值，提高国际竞争力和可持续发展能力。

**9. 政府加强引导和推进，完善激励制度，建立企业社会责任评价体系**

**1. 强调政府的作用**

著名管理学家德鲁克指出："如果企业不尽社会责任，政府一定要强制企业去履行这个责任。"我们应当明白这样一个道理：一个健康的企业不可能在一个病态的社会中生存和发展；同样，一个健康的社会也不会允许一个病态的企业生存和发展。但是在中国，目前既缺少市民社会的基础，又缺乏社会运动的推动，在这样的条件下，政府对企业社会责任的推动就显得更为重要。

目前在中国，企业社会责任问题主要是通过跨国公司的审核和评估在供应商中推进，政府介入较少。在中国计划经济向市场经济过渡的阶段，政府的引导和推进作用尤为重要，政府在领导市场经济发展方面仍然发挥着主导的作用。政府是主导因素，应强化引导和推进作用，既要考核经济效益，又要考核社会责任；不仅讲效益，而且讲贡献。对企业要进行一种综合考核，使其在从消费者手中获得利润的同时，还要考虑为社会贡献了什么。

**2. 完善激励制度**

在强化政府作用的同时，还应通过完善激励制度，增强企业家的社会责任。企业社会责任的大力推进，不能仅仅靠呼吁与教育，更重要的是靠制度与文化层面解决。有些人对企业家的人性假定过分理想主义，认为通过树立无私奉献的典型指引就能使众多的企业家去效法。这只看到了人性效率而没有看到制度效率。社会中，不乏无私奉献者，但毕竟是少数，而且动机各异，想单纯通过精神引导提高社会责任，有效也有限。必须认识到，企业的社会责任是在企业家具备了一定的物质生活条件、获得了一定的物质利益的经营过程中升华的。只有获得过财富后才能放得下财富，这正是著名心理学家马斯洛需要层次理论的体现。

目前，人们存在两种心理：一是恐慌的心理，农民工的待遇和下岗工人的失业引发人们焦虑不安；二是匮乏的心理，由于激励与约束机制的不完善和社会保障制度的不健全，导致人们物质财富相对缺乏，不足以应对变化莫测的社会。对国有企业经营者来说，任期是不确定的，产权和收益不明晰，就会追求短期利益；民营企业家由于我国在法律上对私有财产产权保护尚有纰漏，这使得民营企业缺乏安全感，缺乏稳定预期，就会选择短期行为。在西方，企业家面临的不确定性来自市场，而在中国，不确定性因素很多，有的来自政治因素，有的来自产权和收益制度。因此，完善激励与约束的双重制度，改善企业家的产权收益，会促进社会责任的建立。

**3. 建立企业社会责任评价体系**

在西方发达国家，对任何一个企业的评价都是从经济、社会和环境三个方面，经济指标仅仅被认为是企业最基本的评价指标，而关于企业社会责任的评价有多种多样，如道琼斯可持续发展指数、多米尼道德指数等。所以，跨国公司都把履行企业社会责任作为实现企业好公民形象的条件，并且将企业社会责任作为一个制度化、规范化的管理体系，有明确的计划、有专门负责部门、有一定的经费保障、有可以操作的规范化的管理程序。而在中国，对企业的评价仍然停留在经济指标上，这样的评价体系已经不能适应经济全球化的趋势和要求，也不利于中国企业提高国际竞争力。

综上所述，中国企业在硬实力得以全面提升的基础上，高度重视以强化公司社会责任力为主要内容的软实力建设，既是企业发展理念的重大转变，也是企业发展战略的重要转型。只要持之以恒，注重实效，深化研究，持续改进，就一定能成为备受国内外各界高度赞誉和广大投资者广泛认可的具有较强国际竞争力的企业，也一定能够逐步形成一批经济效益好、竞争实力强、品牌价值高、成长潜力大、产业结构优的全球企业。

# 第九章

## 开展公共关系活动，提升企业形象

企业公共关系活动作为解决企业公共关系问题，提升企业形象的必要方法，一般分为四个基本步骤：

第一，确定企业公共关系问题；

第二，制订企业公共关系计划；

第三，实施企业公共关系活动；

第四，评估企业公共关系效果。

在开展公共关系活动中，这四个步骤是不可分割且同等重要的，而且是一个持续的、循环往复的过程，各步骤之间相互联系，缺一不可。

## 确定企业公共关系问题

了解和掌握社会环境，确定企业当前面临的形势和遇到的公共关系问题，不仅是必须首先采取的步骤，而且也是最困难的一步。对每一个企业来讲，既有企业长期面临的问题，也有因环境的不断变化而引起的各种新问题。了解和掌握这些问题，不断地解决这些问题，是企业生存、发展的唯一出路。全面了解问题、确定问题和解决问题的途径，就是调查研究。

调查研究的主要目的就是要发现、确定企业所面临的公共关系问题，为今后确定公共关系计划打下基础，并为寻找解决公共关系问题的方法提供必要的信息材料。基于此目的，调查研究应该包括环境分析和公共关系状态分析两方面的内容。

**1. 环境分析**

环境分析，主要是对企业所面临的各种环境因素进行分析，以发现并确定企业所面临的公共关系问题，它包括内部环境分析和外部环境分析两个方面。

(1) 内部环境分析

内部环境分析，主要是对企业内部各种因素的分析。内部分析的因素主要包括：企业的性质和特点；企业经营管理的方针政策、发展战略和目标，以及具体的行为；企业高层管理人员和员工的素质；企业中关键人物的观点和行为；企业各职能部门的活动过程；企业内部信息传播沟通的情况；企业的一些历史性问题；等等。

内部环境分析的重点，在于企业目标分析和企业内部的沟通审查。企业目标分析，是对企业的总体目标、发展战略和方向等进行调查、分析。其目的是要清楚地了解企业的性质和特点，为制定企业公共关系目标奠定基础。公共关系目标是企业的总体目标加上公共关系因素演变而来的，因此，它应该为企业的总体目标服务，并有利于总体目标的实现。为了达到这个要求，在制定企业公共关系目标之前，必须对企业的总体目标进行分析。

企业内部的沟通审查，是关于企业内部信息传播沟通活动的一种全面分析，是对企业内部信息沟通的需要、能力和政策，以及具体的活动所做出的全面反映和阐述。它可以为企业最高管理层提供内部传播沟通所必需的数据与资料，这些决策都与企业未来的传播沟通目标有关。从某种意义上说，沟通审查是收集、整理、归纳企业传播沟通活动中各种信息资料的有效方法，它对企业有着重要的意义。因为，公共关系计划制订者在确定沟通方式和内容时，必须清楚地了解目前所发生的一切和内部环境的可能变化，而内部沟通审查为其创造了条件。

(2) 外部环境分析

当完成企业的内部环境分析之后，调查研究的重心就转向企业的外部环境因素分析。它包括对积极因素和消极因素的分析。调查研究可以从对企业外部环境形成与发展过程的系统观察开始。

外部环境分析，可以说是关于企业所面临的公共关系问题，对涉及或影响什么样的社会公众的详细研究。这种研究所获得的信息对于公共关系计划的制订相当重要。如果企业不清楚社会公众目前想些什么或知道什么，怎么能针对各类不同的社会公众确立适当的公共关系目标呢？如果企业对目标社会公众没有详细了解和深入研究，又怎么能确定公共关系活动的实施战略呢？

对企业的外部社会公众进行研究，需要建立一些基本的假设。这些假设主要包括：他们是什么人，他们怎样认知环境，他们已经知道了什么，他们是怎样被卷入环境之中并怎样受环境的影响，以及他们如何取得信息，如何判断信息和如何使用信息等。对这些假设需要进行检验，以便为公共关系计划的制订提供准确的信息。

对外部社会公众的研究，主要需要掌握他们的四类资料：

①背景资料。它是指外部社会公众的一种背景情况。包括姓名、年龄、性别、住址、职业、文化程度、收入以及家庭情况等。

②知晓度资料。它是指外部社会公众对企业的某一问题、某一事件、某一活动、某一计划等的了解程度。

③态度资料。它是指外部社会公众对企业及其有关事件、活动的情感和态度。态度，分为延缓性态度和即时性态度两种。延缓性态度，是指外部社会公众在相当长时期内起作用的价值观念；即时性态度，是指外部社会公众在短期内对某人、某事或某物的暂时态度。

④行为资料。它是指外部社会公众就某个与企业有关的问题，已经或准备采取的行动。

对外部社会公众的系统研究和分析要有重点地进行。因为，公共关系人员没有那么多的时间、精力和财力，无法对企业所涉及的所有外部社会公众进行全面的研究。而且，公共关系活动的实施要有针对性，这也要求应有重点地对外部社会公众进行研究。一般而言，研究的重点应该放在那些具有代表性的外部社会公众和企业所面临的严重问题所涉及的外部社会公众上。

**2. 企业公共关系状态分析**

企业公共关系状态分析，是对社会公众关于企业的各种态度进行调查研究，以了解企业与社会公众之间的关系和企业在社会公众心目中的地位，了解哪些社会公众对企业有好感，哪些社会公众持反对态度，以及这些态度产生的原因。这样，不仅可以确定企业目前的公共关系状态，而且还可以知道应该采取什么措施来维护或改进企业与社会公众之间的关系。

对企业公共关系状态的分析，首先需要了解表示公共关系状态的指标。根据这些指标，通过对社会公众的调查研究，就可大致了解企业的公共关系状态。衡量企业公共关系状态的指标主要有：

①各类新闻报道及其评价的内容和观点。根据各类新闻报道及其评价的内容和观点，可以了解新闻界与社会公众对企业是否关心、关心的程度，以及他们对企业的态度和意见。

②企业产品的销售情况。社会公众对企业的态度和意见，很大程度上是通过他们是否购买该企业的产品反映出来的。

③企业股票行情的变动。除市场调查机制带来的自然波动外，企业股票价格的大起大落也反映出社会公众对该企业信心的变化。股票行情的变动，可以直接反映出社会公众对企业的信心及印象。

④企业内部成员的态度和意见。企业内部成员对企业的态度、意见，不仅直接关系到企业的士气，而且也会影响社会公众，尤其是新闻界对企业的看法和评价。

⑤企业竞争对手的公共关系状态。企业竞争对手的公共关系状态，是企业公共关系状态的一面镜子，通过对竞争对手公共关系状态的分析，可以了解本企业的公共关系状态。同时，这还有利于企业取对手之长补自己之短，不断改善公共关系状态。

⑥销售人员的感受。销售人员在外受社会公众欢迎的程度、产品销售的难易程度以及他们亲耳听到的社会公众的各类反响和意见，都可以作为评价企业公共关系的参考。

⑦上级主管部门的态度和意见。上级主管部门是企业社会公众中的一个重要组成部分。上级主管部门对企业的评价，对企业各方面工作的支持程度，是企业公共关系状态的反映。

⑧社会政治经济发展、变化的趋势。社会政治经济发展、变化的趋势，会影响到所有企业的运作情况，从而影响到企业的公共关系状态。

在了解并掌握上述指标及相关资料之后，就可以对企业的公共关系状态做出评价。在具体进行评价时，可用企业在社会公众中的知名度和美誉度为标准，评价企业的公共关系状态。调查研究的成果就是一份公共关系问题报告。作为调查研究的成果，公共关系问题报告需要详细回答以下几个问题：

第一，企业公共关系问题产生的原因是什么？

第二，该公共关系问题是一个什么样的问题？

第三，在此公共关系问题中，谁被卷入或谁受到影响，以及他们是怎样被卷入或怎样受到影响的？

第四，为什么此公共关系问题是企业与社会公众之间的利害关系问题？

概括地讲，公共关系问题报告的内容，包括在调查研究的基础上，对发生问题的前因后果进行的具体分析和阐述，但是，它不包括解决与处理问题的方法。需要注意的是，它是对目前的“现在正在发生的事情”，而不是对将来的形势或问题进行分析。

## 制订企业公共关系计划

确认企业面临的公共关系问题与形势之后，就必须找出解决问题或适应形势的方法。同时，企业公共关系活动的中心内容——有效地沟通，应该建立在完善计划的基础之上。企业公共关系计划是企业公共关系活动成功的关键。如果缺乏战略思想和计划，就会导致沟通产生与愿望相反的结果，或在非目标社会公众身上浪费资金与时间，甚至会增加问题的复杂性。因此，企业必须制订公共关系计划，以实现既定目标。

**1. 制订企业公共关系计划的程序**

企业公共关系计划的制订，是以企业公共关系目标的确定为起点，并在对环境及其发展趋势进行充分研究与估计的基础之上进行的。其具体程序主要包括下列四个基本步骤：

（1）历史研究。任何企业、任何问题以及任何机会，都有其历史根源。同样，公共关系问题也有其历史根源。对公共关系问题的根源和背景的了解和掌握，有利于准确地确定问题和采取适当的措施来解决问题。此外，如果企业过去曾出现并解决过类似的问题，对历史的研究还可以为我们提供解决问题的有益启示。因此，了解历史情况，应该是制订企业公共关系计划的第一个环节。

（2）外部社会环境考察。在完成历史研究之后，就应该对企业的外部社会环境进行考察。外部社会环境考察，主要是了解企业对外部的哪些社会公众依赖关系较强；哪些社会公众可能给企业带来麻烦和问题；外部社会公众对企业的现状及行为评价如何；企业与社会公众之间存在哪些误解，是否有敌对情绪，以及误解和敌对情绪产生的原因。分析这一系列问题时，可以直接参考调查研究的成果。外部社会环境考察的主要目的，是对外部社会环境中的有利和不利因素进行分析，并据此制定相应的对策，从而使企业公共关系计划适应外部社会环境，以实现企业的公共关系目标。

(3) 内部环境考察。每个企业都有它自己的特点或个性。特点可以从它的政策和日常工作中反映出来，个性则反映企业经营管理的风格：是专制统治，还是分权管理；是公平、坦诚式领导，还是封闭、多疑式统治。

内部环境考察，就是要了解企业的特点和个性、企业运作的规律，以及它们能否为企业内部成员所接受，能否真正促进企业的发展。实际上，对企业特点和个性的考察，就是对企业本身的研究。这一程序与前一程序一样，可以直接利用调查研究的成果。

(4) 趋势展望。这一步骤所关注的趋势，既包括社会政治经济和文化发展变化的趋势，也包括企业本身生存发展的趋势。企业公共关系计划应该对此趋势有所体现，从而使计划具有长期性和协调性。

**2. 企业公共关系计划的内容**

在企业公共关系计划中，仅有抽象的目标和良好的愿望是不够的，必须用尽可能详尽和具体的材料，并灌注热情的语言，以使企业公共关系计划能够得到企业董事会或最高管理层的认可和支持。也就是说，企业公共关系计划，必须以书面材料的形式，向企业最高管理层提交。企业公共关系计划，应详细说明和规定企业公共关系活动目标，并为实现这些目标做出具体的安排。这样可以使企业最高管理层了解和接受公共关系计划，使他们承认和肯定公共关系活动与企业目标的一致性。

为达此目的，在企业公共关系计划中，一般应包含预算、沟通等内容。

(1) 公共关系预算。指确定公共关系目标和项目之后，根据目标和项目对公共关系活动所需人员、费用和时间的预算。一个全面的公共关系预算包括人员预算、经费预算、时间预算。

(2) 公共关系沟通。通常是指组织与其关系单位之间的沟通活动。通过公共关系活动，创造和维持认同感，并通过增强组织对于环境的预测力，提高组织效能。沟通在公共关系中起着增进了解、实现信息互换、协调误解和矛盾、加强协作等积极作用，进行公共关系沟通应遵循互动原则、共感原则、整合原则、实效原则。

**3. 监控企业公共关系计划**

为实现企业公共关系目标而制订的计划形成之后，不能产生一劳永逸的思想，要对计划制订过程中的每一步骤进行检查。检查可以发现并弥补漏洞，增强说服力，防止企业公共关系活动产生相反的效果。比如，站在消费者的立场上，对企业的产品与宣传进行检查，检查企业产品质量和服务质量，检查企业宣传中的许诺，检查宣传媒介，检查宣传的标题和说明等。不断检查就能不断改进，而这最终将有利于企业在市场竞争中取胜。同样的道理也适用于企业公共关系计划，以及依据其开展的企业公共关系活动。

对企业公共关系计划的检查，既包括对计划本身的检查，也包括对实施计划手段的检查；既包括对计划中所包含信息的可接受性的检查，也包括对客观环境变化的检查。

(1) 对企业公共关系计划本身和实施手段的检查，要特别注意计划制订和实施过程中存在的障碍。尽管企业公共关系活动计划的价值是明显的，并为人们所承认，但在其制订和实施过程中仍然会遇到一些障碍。这主要表现在两个方面：

①企业最高管理层在制定经营管理方针政策和具体决策时，常常忽略邀请公共关系人员参加。这种忽略所产生的严重后果就是，在企业经营管理方针政策和具体决策中，没有制定与实施企业公共关系计划相配合的相关措施。

②公共关系人员忙于处理日常事务而缺乏必要的时间，难以对公共关系目标进行思考和对企业公共关系计划进行调整。

如果在检查中发现这些障碍，公共关系人员就应采取针对性的手段排除这些障碍，以使企业公共关系计划能够得以顺利实施，保证目标的实现。

(2) 对企业公共关系计划中所包含信息的可接受性和客观环境变化的检查，主要是指要使企业公共关系计划中的信息能够为社会公众所接受，并能适应社会环境的变化。因为，对于计划制订者来讲，他对所有关于计划中使用信息的问题是很清楚的，但对于信息的接受者来讲则不一定。而且，社会环境是不断变化的，有些是由于社会公众关注焦点的转移，有些则是由于事件本身的发展。这就常常导致企业公共关系计划的失败。因此，为增强计划的生命力，必须对信息含义的同一性进行检验，还应将信息与事件本身和社会环境相比较，使它们相吻合。否则，就有必要对传播沟通的信息进行调整、修改与补充。

## 实施企业公共关系活动

企业公共关系问题一旦确定并得出了结论、制订了计划，接着就应按计划采取具体的行动来解决问题。借助于调查研究的结果和企业公共关系计划，企业便可以开展具体的公共关系活动了。具体的公共关系活动，主要是以沟通为基础来开展的。

**1. 沟通的定义**

沟通，是指人们相互之间通过语言、文字或行为等信息的交互作用，转换、传送和接受思想，引起态度、观点和行为的变化，最后达成共识。

在现代社会中，沟通已成为使整个社会凝为一体的黏合剂。人类的社会生活是在沟通的海洋中度过的，一种声响和一个动作都有丰富的含义，都是沟通的一种方式。专家的研究表明，人的一生大约要花费 70% 左右的时间进行语言沟通——听、说、读、写。在相互沟通的过程中，语言与行为是主要的方式，是表达思想的主要载体。

**2. 实施沟通**

如果孤立地确定影响社会公众的行为规则，那么，这些规则即使不是完全无效，其效果也会令人大失所望。专业化传播媒介和先进的沟通技术，为满足沟通者的沟通需要提供了极大的可能性。即使如此，有效的沟通活动仍然要求沟通者必须根据具体的时间、地点、形势以及社会公众的特点，精心地选择传播媒介和沟通技术。

同时，沟通者在试图改变沟通对象的态度、观点和行为时，应尽可能开展规模较小而影响力较强的沟通活动。

此外，在沟通过程中，沟通者要注意保持信息的持续性，即对一种信息以一种具体形式反复传播。当然，这种重播应有限度，适可而止，并注意精心地选择时间、地点和方法，精心地选择那些可以通过不同途径将信息传播给社会公众的传播媒介。

总之，特定的信息，特定的社会公众，以及沟通者期望得到的特定效果，都要求沟通者必须采用特定的沟通措施。

**3. 沟通事实**

在采取措施实施沟通之前，沟通者必须首先了解和牢记以下沟通事实，以使沟通措施不脱离实际，保证沟通能够达到最终的目的。

(1) 社会公众是由许多个体构成的，这些个体的生活和工作特点各不相同，并分散在社会生活结构的各个部分。他们要受到各种因素的影响，沟通者所传播的信息只是其中的因素之一。

(2) 社会公众乐于阅读、观看或倾听与他们原有知识和认识具有一致性的信息，以及与他们切身利益密切相关的信息。

(3) 各种传播媒介创造了他们各自的社会公众，喜欢某一种传播媒介的人可能不喜欢另一种传播媒介。

(4) 虽然传播媒介对社会公众的态度、观点和行为产生大量的不同影响，但是这种影响却很难量化。

(5) 社会公众对沟通信息的理解存在滞后性，即信息传播与社会公众对信息的理解和掌握，以及依据信息改变态度、观点和行为之间存在一段时间差。

要想顺利实施沟通，并使沟通活动取得成功，沟通者就必须了解和牢记以上事实，并始终把“向社会公众传递信息”作为主要目标。

**4. 实施沟通的措施**

在沟通过程中，沟通者首先需要精确地确定其要影响的目标社会公众，然后再根据目标社会公众对沟通问题的关心程度来制定不同的战略，采取不同的措施，以实现沟通的目标。具体来讲，沟通者可以采取的措施主要有以下 5 个方面：

(1) 确定目标社会公众。沟通者实施沟通的措施，首先是对社会公众进行细分，以确定自己要影响的目标社会公众，然后再调查并确定他们的态度、观点和立场。这样，不仅可以确定沟通者的沟通战略和技术，还可以尽量避免与目标社会公众在态度、观点和立场方面发生冲突。

(2) 设计制作能够为目标社会公众所接受的信息。在了解目标社会公众的态度、观点和立场之后，沟通者应该用目标社会公众可以接受的语言或事例来设计制作信息，以使沟通信息不仅在目标社会公众的接受能力范围之内，而且易于为目标社会公众所接受。

(3) 选择目标社会公众所喜爱的传播媒介。要使沟通取得最好的效果，沟通者设计制作的信息必须全部或大部分为目标社会公众所接受。这就需要利用与目标社会公众所处的社会位置和心理位置最接近，并选择在目标社会公众心目中信誉度较高的传播媒介来传播信息。

(4) 选择适当的时机。沟通者必须根据沟通的目的、所选择的传播媒介和选用的沟通技术的具体要求以及目标社会公众的特点，精心选择和安排实施沟通的时机，甚至通过制造新闻的办法来创造时机。

(5) 排除各种沟通障碍。沟通者还必须根据沟通过程中可能遇到的障碍，采取有针对性的预防措施和排除障碍的具体措施，以保证沟通的顺利进行。

## 评估企业公共关系活动效果

沟通实施之后，企业公共关系活动就进入了下一步骤，即对企业公共关系活动的效果进行评估。实际上，企业公共关系计划的制订、实施及其效果的评价与测量，都属于评估的范畴。

(1) 评估的基本程序

无论评估的企业公共关系活动规模是大还是小，实施效果评估的基本程序都应该得到保证。这些基本程序如下：

①确立统一的评估目标。确立统一的评估目标，并从可观察与测度的角度将目标具体化，是评估程序的第一步。如果评估目标不统一，则会在评估调查中收集许多无用的资料，影响评估的效率与效果。而确立了统一的评估目标，同时将目标具体化，不仅有利于评估资料收集工作的明确化与准确化，有利于将有关问题以评估重点或提问要点的方式形成书面材料，还有利于保证评估工作沿着正确的方向顺利进行。

②征得企业最高管理层的认可。对评估的方法、程序等方面予以充分的考虑和周密的筹划，以及评估工作的具体实施，都需要企业全体人员的共同努力、参与和协作。所有这些都必须以征得企业最高管理层的认可和支持为前提。

③在企业公共关系人员中达成共识。如果公共关系人员自身都没有对评估工作取得一致意见，那么，评估工作就根本无法进行。因此，有必要花时间让公共关系人员对评估工作的所有细节取得一致性意见。

④选择适当的评估标准。没有评估标准，肯定是无法进行评估工作的。评估目标说明了企业公共关系活动的期望效果；而评估标准是评估目标的具体体现和评估工作的尺度。所以，应根据评估目标来选择或确定适当的评估标准以保证对企业公共关系活动实施的效果进行客观公正的评估。

⑤确定收集评估资料的最佳途径。所谓的最佳途径，是在全面考虑了评估目标和评估标准以及评估预算等因素之后，确定的收集评估资料的具体方式和方法。调查不一定是了解企业公共关系活动实施效果的最佳途径。有时企业公共关系活动的记录就能提供这一方面的大量材料；有时，企业公共关系活动在小范围内的试验材料和最终报告，也是十分有效的证明材料。因此，在收集有关评估资料方面，没有绝对和唯一的最佳途径。

⑥完整记录企业公共关系活动的实施。完整的企业公共关系活动实施记录，能够充分反映公共关系人员的工作方式和工作效果。尤其重要的是，它能够反映企业公共关系计划及其实施措施的可行性程度，反映哪些措施是有效的，哪些措施是无力的或者无效的。这样，不仅为企业公共关系活动效果的评估提供了充分的资料，而且还为深入分析企业公共关系计划的制订及其实施措施、评估企业公共关系活动的最终效果奠定了基础。

⑦向企业最高管理层报告评估结果。将评估结果向企业最高管理层报告，应该成为评估工作中的一项固定制度。一方面，它可以保证企业最高管理层及时掌握情况，进行全面的协调；另一方面也可以说明企业公共关系活动在持续地保持与企业战略目标之间的一致性，以及它在实现战略目标过程中的重要作用。

⑧评估结果的充分使用。评估结果不是装饰品，不能只将评估形成的书面结果保存起来，而不在实践中使用。对评估结果的利用是进行评估工作的目的之一。企业公共关系人员必须对评估结果加以充分利用。通过对前一个周期企业关系活动评估结果的充分运用，企业公共关系问题的确定和形势分析将会更加准确，企业公共关系目标的确立和计划的制订以及实施，都将更加符合企业发展的方向而且更切合实际，从而就使企业公共关系活动的每一个周期都比前一个周期表现出更大的影响力，取得更大的成功。

对评估内容按阶段和层次进行划分是非常必要的。这样，可以避免评估工作中一个普遍的错误：把公共关系人员和总经理及企业最高管理层的注意力吸引到发生的表面现象上去，而忽视了本质。沟通专家们把这一错误称为“替代游戏”，用魔术师的话来说就是“转移注意力”。具体来讲，就是将某一层次的评估结果，误以为是另一层次的评估结果。例如，把企业发布宣传单的数量和散发宣传手册的数量以及参加会议的人次数，误以为是企业公共关系活动有效性的评价标准；或者将利用传播媒介的版面篇幅和时间，作为评估对目标社会公众影响的重要数据。

(2) 评估的内容

企业公共关系活动实施效果评估的内容，可以分为 3 个阶段、13 个层次。公共关系活动实施效果评估的 3 个阶段为：企业公共关系活动准备过程的评估、企业公共关系活动实施过程的评估和活动实施效果的评估。3 个阶段及 13 个层次如下：

第一阶段，企业公共关系活动准备过程的评估内容。

①企业公共关系活动准备的背景材料是否充分。

②企业公共关系活动准备的信息是否充实、正确。

③企业公共关系活动准备的信息的表现形式是否恰当。

第二阶段，企业公共关系活动实施过程的评估内容。

①企业公共关系活动过程中发送信息的数量。

②企业公共关系活动中信息为传播媒介所采用的数量。

③企业公共关系活动中接收到信息的目标社会公众数量。

④企业公共关系活动中注意到信息的目标社会公众数量。

第三阶段，企业公共关系活动实施效果的评估内容。

①企业公共关系活动后了解信息内容的目标社会公众数量。

②企业公共关系活动后改变态度的目标社会公众数量。

③企业公共关系活动后发生期望行为的目标社会公众数量。

④企业公共关系活动后增加或保持观望行为的目标社会公众数量。

⑤企业公共关系活动后，是否解决了问题，是否达到了目标。

⑥企业公共关系活动后，社会和文化受到的积极影响。

# 第十章

# 危机的识别与应对

企业在面临危机时可以做些什么？应该怎样做？企业该如何面对确属事实的负面新闻的挑战？这里的建议主要是：当企业面对危机，尤其是当这个危机植根于一个已经或即将暴露的问题时，应当立即承认事实，无论多么令人难堪；并且，应该是以最直接的方式解决问题，即使这样做会使企业行为发生改变。这才是拯救或者恢复企业形象的最佳选择。

## 形象不能用来“遮丑”，解决问题才是上策

时下，国内媒体热衷于谈危机公关，一些出了问题的企业更是利用一切机会搞危机公关。但是这种公关大多是想尽办法为自己遮丑，却不愿意从根本上解决问题。国内不少出了危机的企业不是因为产品质量有问题，就是宣传的功效作用过于夸大，还有就是对待消费者态度与服务质量太差。面对危机，企业不是真诚地解决问题，而是文过饰非，结果可想而知，只能是火上浇油。这样的危机公关，只能引来公众更多的批评和反感，危机公关是起不到什么好作用的。

明智的企业一开始就会端正经营理念与服务态度，真诚对待消费者，不搞虚假广告宣传，把好产品质量关、销售关、宣传关与服务关。否则，如果是企业自身真的出了问题，向新闻媒体扔再多的公关钱也是无济于事的。

“长沙水”的“四面楚歌”，就是很典型的实例。

1998 年夏天抗洪救灾期间，湖南省水利厅购买了 13 万瓶由湖南中康长沙水有限公司生产的“长沙水”送往抗洪一线。谁知，不到半天，塔山英雄旅八连来人报告，喝了“长沙水”的战士中，有中毒或其他不良反应。连队领导随即把剩余的 22 箱“长沙水”打开，结果发现，除 3 瓶没有沉淀物外，其余近 500 瓶均有小碎片、青苔和悬浮状物质。事情发生后，战士们非常愤怒，决定投诉湖南省水利厅。

湖南省水利厅接到投诉后，立即与中康公司联系，协商问题的解决方法。在协商会上，中康公司董事长非但没有就“长沙水”质量问题给战士们一个满意的答复，反而盛气凌人，当众打开一瓶有悬浮物的“长

沙水”一饮而尽。随后声称，他喝了一瓶这样的“长沙水”，却什么事也没有。面对该董事长的荒诞表演，干部、战士无不目瞪口呆，协商会不欢而散。

1998年10月28日，湖南省产品质量监督检验所对“长沙水”进行质量检验后宣布：“长沙水”为不合格产品。至此，新闻媒体纷纷开始披露“长沙水”喝倒了“抗洪英雄”的内幕，中康公司陷入了四面楚歌的境地。

在这起危机事件中，中康公司的表现用“拙劣”两字一点也不过分，事件也从深层次上反映出了企业错误的经营理念和危机管理理念。

本来，自己的产品被拿去支援抗洪英雄，这是绝好的宣传机会，但是中康公司非但没有把握住好机会，反而把有质量问题的产品送给前线的抗洪英雄们喝，这已经有了见利忘义的嫌疑。既然给抗洪将士和水利厅造成损害，中康公司就应向对方表明解决问题的诚意，求得谅解和合作，这样，才有可能尽量减少因失误对企业形象产生的损坏，由被动变为主动。可惜中康公司的行为实在令人失望，最终陷入危机也在所难免。

从整个事件的发展来看，这次危机并不是非常难过的关，因为，在事情发展的过程中，始终存在着化解的机会。可惜，中康公司一意孤行，使得这次事件所产生的负面影响越来越大。

无独有偶，“碧绿液”矿泉水也遭遇过与“长沙水”同样的危机，但是，在正确的理念指引下，企业采取正确的危机公关，使得危机顺利化解，机会再度光临。

## 【案例】“红牛”在中国的转危为安

“红牛”是40多年前在泰国推出的一种功能性饮料品牌，是我国乃至世界功能饮料中的领导品牌，拥有美国65%的功能饮料市场占有率，在我国南方的同类产品中，市场份额也高达90%。红牛饮料之所以具有独特的功能效用，主要是其中含有维生素、氨基酸、咖啡因等成分。不过，也正是因为含有咖啡因等成分给红牛招来了一些麻烦，2001年的一场风波更是将红牛乃至功能饮料行业拖入了一场危机之中。

红牛危机来源于瑞典的一份官方报告，人们怀疑3名瑞典青年因喝了红牛饮料而导致死亡。据调查，这3名瑞典人中有2人是在喝过掺有酒的红牛饮料后死亡的，而另一个人是在繁重工作后，连喝了数罐红牛饮料之后因肾衰竭而死亡的。

瑞典的这则报告引起了一些国家卫生部门的重视，许多国家开始对红牛饮料采取限制措施。一些医生开始评估红牛饮料对人体健康的影响，有营养学家发出警告，红牛饮料与酒混合饮用会引起脱水，损害肝脏和肾，而且喝这种混合饮料会让人处于持续亢奋状态，会导致更多的危险。

2001年7月20日，我国许多媒体报道了这一事件，从而引发了“红牛”在我国的一场产品安全危机。

红牛中国公司对危机事件极为关注，在一开始就作出了比较积极的反应，其产品推广负责人向媒体表示，公司正在加紧与泰国总部联系，了解有关事件的来龙去脉。同时，该负责人还强调，“红牛”产品在不同的国家都会根据当地的食品和医药卫生标准生产，并作适当的调整和修改，中国市场上的“红牛”仅仅在中国境内销售，和其他国家的“红牛”产品虽然使用的是同一个牌子，但成分上是有区别的。

7月24日下午，红牛公司在北京与新闻媒体恳谈，对“瑞典红牛风波”做出回应：

一、强调公司的经营宗旨

公司宣称，对消费者负责是红牛公司的一贯宗旨，公司会置消费者利益于首位。过去，“红牛”从未发生过任何质量问题，今后也将更加严把质量关。将来一旦有任何质量问题，红牛公司将负完全责任。

二、强调迄今中国方面未收到正式报告

公司发言人说，红牛事件发生后，中国公司多方咨询泰国总部和其他海外机构得知，迄今为止，未收到瑞典官方任何通知，亦未收到任何扣压和禁止市场销售的正式文本。值得一提的是，有关红牛饮料致人死亡的这个报道是由美国ABC公司报道的，但是红牛进入美国4年多，美国食品与医药管理局（FDA）从未收到任何相关的投诉，红牛饮料仍然照常发售。另外，红牛只是死者生前使用的食品之一，报道是建立在假设基础之上的，因此具有不确定性。

还有就红牛的外包装过去印有“孕妇及儿童禁忌”，现在印有“成人饮用”字样一事提出疑问，红牛公司解释说：“红牛本身不存在禁忌问题，这是来中国之初，本着对消费者负责的态度，首先向卫生部提出的，该产品的定位是14岁以上的成年人群。事实上，红牛可以和各种饮料、酒类混合饮用，产生不同的口味，不会存在副作用。”

三、宣称中国市场上的红牛绝无问题，不存在潜在危害

红牛公司宣称：供应国内市场的红牛饮料是由红牛公司北京和海南两个现代化生产基地制造的，产品原材料按照英、美国家药典标准进行精心选配，全部使用国内最高等级的原料，所用纯净水经过多重过滤，生产线由意大利引进。中国红牛公司还先后实施ISO9002质量管理认证和ISO14001国际环境管理体系认证，确保产品制造达到国际标准。红牛饮料在中国销售6年中，累计销售数亿罐，但从未出现危及人身健康安全的情况。

红牛此次的新闻恳谈收到了一定效果，不少媒体都报道了新闻恳谈的内容，许多报纸对红牛都做了肯定的结论。红牛公司还积极地向政府有关职能部门、行业协会进行汇报，同时也欢迎政府部门、行业协会以及新闻媒体加强对红牛产品的监督并及时发布客观公正的信息。事后，红牛公司在新浪网上进行了调查，其中13%的消费者表示将继续使用红牛，31%的消费者认为应该看看再说；肯定功能饮料的人数仍在六成以上。从结果来看，红牛中国公司的这次危机处理是成功的。

红牛危机可以说是典型的误解性危机，在危机之前，没有人知道红牛产品成分是国内外有别，红牛中国公司找准了这个点，将危机公关的重点落实于此，避免了一场危机。

古人曾有“流言杀人”的感慨，现实社会中也有过舆论毁人于一旦的教训。因此，对公众的误解，企业必须采用正确的对策加以解决，绝不能“无为而治”，沉默是无法使企业从不利的舆论环境中摆脱出来的。

## 企业成长的“伙伴”

如果说“企业危机”一词对一些企业经营管理者来说比较陌生的话，那么对“消费者问题”、“新闻曝光”、“政府禁令”、“商业窃秘”、“行政监管”和“罢工”等词一定不陌生。事实上，它们就是对企业在经营活动中所面临危机的描述。几乎每个企业都曾经或正在经受着这些问题的困扰。

没有经历过危机的企业不是成熟的企业，在这个意义上，危机是一块试金石，测试的结果有两种：企业要么在危机中再生，要么在危机中消失。

中国企业对于品牌管理的知识并不缺乏，相当多企业家本人就是一流的品牌专家，我们经常会看到许多品牌奇迹，一个不知名的小企业突然一夜间成为家喻户晓的著名品牌，但同时我们又经常看到一个闻名品牌可以在一夜间“壮烈牺牲”，“荣华鸡”就是一个典型的例子。

1994 年，荣华鸡在北京开了第一家分店，并声称：“肯德基开到哪里，我就开到哪儿！”当时荣华鸡快餐公司已成立 3 年，北到黑龙江，南到江西，都有红底白字的“荣华鸡”分店。开业头两年，公司的累计营业额达 1500 万元，最高日营业额 11.9 万元。国内外许多地区向它发出邀请。

当荣华鸡向“肯德基”扬起挑战大旗之时，在一些地段，生意确实超过了洋快餐。但是，快餐行业不允许出售隔天的产品。多余出来，当日无法销售的产品该如何处理。荣华鸡的做法是将多余产品廉价出售给内部员工。在 90 年代初的那个时期，类似 KFC 的快餐是价格比较昂贵且网点极其有限的商品。内部员工可以以低价买到产品，自然非常让人羡慕。经营者无非是想借此收回成本，节约开支。但没想到的是正因为这样一个貌似节俭的决策，反而造成了品牌的失败。

由于积压产品可以靠内部销售处理，因此在生产时便不注意计划，往往一次生产了远远多于销售能力的产品。最后不得不按照低廉的价格销售出去，久而久之，依照同样成本生产的产品中处理品比例越来越高，利润随之越来越低。当人们意识到其中的缘由时，荣华鸡的品牌已经很难恢复生机了。

到了2000年，随着“荣华鸡”快餐店从北京安定门的撤出，荣华鸡闯荡京城的生涯也画上了一个不太圆满的句号。

荣华鸡失败以后，创立荣华鸡的上海新亚集团领导层进行了一番反思，他们发现，产品只是一个表面的现象，在产品背后有很多深层的管理方面的东西。上海新亚集团是上海旅馆业、餐饮业中最大的集团。集团内的国家级的厨师大概有几百名；要说产品开发能力，吃的口味，肯德基绝对比不过它，但是存在的问题在哪里？问题在于这些名师。这些名厨都是手工化操作，教徒弟没办法标准化。一个厨师如果昨天晚上多喝了一口酒，今天的口味可能不一样；今天早晨如果多吃了一点咸菜，与昨天的口感又不一样。所以，每天烧出来的口味是不一样的；教出来的徒弟也不一样。因而，食品就没办法根据标准进行批量化生产。而肯德基之所以能够长盛不衰，在于其产品背后的一套严格的管理制度。肯德基在进货、制作、服务等所有环节中，每一个环节都有着严格的质量标准，并有着一套严格的规范保证这些标准得到一丝不苟的执行，包括配送系统的效率与质量、每种作料搭配的精确（而不是大概）分量、切青菜与肉菜的先后顺序与刀刃粗细（而不是随心所欲）、烹煮时间的分秒限定（而不是任意更改）、清洁卫生的具体打扫流程与质量评价量化，乃至于点菜、换菜、结账、送客、遇到不同问题的文明规范用语、每日各环节差错检讨与评估等上百道工序都有严格的规定。比如肯德基规定它的鸡只能养到七星期，一定要杀，到第八星期虽然肉长得最多，但肉的质量就太老。而包括荣华鸡在内的所有中式快餐，恐怕就没有考虑到，或者即便考虑过也没有细致到这种份上。这正是荣华鸡在与肯德基的较量中败走麦城的原因。

说到底，我们不能简单地从产品质量和结构来看竞争优势。竞争优势归根结底是管理的优势，而管理的优势则是通过细节来体现出来的。肯德基就有这种把细节融入其中的标准化的东西。

同样是面对危机，有准备的企业会从中发现转机，借机成长。上海一家名不见经传的家具厂就是利用一场莫名其妙的信誉危机，借机扬名。

1998年5月，上海《新民晚报》刊发了一则《宏丰厂，你在哪里》的批评报道。原来，一对年过花甲的老人乔迁新居后，花了一万多元买了一套宏丰家具厂生产的聚酯家具，谁知不到一年，好几件家具出现了不同程度的开裂。老人找到销售家具的商场，商场推说厂家早已撤出商场，给了两位老人一个厂家的电话和地址，让他们自己去交涉。老两口在连续打电话不通的情况下，只好找上门去，谁想坐了3个多小时的车，好不容易在浦东找到厂家，却见大门紧闭，一打听，才知道厂家已搬迁多时。两位无助的老人叹息之余找到报社，希望记者帮他们讨回公道。记者非常同情老人的遭遇，在多次查询未果的情况下，写了这篇文章。

批评报道刊出后，坐落在龙吴路上的宏丰家具有限公司一下子开了锅，工人们议论纷纷，厂长室、销售科电话铃声不断。不少经销商、代销商要求暂缓提货，一些客户提出退货，甚至一些已经把家具买回家的消费者也要求退货，一场突发的危机严重地威胁着宏丰家具厂。

在厂里召开的紧急会议上，众人普遍认为，只有尽快在报上刊登《严正声明》，尽快促使报社纠正错误，才有可能度过危机。但是企业顾问却冷静地提出了一套别出心裁的反弹方案，令厂长和与会干部们眼前一亮。

第二天下午，宏丰厂将投诉的两位老人、写批评报道的记者、区工商行政管理局的人员、区消费者协会的工作人员以及宏丰厂的主管单位领导等请到会议室，厂长简短地介绍了一下批评报道见报前后企业的生产情况后，便引导宾客去参观生产车间和成品仓库，让"当事人"亲眼看到，此宏丰非彼宏丰，进而让当事人感到此"宏丰"代彼"宏丰"受过面临的困境。接着厂长郑重宣布：在那家宏丰企业未找到或不敢露面的情况下，他们决定代人受理投诉。厂里将派出由副厂长带领的技术小组去老人家中查看家具的情况，如果可以修复，就免费为老人服务；如果不能修复，就向老人赠送一套本厂生产的优质原木家具，并且保修10年。他们还要运回那套出了问题的聚酯家具，长期地置放在生产车间，让干部、工人把它作为一面镜子、一架警钟。

见面会后第三天，《新民晚报》以《此宏丰非彼宏丰》为题，用比批评报道更大的篇幅，报道了宏丰家具有限公司从“代人受过”到“代人受理”的感人事迹。几天以后，销售趋旺的好消息源源不断地传到宏丰公司厂长室，莫名的危机得以顺利化解。

这是一个很成功的借机反弹的危机管理案例，面对毫无防备的危机，企业不是消极等待负面因素的自然消减，而是利用机会展示企业形象，可以说是一石三鸟：一是树立了企业为消费者负责的良好形象；二是融洽了与政府有关机构、新闻媒体的关系，赢得了他们的支持；三是赢得了消费者的口碑，被安抚的消费者肯定会对企业感恩戴德的，消费者之间的口碑传播效果会让企业受用无穷，这种企业行为的直接与间接效果是无法用金钱来估量的。

翻一下成功企业的历史，我们会发现，几乎每一家都曾经历过大大小小的危机，可以说，每一个成功的企业都是伴随着危机长大的。雀巢就是一个经典的例子。

20世纪70年代，美国爆发了一场著名的“抵制雀巢产品”的运动，当时，雀巢公司只是一味地为自己辩护，结果遭到新闻媒体更猛烈的抨击。整个危机持续了10年，直到1984年，雀巢公司承认并实施世界卫生组织有关法规，才摆平了危机。2002年5月，雀巢公司又遇到了几乎同样的危机，这一次，雀巢公司快速启动危机公关管理机制，调配社会资源，与媒体紧密沟通，对消费者做出解释，以最快的速度做出了正面反应，在很短的时间内将危机潜在的巨大风险消除在萌芽状态。

可以肯定地说，雀巢可以在第二次危机中迅速找准方向，与第一次危机的教训是分不开的。

## 危机产生的信号

危机管理中有一条“海恩法则”，大意是指，在每一次危机发生之前，必然有数十次轻微事故和若干起未遂先兆，如果能及早洞察和读懂这些征兆，就有可能避免最终的危机。这就相当于在大地震降临之前一样，会出现许多异常的情况，如井水喷出地面、天空闪过蓝光、动物发出哀鸣，其实这些都是在地震、山崩等自然灾难之前，大自然以它的语言传递出的某些信号。

一般来说，危机在出现前，会发出以下几种危机信号：

①企业管理者成为热点新闻人物，开始被媒体竞相追逐；

②企业被媒体频繁做负面报道；企业高管人员大量流失；

③企业扩张速度长期超过销售增长速度；

④企业负债过高长期依赖银行贷款；

⑤企业销售额连续下降；

⑥企业连续发不出工资；

⑦企业连续 5 年以上亏损；

⑧企业受到大客户倒闭的牵连。

危机征兆一旦出现了，它的危害会慢慢释放出来，将一个欣欣向荣的企业拖入衰退的境地。我国保健品行业的龙头企业海王就是因为没有发现危机来临前的征兆而陷入这种境地。

### 【案例】海王：无视危机“信号”，走入歧途

1999 年年中，海王生物的税后利润是 2700 万元，到 2001 年年中形

成4200万的高峰后，2002年年中一下子跌到了1200万，幅度之大令人惊诧。

海王2002年的税后利润下降得那么厉害是突然发生的吗？显然不是，其实从2001年度起，海王的经营危机苗头就已经凸现了，为什么这么说呢？我们对海王的内外部环境稍作分析便可知晓。

在内部环境上，海王的2000年主营业务收入比1999年增长125.11%，主营业务利润比上年度增长130.85%。到了2001年度，海王的生产规模比上一年几乎翻了一番，它的主营业务收入比上年增长284.49%，主营业务利润也比上年度增长235.89%，但这只是整体利润，并不是净利润。事实上，虽然海王生物2000~2001年度主营业务的发展非常迅速，但2001年的净利润只比上年增长29.72%。

净利润增长比率没有能够按照规模扩大的比率相应增长，反而下跌明显。这就说明了主营业务的增长不是企业销售率的增长，而是主要依赖生产规模的扩大。通过这番分析我们已经可以得知，海王已经出现了上述危机信号当中的一个：企业扩张速度长期超过销售增长速度。

此外，海王的净资产收益率也是一年不如一年，首先是因为从1999年到2001年净资产由每股1.25元上升到2001的每股7.5元，极大地稀释掉了它的净资产收益率，到2002年第三季度结束，虽然每股净资产下降到了4.9元左右，但净资产收益率却没能够相应地跟上来，只有1.22%，这比起2001年每股7.5元净资产的时候4.79%的收益率，还是呈下降趋势。因此，尽管2002年的资产总额比2001年增加了，但从整体效益来看，在2001年中海王的规模增长并没有带来利润上的增长，这表明企业的销售率没有上涨。现在看来，这其实也是海王内部经营上第二次发出“企业扩张速度长期超过销售增长速度”的信号。

2001年之后还出现了另一种危机信号。

2000年，和以往许多以广告轰炸一夜声名鼎沸的企业一样，海王凭借着大规模生产和大面积的广告轰炸，使海王的市场声誉陡然上升，如果满分100，它绝对在90分以上，而且基本没有什么糟糕的市场舆论。

但自2001年年报出来以后，海王的市场声誉值就几乎开始直线下降了。某报刊上的一篇名为《海王生物，欺诈成就未来》的文章更是一石激起千层浪，别的报纸相继发表了相关的评论。在当时，种种质疑、指责，蜂拥而至，不一而足，有说它弄虚作假的，有说它关联交易太多的，也有说它是只会“讲故事”骗人的骗子，一时间，“海王靠什么成就未来”倒比它的广告“健康成就未来”更火，传播率更高了；随即证监会对它立案调查，更是当头一棒。海王的声誉开始打起了折扣，而且这个折扣是越打越大。就当时来说，它的声誉至少掉到了50分以下。至于海王是否真的作了假，有欺诈或者违规行为，证监会自然会做定论。但就危机而言，这其实就是海王经营危机的第二种信号：企业管理者成为热点新闻人物，开始被媒体竞相追逐。

从对海王经营危机的分析也让我们明白，很多企业危机的出现是有“信号”可查的，一旦企业危机信号产生了，聪明的企业会立即着手危机的解决，而愚蠢的企业总是浑然无知，继续在歧路上奔跑，结果栽了大跟头。

## 【案例 2】漠视让它输掉了整个中国市场

有着百年辉煌历史的爱立信与诺基亚、摩托罗拉并列称雄于世界移动通信业。它在中国市场的份额曾经占到13%，居头把交椅，但自1998年开始，在其后的3年里，爱立信在中国的市场销售额一日千里地从手机销售头把交椅跌落，不但退出了销售三甲，而且还排在了新军三星、菲利浦之后。2001年，爱立信在一场质量官司中的表现，更是无异于自杀。

2001年6月21日，来自全国各地的36名爱立信手机消费者集体向北京市朝阳区法院递交诉状，将爱立信告上法庭。

事件的起因是，爱立信T18、T28这两款手机给这36位购买者带来了无休止的麻烦。原告之一杨建初称，他于2000年5月1日购买了爱立信T18手机，半年内共维修7次，更换主板4块，18次往返于客户服务中心，可还是出现自动关机的毛病。杨建初第一次向法院递交的民事诉状的诉讼请求是：要求爱立信对其产品质量问题做出公开的、真实的解释，并向原告道歉；要求赔偿原告因在手机修理、更换、退货过程中发生的误工费、车旅费等；要求爱立信按照原告购机款的10%赔偿精神损失费；要求对爱立信进行惩罚性赔款；要求退还购机款；由爱立信承担诉讼费用。他在与爱立信公司最初的交涉中提出4.5万元的赔偿，而爱立信没有答应。他又提出另一个方案，要爱立信公司对中国公益事业进行资助，算是对他的赔偿，双方经过多次接触，在赔偿和赞助活动等方面，仍旧没有达成共识。杨建初的遭遇被媒体披露之后，引来上百名有类似情况的爱立信手机用户的声援与支持，致使这一事件由一个个案发展成一个公众性的问题。

应该说，善良的中国消费者已经给了爱立信补救的机会，只不过，爱立信没有好好把握。手机存在质量问题，本来就是一种错误，但更大的错误是爱立信漠视这一错误。

面对众多消费者对企业的投诉，爱立信公司邀请北京几家媒体召开了一个小型记者见面会，会上，爱立信公司表示："T18、T28拥有国家颁发的合格证，质量没有问题。况且一部手机换了4个主板，都出同样的问题，这种情况太罕见了。"爱立信公司负责与媒体联系的一位先生还解释说，T18、T28维修量剧增的原因是"爱立信手机的型号较少，出现故障就会非常集中，不像一些品种多的厂家可以分摊一下。"（仅这一点就犯了危机公关的大忌，自己的问题，为什么要牵扯对手呢？要知道，公然把没有牵扯的同行对手拉到对立面上来，实在是害人又害己。）

此外，另一个情况也让中国消费者对爱立信失去了信心。

据《上海青年报》报道，2000年底，新加坡一些手机用户投诉三款爱立信手机——T28、T10和T18有自动关机和线路差等问题，爱立信公司代表因此向新加坡用户道歉，向消费者协会保证要找出问题的原因，并呼吁使用以上产品的消费者一经发现问题，就将它送到其维修中心检查，承诺爱立信将为这些用户免费更换有故障的手机零件。

爱立信可以向新加坡的消费者道歉，为什么就不能给中国的消费者一个真诚的说法？截然不同的态度不能不让中国消费者感到愤慨。

随着媒体的深度报道，引发了消费者以及知名人士对爱立信的大规模批评，有消息说，爱立信的768、788C以及当时大做广告的SH888，居然没有取得入网证就开始在中国市场大量销售，轻易不表态的中国电信管理部门的声明证实了此事。至此，爱立信手机存在问题这一事实得到了证实。但是，在整个事件中，爱立信一直采用掩耳盗铃的方式来解决问题，一方面拒不承认手机的质量问题，另一方面，试图掩盖业已明显的事实真相，据说，爱立信曾试图拿出几万元广告费来封住媒体的嘴。既然爱立信选择了拒不认错，自然就不会去切实地解决问题。

也许爱立信的产品真的一直做得很好，这起事故只是一个意外，但市场不会花费时间去探究事情的真相，你无视它，它就会无情地疏远你。

拙劣的危机处理方式，让爱立信输掉了它从未想放弃的中国市场。

从爱立信公司的表现来看，还是熟谙危机公关流程的，它对新闻媒体的作用也极为重视，但还存在着问题。

(1) 信息的来源渠道值得反思

据爱立信公司的说法，知道消费者投诉是看到媒体报道之后，投诉都反反复复好几个来回了，公司决策部门竟然不知道，是推托之词还是其他原因，外人无从得知，但爱立信的信息收集、反馈效率之低已经暴露出来。要知道，危机信息的全面收集是危机公关的基础，知道了问题的症结，企业才好及时给予弥补、挽救。

(2) 公关传播的内容值得推敲

在危机中，新闻媒体关注的是双方争执的过程、化解及内幕，是事件本身的新闻性。企业如果没有积极有效的公关举措，仅仅是恳求媒体客观公正地报道的话，正好适应了媒体深入报道的胃口。

危机发生后，公众都是在等待企业的表态——是否低姿态地承认错误、是否愿意承担责任、是否愿意改进等，这些应该成为企业危机公关传播的核心内容。实际上，危机公关正是通过这些积极的努力来赢得消费者的谅解与信任的，譬如，承认失误，做出高姿态的让步，也许企业不太乐意，但最终还是要走这条路。要进行有效的危机公关传播，花言巧语是没有用的，公众也不需要企业的什么花样表演，此时需要的是企业真诚的行动，行动是最关键的。

(3) 对政府机构的忽视

政府相关机构，尤其是某些行业管理部门，对于企业的评价往往具有起死回生的力量。因而，向政府机构开展公关，让政府了解企业的难处，寻求其支持，是非常重要的。爱立信公司尽管声称自己的产品符合国家标准，但依据在哪里？从有关报道中可以看出，中国消费者协会对爱立信还是网开一面的，但是爱立信公司似乎并没有加以珍惜，对于已发生的投诉认识不足，缺乏积极主动的弥补措施从而导致了后来的局面，即使此时中国消费者协会想为之说话也为时已晚了。

(4) 对问题根源的回避。

可以说危机的苗头早已在企业内部有所反应——消费者的维修频率与投诉次数呈增多趋势。小问题往往会导致大问题的产生，这需要企业对一些看似没有关联的发生在消费者身上的小问题加以重新认识，思考为什么消费者会对自己提出这样的要求？爱立信手机之所以产生如此多的雷同投诉，不正说明自己的产品质量存在不足吗？也许企业有足够的理由证明自己的精益求精，但只要消费者看到企业的产品与服务有问题，就绝不会认为企业产品与服务百分之百的好，而是会觉得是百分之百的差。

爱立信在几个环节的小疏漏最终导致自己输掉了市场。从这一点，不难看出识别危机信号有多么的重要。只要企业能早一步发现危机，快一步控制危机，正确地应对危机，企业就一定能转危为安。

## 产品和服务危机

我们先来看一则案例。

2003 年 2 月份，南京的个别消费者发现自己购买的中电通信 CECT928 手机屏幕上出现一句特别的问候语“Hello Chow”，翻译成中文意思是“你好，中国种的狗”，消费者随即向新闻媒体反映。此事经媒体曝光后，立刻掀起轩然大波。许多人认为这是对民族尊严的伤害，是对中国人的侮辱，众多此手机的用户利用网络、电话和报纸等媒体一致向厂家表达自己的激愤之情。中电通信知道此事后，立即向消费者解释说，这句英文实际表达的是另外的意思，即“可爱的宠物狗”，没想到引起了消费者的误解。澄清事实后，他们停止了此种手机的销售，并给已经购买该手机的顾客重新改变了问候语，这场风波才渐告平息。事实上，这句问候语是一句俚语，分不同的场合具有上述的两个意思，但厂家没有意识到消费者的心是敏感的，他们不可能按厂家的思路去走。中电通信这一疏忽几乎一下子断送 CECT928 手机的市场前景，事实澄清后，CECT928 也从火爆的销售状态逐渐沦落为市场的弃儿。

我们再来看一则案例。

娃哈哈在中国儿童饮料市场纵横驰骋了 18 年，连续四年排名中国饮料企业第一名，长期以来雄居中国儿童饮料行业霸主的地位，在儿童饮料市场有着难以撼动的品牌地位和影响力。2002 年 8 月，娃哈哈突然大力宣传上马童装，并宣称要在 2002 年年底在全国将专卖店开到 2000家，以增强娃哈哈童装在国内市场的竞争实力。可是市场是残酷的，不会仅仅为了谁的豪言壮语就实现他的心愿。娃哈哈进军童装的第一炮并没有打响，其专卖店最终只开设了 800 家，距离娃哈哈集团的最初战略目标差了一大截。而且，更令娃哈哈集团的管理层感到沮丧的是，尽管他们随后展开了一系列的产品宣传和市场公关活动，可是其“健康童装”品牌对市场依旧未形成杀伤力，不但消费者漫不经心，就连经销商也显得有些三心二意。

以上两个厂家都是出现了产品和服务危机。产品和服务是企业的灵魂，当企业出现产品和服务危机时，如果处理不当，往往还会引发媒体危机、客户危机、经济抵制、索赔、诉讼等诸多危机。如果处理得当，则有助于企业的技术创新、知名度和美誉度的进一步提升。

通过上面对危机种类的论述来看，引发企业危机的因素大致包括外部环境和内部环境两个方面。企业要生存发展，首先必然要适应外部环境的变化。但如果外部环境的变化是突发性、致命性的，企业就会措手不及，还来不及做出反应就已经陷入危机。有时即使有时间做出反应，但由于受管理机制和自身条件的限制无法做出正确的反应，结果也会使企业陷入危机。

不过，外部环境的变化不一定必然导致危机。因为一个企业作为有组织的生命体，如果具有有效的企业管理，本身就具有反馈和应变机能。出色的企业管理可以预测和监控危机的产生和发展，使濒临绝境的企业起死回生，但是无能的管理面对危机则会束手无策，即使是前途无量的企业也会被断送掉。

## 【案例】雀巢的十年之痛

雀巢公司是全球规模最大的跨国食品公司，具有120多年的发展历史。它所生产的食品，尤其是速溶咖啡，时下人见人爱，风靡全球，是其拳头产品之一。然而，就是这样一个饮誉世界的雀巢帝国，在20世纪70年代却险些信誉扫地，“一命呜呼”。

危机事件起于20世纪70年代末80年代初，当时世界上出现了一种舆论，说雀巢食品的竞销，导致了发展中国家母乳哺育率下降，从而导致了婴儿死亡率的上升。由于当时雀巢的决策者拒绝考虑舆论的批评，依旧我行我素，加上竞争对手的煽风点火，1977年，一场著名的“抵制雀巢产品”运动在美国爆发了。美国婴儿奶制品行动联合会的会员到处劝说美国公民不要购买“雀巢”产品，并批评这家瑞士公司在发展中国家有不道德的商业行为，对此雀巢公司只是一味地为自己辩护，结果遭到了新闻媒介更为猛烈的抨击。整个危机持续了10年之久，正如美国新闻记者米尔顿·莫斯科维兹所言，“抵制雀巢产品”运动是“有史以来人们向大型跨国公司发起的一场最为激烈和最动感情的战斗”。直到1984年1月，由于雀巢公司承认并实施世界卫生组织有关经销母乳替代品的国际法规，国际抵制雀巢产品运动委员会才宣布结束抵制运动。

如今，我们回过头来看一下，其实这场产品抵制运动是完全可以避免的，问题出在雀巢公司未能尽早地注意到社会公众的合法要求，与社会上那些有影响的决策人物的传播沟通工作也做得不好。更为不幸的是，它不能正确地对待社会活动家的批评建议，雀巢公司甚至对一些教会领袖所提出的严肃的道德问题也采取了冷漠的态度，一味强调所谓的科学性和合法性，结果非但没令人感到公司关心社会公众提出的问题，相反还给人留下了公司不肯让步的坏印象。显然，这样的传播沟通是失败的。

当婴儿奶制品问题在1970年第一次被提出来时，雀巢公司试图把它作为营养健康问题予以处理，公司提供不少科学和有关的数据分析，但问题并没得到根本解决，这种处理方法给公众的感觉就是到雀巢公司忽视了他们合法和严肃的要求，从而使得他们对雀巢公司敌意倍增。

当瑞士的一个不大的社会活动组织指责雀巢产品“杀婴”时，雀巢公司以“诽谤罪”起诉该组织且打赢了官司。但那份长长的公开判决书使得这场法律上的胜利变成了公司的一起危机事件，因为它直接导致了公众对其产品的抵制运动。当时，一些政治活动家号召大家抵制雀巢产品时，教会领袖和一些社会团体加入了进来。他们中的一些人把雀巢公司的问题看成是严重的社会政治问题，并认为以营利为目的的企业只关心赚钱，而不管人们的死活。如同现代许多社会政治运动一样，抵制雀巢产品运动在美国开展得尤为轰轰烈烈。虽然雀巢公司在美国既不生产也不销售婴儿奶制品，利益上没有受到太大的冲击，但其美国分公司却因抵制运动而蒙受巨大损失。

雀巢公司作为第三世界婴儿奶制品的最大供应商，成了当时社会活动家批判商业社会的靶子，成了“以剥削来赚利润”的反面企业典型。

那些抵制运动的团体希望雀巢公司能在饱尝抵制运动给其带来的直接和间接后果后，最终了解企业应承担相应的社会责任。他们希望雀巢公司能改变其漠视社会的态度。随着对话的不断进行，情形确实发生了变化，相互的理解沟通对各跨国公司的行为都产生了积极的影响。

从上面的叙述，我们可以看到，与强生公司相比，雀巢公司在“毒奶粉”危机事件管理上失败的根源就在于雀巢公司以大企业、老品牌自居，拒绝接受公众的意见。另外，由于雀巢公司的推销活动，对公众是保密的。这使得雀巢公司与公众之间的信息交流不通。所有这一切，都犯了危机管理的大忌，也就难怪误解、谣传遍起。

## 自身危机管理能力

国内许多企业尚处于建立品牌、树立声誉的阶段，或者近期内还没有品牌建设的计划，求生存是当前重任。大部分管理者都认为：既然没有多少人知道我的企业，也就谈不上在公众面前的形象问题，谈“危机管理”似乎为时过早。

其实这是对危机管理一个片面的误解。首先，被定义为“干扰（企业）事务自然流程的任何事件”的危机，可大可小，甚至会随时发生；其次，再不起眼的企业都有客户。在企业有“状况”时，例如，某一批货物质量出了问题、不能及时付款、企业高层出现人事变动、管理产生震荡、被辞退的员工有意在客户面前诋毁公司等，都需要有人给个“说法”。

对危机的有效管理有助于企业在行业内、客户和员工面前树立稳定、可信、可依赖等重要形象。下面的问题可以帮助企业检查自身的危机管理能力：

①如果在非办公时间出现危机，公司有什么样的内部沟通系统？例如，如果我们星期天上午 9:00 遇到危机，需要多长时间把消息传达到每一位相关责任人？

②公司有什么样的危机管理计划？这项计划最后一次更新是什么时候？以前有没有使用过？它是否有效？它与公司其他的反应计划是否匹配？

③公司有什么内部问题或者弱点？一旦曝光后会对公司的经营造成

怎样的损害？如果某一个心怀不满的员工或股东的诉讼案、政府调查或者新闻调查被公之于众，公众的反应将会怎样？企业将如何做出解释以降低事件对公司经营和公司财务的影响？可以采取哪些措施来把问题发生的可能性降到最低？

④如果出现危机，谁将是最佳的发言人？或者由谁去向大家沟通？如果发言人不在或者不适合这样的场合，由谁替代？他们应对记者尖锐问题的能力如何？对他们的可信度和说服力，公司有多大的信心？在没有危机的时候，谁是指定的发言人？

⑤如果公司发生了危机，发言人应该向公众沟通多少信息？由谁来决定沟通的内容？决定的过程如何？由谁来决定？

⑥公司如何跟管理队伍和员工沟通，使他们首先从公司内部而不是新闻媒体或者客户等外部渠道获得公司消息？公司的顾客、供应商和其他重要听众如何沟通？公司应该如何做？用多长时间去做？

⑦公司的竞争对手在过去几年有什么危机被"曝光"？他们是如何处理危机的？用了多少管理时间？到目前为止，他们为此付出了多少成本？业务损失多少？他们被起诉和政府调查的前景如何？甩掉这样的麻烦用了多长时间？如果事情发生在自己的公司身上，公司会怎么做？从他们的经历中，公司学到了什么？有什么办法比他们做得更好？

对上述的疑问，我们每一个公司自己能够回答多少，自己又能够做到多少，已经做的又有多少？疑问后面还是疑问，而对这些疑问的正确把握能力则是企业认识自己的一种简单的测验，当然，我们的企业在平时的生产运营中，对自己的认识还要更深刻一些，因为没有一个糊涂的企业可以经受住严峻的、长久的考验。

## 【案例】南京冠生园毁于一旦

2001年9月，南京冠生园被揭露使用陈馅做月饼，受到当地媒体与公众的批评。面对即将掀起的产品危机，南京冠生园这家一向有着良好品牌形象的老字号企业，做出了让人不可思议的反应：不是主动与媒体和公众进行善意沟通、坦承错误、赢得主动，把危机制止在萌芽阶段，反而振振有词地宣称"使用陈馅做月饼是行业普遍的做法"。这种不负责任的言辞，激起公众一片喧哗。一时间，谴责、批评、起诉、退货、索赔接踵而来，有着八十八年历史的南京冠生园宛如惊涛骇浪中的一叶扁舟，不久就葬身商海。

许多人至今仍觉得难以理解：为什么一家有着八十多年历史、良好品牌形象的老企业，竟然毫无抵抗力地被一场小危机轻易击倒了呢？

表面看，击倒南京冠生园的直接原因是产品质量问题。但是细究事件的深层原因不难发现，真正把南京冠生园置于死地的不是陈年老馅，而是冠生园脆弱的危机管理意识。

对于企业来讲，危机管理意识就像拦洪大坝一样，可以在对企业不利消息如汹涌澎湃的洪水席卷而来之时，有效地进行疏导分流，将危害降低到最低程度。南京冠生园缺乏的恰恰是这种危机公关处理能力，百年基业也因此一夜间毁于一旦。

南京冠生园的企业领导者在整个事件中的表现，也让我们看到他们对危机管理无知到了可悲的地步。

事情发生后，南京冠生园总经理始终强调两点：一，使用陈馅这种做法在行业内"非常普遍"。这种说法非但于己无利，还引发了行业危机，可谓害人害己。二，在卫生管理法规上，对月饼有保质期的要求，但对馅料并没有时间要求。言下之意，用陈馅并不违规，而是消费者和媒体小题大做了。还说中央电视台的报道是"刻意扭曲"、"误导消费者"，却始终没有向消费者作任何道歉。

企业的百般抵赖不仅令消费者更加寒心，也进一步将自身信誉丧失殆尽。2002 年 3 月 6 日，南京冠生园食品公司以经营不善、长期亏本等理由申请宣告破产。2004 年 1 月 30 日被拍卖，812 万元成了它在人们心目中最后一次评价。

遭遇安全风暴，有成熟危机管理的企业肯定能转危为安，而不是像那些忽视危机、不正视危机的企业那样：自己毁掉自己苦心经营的企业形象，从市场竞争中黯淡败亡。

## 下雨前要买的伞

### 1. 树立危机意识

“预防是解决危机的最好方法”，这是英国危机管理专家迈克尔·里杰斯特的名言。如果把危机比作一场突如其来的大雨，预防就是我们企业事先要买的雨伞。可以说，未雨绸缪，超前预防潜在的危机本身就是最好的公关。

对于企业而言，预防危机的难度在于危机的先兆可能很细小，非常容易被忽略，也可能出现的频率很高，以致麻痹了决策者的神经，还可能从先兆出现到危机爆发的时间极短，企业无暇顾及。因此，危机的预防机制和危机意识的培养要从企业创办的那一天起就着手进行，伴随企业的经营而长期坚持不懈，那种危机出现后才急着去寻找解决的途径，把危机管理当作一种临时性措施和权宜之计都是不可取的做法。对于企业组织来说，没有危机意识，单纯的“硬性危机防预体系”是无力的，超前的、无形的、全面的危机意识才是企业危机防范中最坚固的防线。

在企业经营形势不好的时候，人们自然而然会关注企业存在的危机，但在企业如日中天的时候，居安思危则并非易事，可是，危机往往会在不经意的时候到来。所以，企业进行危机管理首先应树立一种“危机”理念，营造一个“危机”氛围，使企业经营者和所有员工面对激烈的市场竞争，充满危机感，让他们认识到企业随时可能有危机，人力资源、行业、产品和服务等各方面随时可能有危机。用危机理念来激发员工的忧患意识和奋斗精神，不断拼搏，不断改革和创新，不断追求更高的目标。其次，树立危机意识，不仅要在思想上做好准备，而且要在行动上体现出来，这就要对管理人员和职工进行危机教育和培训。这既包括对职工进行普及性的教育如安全教育、居安思危的观念教育，也包括具体应对措施的培训。这种培训可以结合工作岗位对职工进行培训，使职工掌握与自己岗位有关的危机管理的专业知识，明确危机一旦发生，应采取哪些应对措施。这样既可以增强职工应对危机的心理承受能力，又可以为企业及时处理危机赢得时间。

**2. 建立危机预警系统**

由于种种原因，有些危机是“防不胜防”的。此时企业的第二道防线应及时发挥作用，即果断采取措施，把潜伏的危机消除在萌芽阶段。一般而言，除了一些自然灾害、火灾等非人为危机外，大多数危机都有一个演进过程，先是由失误而形成危机隐患，由隐患而形成危机“苗头”，由“苗头”而发展演变为危机。优秀的管理者和公关人员不会坐视危机恶化发展，等危机爆发出来后才着手消除工作，而是着眼于消除隐患，将熄灭危机“苗头”作为危机管理的首选之责。

熄灭危机“苗头”需要企业有一双能够发现危机的“火眼金睛”，在现代企业中，这双“火眼金睛”就是危机预警系统。

危机预警系统就是运用一定的科学技术方法和手段，对企业生产经营过程中的变数进行分析，并在可能发生危机的警源上设置警情指标，及时捕捉警讯，随时对企业的运行状态进行监测，对危害自身生存、发展的问题进行事先预测和分析，以达到防止和控制危机爆发的目的。

危机预警系统主要包括以下几方面内容：

一是危机监测。即对可能引起危机的各种因素和危机的表象进行严密的监测，搜集有关企业危机发生的信息，及时掌握企业危机变化的第一手材料。

二是危机预测和预报。指对监测得到的信息进行鉴别、分类和分析，使其更有条理、更突出地反映出危机的变化，对未来可能发生的危机类型及其危害程度做出估计，并在必要时发出危机警报。危机监测与预报是相辅相成的，它们是企业进行危机预控和处理危机的基础与依据，其中最重要的是收集和整理信息，选择适宜的方法作出判断，以赢得危机处理的时间。

三是危机预控。指企业应针对引发企业危机的可能性因素，采取应对措施和制定各种危机预案，以有效地避免危机的发生或尽量使危机的损失减少到最小。

危机预警的各个部分是相辅相成的，前一部分的工作都是后一部分工作的前提和基础。

**3. 快速处理危机事件**

一旦有了危机预警系统，企业就可以很快地发现企业中可能存在的隐患，但是光发现还不行，“眼疾”还须“手快”，“手快”就是解决问题，至于具体解决的办法我们会在后面的危机处理中详细讲解，在这里我们要强调的是，一个企业在预防危机管理时必须养成“手快”的习惯，这样一旦危机来临，也不至于畏畏缩缩，像狗咬刺猬那样无处下口。

那么究竟怎样培养“手快”的习惯呢?

第一步，成立危机管理小组。

成立危机管理小组是发达国家的成功经验，是顺利处理危机、协调各方面关系的组织保障。委员会成员一般是兼职的，由企业的领导人、公关部、安全、生产、后勤、人事、销售等部门人员组成。其职责有：

①全面、清晰地对各种危机情况进行预测；

②为处理危机制定有关策略和计划；

③监督有关方针和步骤的正确实施；

④在危机切实发生时，应该有人就危机处理给予全面的工作指导和咨询。

第二步，制订危机管理计划。

企业应根据可能发生的不同类型的危机制订一整套危机管理计划，明确怎样防止危机爆发，一旦危机爆发应如何立即做出针对性反应等。事先拟定的危机管理计划应包括：

①任命危机控制和检查专案小组；

②确定可能受到影响的公众以及与自己有关联的企业；

③为最大限度减少危机对企业声誉的破坏，建立有效的传播渠道；

④在制订危机应急计划时，可倾听外部专家的意见；

⑤把有关计划落实成文字，形成规章制度；

⑥对有关计划进行不断演习；

⑦为确保有一群专业人员处理危机，平时应对人员进行特殊训练等。

第三步，做好危机传播方案。

公关专家帕金森认为，危机中传播失误所造成的真空，会很快被颠倒黑白、胡说八道的流言所占据，“无可奉告”的答复尤其会产生此类问题。过时的消息会引起人们猜疑，并导致不正确的报道，使公众怀疑企业对某些信息采取了掩盖手段。因此，有效的传播管理是有效危机管理的基础。危机传播方案包括：

①时刻准备在危机发生时，将公众利益置于首位；

②掌握对外报道的主动权，以组织单位为第一消息发布源；

③确定信息传播所需要的媒介；

④除媒介外，确定信息传播所需针对的其他重要的外部公众；

⑤准备好组织的背景材料，并不断根据最新情况予以充实；

⑥建立新闻办公室，作为新闻发布会和媒介索取最新材料的场所；

⑦在危机期间为新闻记者准备好通信所需设备；

⑧确保危机期间组织的电话总机人员能知道谁可能会打来电话，应接通至何部门；

⑨确保组织有足够的训练有素的人员来应付媒介及其他外部公众打来的电话；

⑩准备一份应急新闻稿，留出空白，以便危机发生时可直接充实并发出等。

第四步，建立处理危机的联络网。

在这一步里，企业根据自身可能发生的危机，与处理危机的有关单位建立良好的联系，形成一种能够相互及时联系的网络，以便危机出现后能及时有效地沟通和合作。这些单位可能包括：新闻媒介、医院、消防、公安部门、邻近驻军、相关科研机构、保险公司、兄弟单位等。事先让他们了解可能出现的危机以及可能寻求的帮助，在危机发生时就可以快速获得支援。

## 危机管理的计划

危机管理的计划主要涉及的方面有：危机管理的组织架构、人员构成、工作地点、处理危机的工作程序、信息发布授权、通信联络保障、与相关方面的协调措施，等等。具体说来可以按照以下几个步骤进行计划的建立：

**1. 成立危机沟通小组**

应该选派高层管理者组成危机沟通小组。最理想的组合是，由公司的首席执行官领队，并由公关经理和法律顾问作为助手。如果公司内部的公关经理不具备足够的危机沟通方面的专业知识，公司可以找一个代理者或者独立的顾问。小组其他成员应该是公司主要部门的负责人，涵盖财务、人力资源和运营部门，这样可保持行动的整体性和一致性。

**2. 选定发言人**

形象沟通常常和事实沟通一样强有力。因此，是否具有沟通技巧和把握大局的能力是选择发言人的首要标准之一。在危机沟通小组里，应该有专门在危机时期代表公司发言的人。首席执行官可以是发言人之一，但不一定是最主要的，因为，一些首席执行官是很出色的管理者，但并不健谈。

**3. 大力培训发言人**

为了避免公众对企业发布的信息产生误会或者曲解，传达信息第一要务就是尽可能地避免误解的发生，这就需要企业的发言人有较高的素质和沉稳从容的办事风格。对发言人的培训，就是能让发言人学会如何妥善应对媒体，最大可能地使公众的说法或分析家的评论与公司的预期方向一致。

**4. 建立信息沟通规则**

公司任何职员都可能是最先获取危机相关信息的人，最先发现问题的也许是看门人、销售人员，也可能是出差在外的经理人，并不是每一个人都知道发现问题后该通知谁。所以，公司应该提前告诉公司所有的人，发现问题后应该通知谁，如何找到他们。

公司需要事先建立突发事件通信“树状结构图”，并分发给每一个职员，该图可以准确说明面对可能发生或已经发生的危机，每个人的具体职责是什么，危机一旦发生首先应该与谁联络。除了有合适的主管人员之外，危机沟通小组中至少要有一名成员和一名候补成员，在突发事件联络表中应该留下他们的办公室及家庭电话、手机号码等快速联系方式。

**5. 确认和了解公司的听众**

事先明确哪些听众与你的公司相关也非常重要。对大多数公司来说，主要是媒体、顾客和潜在消费者，个人投资者也可能包括在内。作为上市公司，还必须遵守股票交易信息规则，并要接受地方或国家法制机构的质询。这就要求企业要掌握他们完整的联系方式，如邮寄地址、传真和电话号码簿，以便在危机发生时期与之迅速地联络。此外，企业还要评估每个人希望寻求什么样的信息，怎样才能在最短的时间内把消息传递给他们。

**6. 预先演练**

如果企业想抢先行动、未雨绸缪，那么就要把危机沟通小组集中起来，预先讨论如何应对所有潜在的危机。这种做法有两个直接的好处。首先，企业可能会意识到，完全可以通过对现有运营方式加以改动，来避免一些危机的发生。第二，企业能够思考应对措施，做好最好和最坏的打算，等等。总之，有备而战总比被动应付要好得多。

以上六个步骤是危机管理中的预防阶段，也是基础阶段。只有事先做好了这六步，才有可能实施下面的步骤。

当然，在一些情况下，企业很清楚危机正在来临，因为企业正在有意引发危机——比如，公司裁员或者进行大规模收购。要是这样的话，企业可以在危机发生前就直接进行以下第七至第十步。

**7. 对危机进行评估**

这一步是在前六步的基础上完成的，如果你已经首先完成了以上六个步骤，你的危机沟通小组就很容易成为信息的接收端，进而就可以决定做出适当的处理措施。

在这一步中，沟通小组首先要确定可能会发生哪些危机，是人为的还是自然的，同时还要确定它们的具体位置。待这些问题确定后，还需要评估两个因素，即危机的大小及发展趋势及频率，这一点非常重要，因为只有对危机的影响力和发展方向有了准确的评估，才可能制订正确的应对方案。

**8. 确定关键讯息**

关键的讯息是指导危机处理的指南。在危机管理中，辨别哪些是重要的信息、哪些是虚假的信息是很重要的。想要把关键的讯息找出来并不容易，但有一点你必须要做到，那就是保持沟通网络的畅通，这其中包括公司内容的沟通网络，也包括公司要与各种媒体以及政府随时保持联系，形成呼应。

**9. 决定信息沟通方式**

沟通方式对于解决危机也是至关重要的。对于公司的职员、客户、潜在的主顾和投资者，你可以亲自向他们简要介绍情况，也可以将讯息以邮件、通信或者传真的方式发送给他们，但是以主要负责人口吻向他们沟通是最好的。

对于媒体，要向其提供新闻稿和解释信，或者让其参加公司举行的一对一的情况介绍会或新闻发布会。选择的方式不同，产生的效果也不同。因此，公司里必须有一个专家熟知每一种方式的优缺点。

**10. 安全渡过难关**

无论危机的性质如何，无论消息是好还是坏，也无论你准备得如何认真、做出的应对如何谨慎，总有一些人的反应与你的愿望背道而驰。该怎么办呢？很简单：

客观看待这些负面的反应。是你的错吗？还是他们一厢情愿的理解？了解这些疑问以后，判断再进行一次沟通是否有意义，是会让他们改善对公司的印象还是会加深对公司的恶感。根据判断寻找一种让企业渡过难关的最佳方式。

以上这些工作都是沟通计划的一部分。缺乏计划，会导致控制损失所需的时间和成本增至两倍或者三倍。延迟也可能带来无法挽回的损害。相反的是，建立应对未来危机情况的模式和运作基础，只需要好好计划一次，并且不断稍加更新即可。换句话来说，危机沟通计划是一种成本相对较低的办法，它可以避免将来花费更高的代价和面对更大的烦恼。

### 【案例】某国际大型轮胎公司的危机处理计划

第一，建立危机处理指挥中心

①建立指挥中心的组织机构，安排人员及确定职责，立即展开工作

②招募必要的专业顾问，例如法律顾问、公关顾问、管理顾问、财务顾问等，对危机发展的可能情形进行预测，计划并制定相应对策

③指挥各相关业务部门展开危机处理：生产计划、财务、销售与市场、制造、采购与后勤、法律、人事等

④指挥公共关系和企业形象管理工作

第二，制订全面的沟通计划并立即执行。沟通的领域包括：

①媒体沟通（媒体关系管理、新闻发布渠道、新闻材料准备、信息收集与跟踪等）

②政府沟通（联邦政府运输部、联邦议会、各州政府、消费者保护机构、国际相关机构等）

③员工沟通/工会沟通/投资者、股民沟通

④业务伙伴沟通（供应商、汽车制造商、贷款银行、运输商、经销商等）

⑤法律事务沟通

第三，保证业务运营的连续性，及时展开灾难恢复工作

①战略规划与预测：历史数据已经无法用于业务预测，需要调整企业计划；过去的预算制定方法与结果都需要调整

②生产计划：危机发生时生产体系的灵活性是关键，不应追求设备利用率

③库存调整：需要快速处理当前的大量库存以保障生产资金；绩效

管理体系需要调整，成本控制暂时让位于按时供货

④风险管理：发现可能的风险并制定相应政策及时处理

第四，政府与监管方面的风险

①债务和欺诈风险

②媒体和公共形象风险

③各种业务风险（财务、广告、制造、供应链等）

第五，关于问题轮胎召回方面的后勤处理

①发现并确认有问题的轮胎

②退货与替换

③回收轮胎的销毁处理

④发货与运输

⑤财务处理

⑥发现并避免欺诈

## 危机处理应遵循的原则

如何处理危机是一个综合性、多极化的复杂问题，企业在进行危机处理时，必须遵循一些基本的危机处理原则。那么在处理危机时，应该遵从哪些原则呢?

**1. 第一时间原则**

处理危机时，如果你没有极快的反应速度，不论你有多强的实力，都会招致灾难。这是因为危机的危害是逐步加深的。就拿危机的不当信息传播危害来说，在危机出现的最初12~24小时内，消息会像病毒一样，以裂变方式高速传播。而在这时候，充斥着各种谣言和猜测，真实的消息往往不多。公司此时的一举一动将是外界评判公司如何处理这次危机的主要根据。媒体、公众及政府都密切注视公司发出的第一份声明。对于公司在处理危机方面的做法和立场，舆论赞成与否往往都会立刻见于

传媒报道。如果公司在信息沟通上慢了一步，公众的舆论就会置你于死地。因此公司必须当机立断，快速反应，果决行动，与媒体和公众进行沟通，从而迅速控制事态，否则会扩大突发危机的范围，甚至可能失去对全局的控制。危机发生后，能否首先控制住事态，使其不扩大、不升级、不蔓延，是处理危机的重中之重。

1993年7月，美国百事可乐公司突然陷入一场灾难。美国的各个角落都在传说，在罐装百事可乐内接连出现了注射器和针头。甚至有人活灵活现地描述针头如何刺破了消费者的嘴唇和喉咙。与此同时，在艾滋病蔓延的美国，人们立刻又把此事与传染艾滋病联系起来。霎时间，许多超级市场纷纷把百事可乐从货架上撤走。

为了避免更大的危机发生，百事可乐公司及时、迅速、果断地推出了一系列措施，一方面通过新闻界向投诉的消费者道歉，并感谢他们对百事可乐的信任，还给予其一笔可观的奖金以示安慰，同时邀请他们到生产线上参观，使其确信百事可乐质量可靠。另一方面百事可乐公司不惜代价买下美国所有电视、广播公司的黄金时段和非黄金时段反复进行辟谣宣传，并播放百事可乐罐装生产线和生产流程录像，使人们看到饮料注入之前，空罐个个口朝下，从高温蒸汽和热水冲击消毒到立即注入百事可乐饮料，再到封口，整个过程只有数秒钟。通过录像，消费者认识到任何雇员要在数秒钟之内将注射器和针头置于罐中都是不可能的。

随后百事可乐公司还通过与美国食品与药物管理局密切合作，请该局出面揭穿这是件诈骗案，由于政府部门主管官员和公司领导人共同出现在电视荧屏上，事实最终得以澄清。

由于百事可乐公司对这场危机有迅速的反应，及时地把真相告知公众，其声誉很快地得到恢复，公众对其产品也就更加信赖，百事可乐不仅没有在危机中毁灭，相反在危机中更得到了提升。

**2. 全局性原则**

在进行危机管理时必须具有全局意识，绝不可顾此失彼。只有这样才能透过表面现象看本质，创造性地解决问题，化害为利。

危机管理的整体运作关键是要做好以下几点：

(1) 保持清醒，以静制动。

危机会使人处于焦躁或恐惧之中，令人心神不安。所以企业高层在处理中应保持清醒，以“冷”对“热”、以“静”制“动”，镇定自若，以减轻企业员工的心理压力，给外界一个坚强干练的形象。

(2) 统一观点，达成共识。

在企业内部迅速统一观点，对危机形成一致的认识，包括好的和坏的方面。这样做的好处是可以避免员工的无端猜测，从而稳住阵脚，万众一心，共同抵抗危机。

(3) 组建团队，各负其责。

一般情况下，危机公关小组的组成由企业的公关部成员和企业中涉及危机的高层领导直接组成。这样，一方面可以保证高效率，另一方面也可以保证对外口径一致，使公众对企业处理危机的诚意感到可以信赖。

(4) 谨慎决策，迅速实施。

由于危机瞬息万变，即使信息匮乏，危机决策也要迅速，任何模糊的决策都会产生严重的后果。企业必须最大限度地集中决策使用资源，迅速做出决策，系统部署，付诸实施。

(5) 利用资源，借助外力。

当危机来临，企业不要把自己看作是唯一可以挽救自己的救世主，而是应该和政府部门、行业协会、同行企业及新闻媒体充分配合，联手对付危机，在众人拾柴火焰高的同时，增强公信力、影响力。

(6) 标本兼治，消除危机。

要真正彻底地消除危机，需要在控制事态后，及时准确地找到危机的症结，对症下药，谋求治“本”。如果仅仅停留在治标阶段，就会前功尽弃，甚至引发新的危机。

以上六个方面的工作是企业处理危机时必须做到的，如果其中任何一个环节出了问题，那么这个危机的整体性处理就是不成功的，其结果就是给企业带来一定的损失。下面这个案例可以作为例证。

1984年12月3日深夜，从印度博帕尔一个地下储藏罐中泄漏出来一股有毒的气体，覆盖了周围25平方英里的土地。凌晨时，已有1200人死亡，20000人中毒。这种毒气是印度农民和果农所用杀虫剂的基本原料，由美国联合碳化物公司印度分公司生产的。灾难发生后，新闻媒介的记者、环境组织的代表、政治家、毒气专家迅速介入，有关博帕尔事故的报道在几小时内就出现在报纸的头版头条。

美国联合碳化物公司总部得到消息后，立即向全世界各地的分公司发出指令，停止该种气体生产和运输，并于当天在总部所在地康涅狄克举行新闻发布会，同时派出一个由1名医生、4名技术人员组成的小组赴印度调查事故原因。第二天，公司董事长沃伦·安德森冒着被逮捕的危险飞到了印度作第一手调查。

由于反应及时，联合碳化物公司逐步赢得了主动权。但是由于缺乏系统的危机管理运作，联合碳化物公司的管理人员对记者的提问和猜测莫衷一是。结果，不少记者在新闻稿里开始猜测有关事故的原因、工厂的安全保障情况、致命化学品是否能在人口密集地区进行生产、可能出现的大规模索赔以及公司应该承担的责任等问题。这些猜测作为头条新闻广为传播，使联合碳化物公司付出了沉重的代价。

### 3. 承担责任原则

危机发生后，公众会关心两方面的问题：一方面是利益的问题，利益是公众关注的焦点，因此无论谁是谁非，企业应该勇于承担责任。即使受害者在事故发生中有一定责任，企业也不应首先追究其责任，否则因为利益上的原因，双方会各执己见，加深矛盾，从而引起公众的反感，不利于问题的解决。另一方面是感情问题，公众一般都很在意企业是否在意自己的感受，因此企业应该站在受害者的立场上给予一定的同情和安慰，并通过新闻媒介向公众致歉，解决深层次的心理、情感关系问题，这样即使公众中有人受害了，也会赢得他们的理解和信任。

实际上，危机发生后，公众和媒体往往在心目中就有一杆秤，会对企业的所作所为提前有一个预期，即企业应该怎样处理我才会感到满意。因此企业绝对不能选择对抗，态度至关重要。

2004年沸沸扬扬的“砸奔驰事件”在国内外反响不小。事情发生的缘由是一位姓王的先生买了奔驰以后，发现车子存在故障，于是找奔驰公司要求换车，可是奔驰公司置之不理，王先生一怒之下砸了奔驰车。这是奔驰在中国被砸的第二辆车。在此之前，奔驰车由于出现同样的问题，已经被一位客户砸过一次。

在“砸奔驰事件”中，奔驰公司的所有声明都含有对消费者的指责，并对消费者行为做了令人难以接受甚至反感的定性。第一辆奔驰被砸后，奔驰公司的声明是：“极端的、没有必要的行为”、“非理性的而且无意义的举动”、“不必要且侵害我公司的权益的行为”。几顶大帽子盖下，又没有实质性的解决措施，连旁观者都看不下去了。在第二辆奔驰被砸后，奔驰的指责几乎升级为外交恐吓：“希望王先生的行为不会给正在进行国际化的中国造成不良影响。”此时，奔驰给人的联想只有店大欺客和蛮横自负，结果使自己为解决这一事件做的很多努力都付诸东流。

奔驰以为自己的力量可以阻挡消费者的投诉这道“洪水”，但是“洪水”却将奔驰公司憎恶的形象印在了中国消费者心中。事件过去以后，我们回过头来想想，奔驰公司在这场危机事件中的失败，主要是因为犯了一个巨大的失误，那就是：没有真诚地和客户沟通，和客户形成了对抗关系，对用户无端指责和威胁，从而使公司很快在公众中形成难以磨灭的傲慢自负的形象。

**4. 权威证实原则**

在危机发生后，企业如果自己整天拿着高音喇叭叫冤往往起不到作用，甚至适得其反，所以要学会曲线救国，请重量级的第三者在前台说话，使消费者解除对自己的警戒心理，重获他们的信任。

1983年，英国利维兄弟公司推出“宝莹”牌新型超浓缩加酶全自动洗衣粉，并迅速取得成功，市场占有率一度上升到了50%。但不久报纸和电视纷纷报道这种新型洗衣粉会导致皮肤病，结果，该洗衣粉的市场份额急剧下降。

在危机发生后，利维兄弟公司没有只是一味地为自己辩解，而是采取了两方面的措施：

(1) 由消费者实话实说。利维兄弟公司开展了一个公关活动，在电视、报纸以及宣传单上，由不同的家庭妇女担任广告的主角，对产品大加赞誉，称“已有500万家庭妇女认为新型的‘宝莹’牌全自动洗衣粉是当今最好的洗衣粉”。

(2) 由权威专家实话实说。公司安排皮肤病专家进行独立实验，结果表明，“0.01%的皮肤病患者可能与使用新型‘宝莹’牌全自动洗衣粉有关”，但是，“与其他同类产品相比，它的这种百分比要小得多。”也就是说“宝莹”洗衣粉是当今世界上最安全的洗衣粉之一。

通过消费者的肯定和权威专家的鉴定，“宝莹”洗衣粉很快便收复了失地。

通过前面所提到的几个案例相对比，我们可以看出企业之间的理念差异所在，看出企业经营之“道”的不同。同样面对公众对企业的质疑，有的是百般辩解，为自己的责任开脱找借口，就是在铁证如山的情况下也不承认错误；有的却是主动地承担责任，回收产品，即使这种威胁是潜在的，做到了一个企业分内可以做到的极致。差别显而易见，企业理念在这里发挥的作用很大。可以说，有什么样的企业理念，就会有什么样的危机公关。

无论怎样，企业发生了危机，都意味着某些环节出了问题，这是绝对不能回避的，而危机重建只是在此前提下采取的挽救活动而已，在危机来临后，表现出对公众负责任的企业理念和经营态度来，这点是最重要的。

实际上，只要企业具有真诚的态度，危机公关有时能起到起死回生的作用。比如欧洲的疯牛病及二恶英事件，均对国外知名食品企业的产品安全构成了一定的威胁，为了不影响其在华市场，这些企业立即向媒体宣布，他们在中国境内生产的产品全部采用本土原料。如果没有这种及时的危机公关，他们在中国市场的销售势必受到影响。

还有一点也是非常重要的，那就是如何处理同行企业间竞争与合作的关系。南京冠生园陈馅事件曝光后，负责人不但不承认错误，反倒说这种行为是行业的“常规”，结果许多企业被拉下水，作了垫背。全国冠以“冠生园”头衔的食品厂更是受害不浅，以至于最后将一件单一企业的危机事件演变成了行业危机。

拉人垫背、落井下石，都是企业不成熟的表现，但是，从目前的情况来看，很多企业会犯戒。他们不愿意自己成为冤死鬼或替罪羊，总是想把事情闹得更大，拖更多的企业下水，使得新闻媒体分散对自己企业的注意力以便于事情的不了了之，结果常常是害人又害己。这种不负责任的举动，是企业理念不成熟的体现，这是企业应该注意的问题。

任何时候，企业一定不要忘记：度过危机仅仅意味着新一轮服务的开始，它需要企业兢兢业业做好每一天的工作，须知罗马不是一日建成的。但是，企业理念说起来容易，要真正落实到企业的经营活动中，可就绝不是一件容易的事情，需要企业上下的团结一致，共同致力于落实顾客满意战略。如果我们不能杜绝外在的危险，那么就应在企业内部构筑起一道强大有效的危机预防机制的屏障。

## 【案例】“碧绿液”的绝地反击

“碧绿液”是法国著名的矿泉水品牌，产品行销世界，在美国市场占据着重要的市场份额。1988 年 2 月，美国食品与医药管理局突然宣布，经过对“碧绿液”抽样检查，发现一些矿泉水含有超过标准 2~3 倍的化学成分——苯，长期饮用可致癌。这一结论无疑是对“碧绿液”当头一棒，“碧绿液”公司意识到企业信誉受到挑战。在接下来的时间里，“碧绿液”显示出了超常的危机公关能力。

面对沉重的挫折，“碧绿液”公司既没有保持沉默；也没有“破罐破摔”，退出市场，而是抓住这起事件，借机反弹，推出了一系列惊人的举措，重新树立了公司的信誉。

在报纸报道上述消息的第二天，公司总裁就公开宣布："公司收回2月9日以后出厂销往世界各地的全部产品，就地予以销毁。"有心的人们注意到总裁宣布的是"世界各地"，而不是只局限于美国一地。这一来，据估计，被销毁的矿泉水达1.6亿瓶，直接经济损失达2亿多法郎。

紧接着，他们公开检讨了自己的失误，总裁以准确的数据，公布发生事故的原因，宣称这是一项人为的技术事故——在净水处理过程中由于滤水装置没有定期更换，使滤水能力下降而造成含苯量过高，这就排除了水源被污染的因素。同时，"碧绿液"矿泉水公司还宣布对滤水系统采取了新的技术处理等各种措施。企业这些勇于大退一步的异乎寻常的举动，起到了迅速恢复消费者对"碧绿液"信心的作用，避免了危机的恶化。

然而，该公司的举措并没有到此结束。为了恢复公司信誉，巩固市场，他们又进一步发动了大规模的宣传攻势。在"碧绿液"重新上市的当天，几乎所有的巴黎报刊都用了整整一个版面刊登广告。在绿色玻璃瓶上端的商标上，还印上了显眼的"新产品"字样，并配有文字说明："出于对产品、质量的追求和消费者的尊重，我们加强了技术管理以保证其纯度，'新产品'这个标签就是这种纯洁度的标记。"

在危机发生地的美国，公司在广告宣传上更是费尽心机，总投资1.55亿法郎的广告费绝大部分投入美国市场，引发了爆炸性的轰动效应。一系列的措施，加上强大的宣传攻势，再次征服了美国消费者的心，信誉危机终于烟消云散，并为企业创造了更完美的企业形象，也带来了丰厚的利润。

在这个案例中，"碧绿液"矿泉水公司处理危机的举措是出色的，他们不仅没有在危机面前束手无策，而且勇敢地借机反弹，树立了一个企业危机管理的成功范例。

## 危机公关，将坏事变成好事

危机处理要注重后效。危机公关既要着眼于当前危机事件本身的处理，又要着眼于组织良好形象的塑造。因为危机与机遇并存，所以危机公关做得好，就有可能将坏事变成好事。

商业活动中，有时坏事可以变成好事。当不利于本企业形象的事情发生后，要通过妥善处理，主动向公众暴露企业存在的缺陷，一方面可以争取大家谅解，加深企业在人们心目中的印象，为树立良好形象创造机会；另一方面，可以借助社会压力使企业自身加强经营管理，改正错误，杜绝类似情况再次发生，从而树立企业敢做敢当的良好形象。如果一味地拖延、沉默，只能使企业失去改正错误的机会。

克莱斯勒企业有几家工厂擅改汽车里程表，被指控为伤害人身安全罪，还有一些车在试车的时候没有过关被弄坏了，可是修理后又当作新车卖掉了。对克莱斯勒的控告，很快在社会上引起轩然大波。

针对新闻媒介的大肆宣传和舆论的谴责，企业马上召开董事会，制订出了一套解决的方案：买回全部损坏的汽车，延长那些没有安上里程表的汽车保修期两年；对汽车的主要系统实行全面保修；刊登广告对外宣传企业方案；召开记者招待会，向顾客公开道歉。

方案一公布，人们作出了很好的反应，许多人对这种做法表示赞赏。这场风波终于平息，并使企业的形象得到更好的树立，创造出更好的经济效益。

也有发生这类事情而置之不理的，其后果当然也就不一样。

某啤酒厂生产的啤酒，接连发生爆炸伤人事件，多起消费者投诉，要求该厂速派人解决啤酒瓶爆炸伤人问题。但厂家竟以各种理由一拖再拖，不肯派人，几个月后才派去了一位根本没有决策权的普通业务员。对此，《市场报》头版头条予以揭露，使企业造成巨大损失。

最后啤酒厂只好采取了补救措施，派厂长助理向顾客道歉，共同查明爆瓶的主要原因，并对受害者给予经济赔偿。但因采取措施不及时，也就没有什么好效果。

坏事犹如一个陷阱，跳过去就可化险为夷；否则，有可能“雪上加霜”。处理于企业不利的事情必须当机立断，采取对策，行动迅速。凡是当场能决断的，不要推到以后；凡是今天能拍板的，不要拖到明天。争取将坏事变为好事，为企业创造提高知名度的机会。

2004年12月27日，全国的一些媒体报道了卫生部关于“2004年度食用植物油监督抽检情况的通报”，其中营口渤海油脂工业有限公司生产的“900ml金龙鱼大豆色拉油因酸价指标超标被卫生部抽检判定为不合格产品”。该抽检产品生产日期为2004年4月24日，抽检地点为吉林省辽源市银杉超市，检测结果：酸价为0.5，超出国标（0.3）的标准。

事发当日，金龙鱼经了解情况，立刻就通过《山西晚报》、《法制晚报》、《成都商报》等媒体发出声明：金龙鱼在第一时间对全国八家生产企业进行全面复检，尚未发现任何不合格的产品批次，被卫生部抽检判定酸价超标的产品主要在东北地区，其他地区没有此批次产品。

12月28、29日，金龙鱼各地相关新闻发言人纷纷通过新浪财经、《信息时报》、《厦门晚报》、《法制晚报》、《成都商报》、《东方早报》、《江苏商报》、新华网等媒体发出《关于吉林省辽源市900ml金龙鱼大豆色拉油酸价超标问题的回复》，对金龙鱼所采取的行动告知给消费者。

12月30日，金龙鱼又通过媒介发布：卫生部紧急澄清抽检结果——色拉油“不合格”疑与经营环节有关的系列报道。卫生部发布的第二次通报中指出：卫生部同时在全国对其他6个批次金龙鱼大豆色拉油进行了抽检，各项抽检指标均为合格，造成单一批次的酸价超标很有可能是在流通环节诸如储藏、运输、销售等造成的，而且植物油国家标准也表明：酸价低于3.0对人体健康都是无害的，而在安全范围内（0.5）酸价的高低只是区分食用油等级的标准之一，因此，金龙鱼等著名品牌的食用油均为合格产品，消费者可以放心食用。

12月31日，金龙鱼再次通过《法制晚报》等大众媒介公开：正式提出要求卫生部复检。

2005年1月6日，正式复检结果出来后，金龙鱼更是连续在国内各大网站及报纸如：广州日报、南方都市报、新京报、环球时报等，以新闻和广告相结合的方式刊登出《全国35个省市级权威部门检测金龙鱼完全符合国家标准》。

嘉里粮油声明中声称，12月27日开始到12月30日的四天时间，共有31个卖场下架，在全国市场，销售量和去年同期相比减少了50%，重灾区只有去年同期的20%；到12月31日，下架的卖场全部恢复上架，销量逐步开始回暖，至2005年1月8日，销售量已经达到去年同期的同等水平。

领导者在进行危机公关时，除必须遵循一些基本程序之外，还必须掌握一定的危机公关技巧。这样才能尽快平息危机，消除危机。

(1) 积极主动处理危机

一旦危机产生就必然需要处理，不管其性质、类型和起因，都要求领导者应该首先把责任承担起来，马上进行处理，即使起因在受害者一方，也应该首先消除危机事件所造成的直接危害，以积极的态度去赢得时间，以正确措施去赢得公众。不应一开始就采取消极、被动的态度，追究责任，多方面埋怨，推诿搪塞，这样既浪费了时间，还可能使危机处理无从谈起。

(2) 对危机进行如实宣传

危机处理要求实事求是，如实宣传，切忌假宣传。危机发生后要如实地与公众沟通，并主动地与新闻媒体取得联系，公开事实真相，避免小道消息流传，以讹传讹，从而避免公众的过分恐慌，使公众和新闻界不去估计和作出缺乏现场感的“分析”。如实宣传就是要靠事实说话，真实是理解的钥匙，事实胜于雄辩。

(3) 创造性地开展工作

领导工作要求创造性。领导决策更需要有创造性，渗透着创造性的危机处理其结果往往是“旧貌换新颜”，有时甚至还会出现一个出乎人们预料的美好结局。其实，所谓创造性策略就是在设计危机处理方案时，在充分考虑各方面的条件下，因人、因地、因事制宜，从而使社会、公众、组织能从中受益。

(4) 重视情谊联络

在危机事件中，公众除了利益抗争外，还存在着强烈的心理埋怨。因此，在处理中领导者不仅要解决表面的利益问题，而且要根据人的心理活动特点，采取恰当的心理联谊策略，解决深层的心理、情感关系问题。

情谊联络主要是为了弥补、强化组织与公众的情感关系，有的因生疏而造成的危机事件中，直接利用情谊联络的方式，就可以达到消除危机、增进友谊、发展感情的目的。公众都是有感情的人，公众情感是在对组织和领导者的评价和情感体验基础上形成的，具有重要的行为驱动作用，是公众理解和支持领导者和组织的动力源泉之一。

(5) 超前行动

危机性事情往往具有潜伏性的特征，但许多事情还是可以预测的，只是不知道会在什么时间、什么地点爆发罢了。这一策略就是指领导者要通过经常性的调查分析，及早发现引发危机的线索和原因，预测出将要遇到的问题以及事件发生后的基本发展方向和程度，从而制订多种可供选择的应变计划。对一切有显露的问题要积极采取措施，及早做出处理，将危机扼制在萌芽状态。对没有显露的问题也要细心观察，做好防御，以便在问题显露时作出快速反应，努力减少危机造成的损失。

(6) 注重后效

危机处理要注重后效。这是指既要着眼于当前危机事件本身的处理，又要着眼于组织良好形象的塑造。不能采取头痛医头、脚痛医脚的权宜之计和视野狭窄、鼠目寸光的短期行为，而要从全面的、整体的、未来的、创新的高度进行危机事件的处理。因为危机与机遇并存，所以危机处理必须努力取得多重效果和长期效益。

(7) 勇担责任

危机处理中最重要的就是勇于承担责任，千万不能推卸责任，置公众利益于脑后，那样只会搬起石头砸自己的脚，使危机状态更加严重，甚至出现不可控的结局。

## 【案例】强生的五板救命大斧

1982年9月29日和30日，在芝加哥地区发生了有人因服用美国强生公司生产的含氰化物"泰诺"而中毒死亡的事故。起先，仅3人因服用该药而中毒死亡。可随着各种消息的扩散，据称美国全国各地有250人因服用该药而得病和死亡，其影响迅速扩散到全美各地，调查显示有94%的消费者知道泰诺中毒事件。这对强生公司来说，危机真正来临了。

危机事件发生后，由首席执行官吉姆·伯克为首的七人危机管理委员会，果断地砍出了"五板斧"，这五板斧环环相扣，招招命中要害。

第一板斧：抽调大批人马立即对所有药片进行检验。经过公司各部门的联合调查，在全部800万片剂的检验中，发现所有受污染的药片只源于一批药，总计不超过75片，并且全部在芝加哥地区，不会对全美其他地区有丝毫影响，而最终的死亡人数也确定为7人，并非像消息所传的250人。

第二板斧：虽然受污染的药品只有极少数，但强生公司仍然按照公司最高危机原则，即"在遇到危机时，公司应首先考虑公众和消费者利益"。强生公司在全国范围内立即收回全部价值近1亿美元的"泰诺"，并投入50万美元利用各种渠道和媒体通知医院、诊所、药店、医生停止销售此药。

第三板斧：以真诚和开放的态度与新闻媒介沟通，迅速传播各种真实消息，无论是对企业有利的消息，还是不利的消息，他们都毫不隐瞒。

第四板斧：积极配合美国医药管理局的调查，在五天时间内对全国收回的胶囊进行抽检，并立即向公众公布检查结果。

第五板斧：为“泰诺”止痛药设计防污染的新式包装，以美国政府发布新的药品包装规定为契机，重返市场。1982年11月11日，强生公司举行大规模的新闻发布会。会议由公司董事长伯克先生亲自主持。在此次会议上，他首先感谢新闻界公正地对待“泰诺”事件，然后介绍该公司率先实施“药品安全包装新规定”，推出“泰诺”防污染新包装，并现场播放了新包装药品生产过程录像。美国各电视网、地方电视台、电台和报刊就“泰诺”重返市场的消息进行了广泛报道，公众也给予了积极的回应。

事后查明，在中毒事件中回收的800万粒胶囊，只有75粒受氰化物的污染，而且是人为破坏。公司虽然为回收付出了一亿美元的代价，但其毅然回收的决策表明了强生公司在坚守自己的信条：“公众和顾客的利益第一。”这一决策受到舆论的广泛赞扬，其中《华尔街周刊》曾评论说：“强生公司为了不使任何人再遇危险，宁可自己承担巨大的损失。”

正是由于强生公司在“泰诺”事件发生后采取了一系列有条不紊的危机公关，从而赢得了公众和舆论的支持与理解。在一年的时间内，“泰诺”又重振山河，占据了市场的领先地位，再次赢得了公众的信任，树立了强生公司为社会和公众负责的企业形象。

由于其出色的危机管理，强生公司获得了美国公关协会授予的最高奖——银砧奖。

# 第十一章

# 通过文化塑造巩固企业形象

企业形象是特色企业文化的外显形态，也是特色企业文化的载体之一。因此，塑造和巩固企业形象，离不开企业文化的塑造。因为，企业形象是一个企业个性的集合，也就是说每个企业的企业形象中包含的各个要素的具体特点是不一样的。用一个公司和其他公司的共性，是不能树立企业形象的。一个没有个性的公司，也就是一个没有自己企业形象的公司，而没有自己企业形象的公司，也没有自己的特色企业文化。

## 企业文化概述

企业文化通常是指企业的环境或个性，以及它所有的方方面面。它是企业的生存方式，包含4个方面的表现形式：

**1. 企业文化的内容**

有专家把企业文化的内容归纳为5种：企业环境、价值观、英雄人物、礼节和仪式、文化网络。其实，更具体地说，企业文化的内容一般有以下7个方面。

(1) 企业的最高目标或宗旨。企业是一个经济实体，必须获取利润，但我们绝对不能把赢利作为企业的最高目标或宗旨。企业经营实践证明，单纯把赢利作为最高追求，往往适得其反。纵观世界上比较优秀的企业，大都以为社会、顾客、员工服务等作为最高目标或宗旨。

(2) 共同的价值观。所谓价值观，就是人们评价事物重要性和优先次序的一套标准。企业文化中所讲的价值观，是指企业中人们共同的价值观。共同的价值观是企业文化的核心和基石，它为企业全体员工提供了共同的思想意识、信仰和日常行为准则，这是企业取得成功的必要条件。优秀的企业都十分注意塑造和调整其价值观，使之适应不断变化的经营环境。

(3) 作风及传统习惯。作风和传统习惯是为达到企业最高目标和价值观念服务的。企业文化从本质上讲，是员工在共同的联合劳动中产生的一种共识和群体意识，这种群体意识与企业长期形成的传统和作风关系极大。

(4) 行为规范和规章制度。如果说企业文化中的最高目标和宗旨、共同的价值观、作风和传统习惯是软件部分的话，那么行为规范和规章制度就是企业文化中的硬件部分。在企业文化中硬件要配合软件，使企业文化得以在企业内部贯彻。

(5) 企业环境和公共关系。任何企业都不是独立于社会之外的，企业环境和公共关系对企业的形成、存在和发展具有极大的影响。因此，企业的环境和公共关系是企业文化不可缺少的部分。

(6) 企业形象识别系统。企业要存在于社会，并且要区别于其他企业，就必须有自己独特的企业形象识别系统，这是企业文化的表象内容。

(7) 培育和造就杰出的团队和企业英雄。企业文化是以人为本的。人是企业文化的承载体，也是体现者和传播者，因此，企业文化必须培育和造就一个个杰出的企业团队和企业英雄（领袖）。

**2. 企业文化的层次**

企业文化的层次大致可分为三层，即物质层、制度层和精神层。

(1) 物质层。物质层是企业文化的表层，是形成制度层和精神层的条件，往往能折射出企业的经营思想、经营管理哲学、工作作风和审美意识。它主要包括厂容厂貌、产品的外观及包装、企业技术工艺设备特性等三个方面。从这三个方面往往能折射出企业的经营思想、经营哲学、工作作风及审美意识，反映出企业文化的个性色彩。

(2) 制度层。制度层是企业文化的中间层，主要是指对企业员工和企业组织行为产生规范性、约束性影响的部分，它集中体现了企业文化的物质层及精神层，是对员工和企业组织行为的要求。制度层主要是规定了企业成员在共同的生产经营活动中所应当遵循的行为准则，主要应包括企业的工作制度、责任制度和特殊制度三个方面。

(3) 精神层。精神层主要是指企业的领导和员工共同信守的基本信念、价值原则、职业道德及精神风貌，它是企业文化的核心和灵魂，是形成企业文化的物质层和制度层的基础和原则。企业文化的精神层，主要包括企业经营哲学、企业精神、企业风气、企业目标及企业道德等五个方面。企业文化中有没有精神层，是衡量一个企业是否形成了自己的企业文化的一个标志和标准。

**3. 企业精神**

企业精神是一种看不到却感觉得到的“经营资源”，它在无形中提高了企业的素质，成为企业在市场竞争中取胜的重要力量。

企业精神，是指企业在长期的生产经营活动实践中逐步形成，并为全体员工所认同的理想、价值观和基本信念。企业精神是企业文化的核心和关键，也是企业文化的高级层次。企业精神作为特定企业文化，既具有本企业特性，也体现了企业的行业特征和企业生产技术、经营管理、员工素质等方面的特点。

(1) 企业精神的内容。

①对社会、国家、民族做出贡献的理想追求。某集团作为农副产品综合加工的大型企业，确定了适应自身经营特色的企业精神理念口号，如“创造绿色生活”（企业最高经营理念）、“放弃质量等于放弃生存”、“质量在我心中，幸福在我手中”（质量理念）、“制造一流产品就是创造一流生活”（生产理念）、“不想下岗就要爱岗，不想失业就要敬业”（就业理念）、“取自绿色世界，精制绿色产品”（产品理念）。这些理念口号突出地显示出这个集团的企业精神。创建企业的宗旨，也就是推动社会的繁荣和人类的进步。

②企业的价值观。这也是企业精神的内核。企业的价值观是指导企业行为的思想和观念，是企业经营活动的宗旨。如顾客至上、顾客是上帝、争创世界第一等。

③企业群体的信念。即把员工个人利益和企业兴衰发展融为一体，激发员工为企业尽职尽责、尽心尽力的群体意识，如“命运共同体”、“和为贵”等。

企业精神的具体内容很多。在经济发达国家中，几乎所有的大企业都根据其自身所处的环境和战略目标的不同，形成各自独特的企业精神。企业领导总是从企业发展需要出发，提出不同的“精神”来统一员工的思想和行动，并在实践中贯彻和体现。

(2) 国际化的企业精神内容。

国际化的企业精神是基于“经营哲学”的，而经营哲学是包括价值观、伦理和责任的综合。一个完整的国际化的企业精神应包括以下内容：

①所有企业的价值观应该是，让股东、经营管理人员、员工和顾客都得到利益。

②应该同样重视个人的成果和集体的成果。两者应该受到同等重视，不能为了一种成果而牺牲另一种成果。

③再好的个人目标和组织目标，如果不能得到有关部门和人员的支持与合作，也是难以实现的。只有事先通过充分的互相协商和协调，目标才能实现。

④经营管理人员共有的三项价值观，即“严守交货期、降低成本、保证质量”是在任何情况下也不能妥协的。如果不能实现这三项，而需要决定其优先顺序的话，第一是严守交货期，第二是保证质量，第三是降低成本。“令人放心的交货期和可靠的质量”是现在新的非价格竞争力量，其重要性日益增大。

⑤顾客的意见不一定总是正确的，但是，正确的比不正确的多得多。因此，企业应该正确地对待顾客。顾客对企业来说是生命线。

⑥自发地诚实是最重要的价值之一。诚实是个人和企业联系的纽带。

(3) 中国企业精神的类型

我国企业在几十年的长期实践中，形成了具有中国特色的企业精神，并随着企业的进一步发展而不断深化。目前，我国企业为数众多，千差万别，但其企业精神大致有以下几种类型：

①追求型。如一汽集团“争第一、创新业”的“一汽精神”，成为推动企业生产经营管理、产品转型、企业技术改造等各项工作的强大精神推动力，反映了全体员工对事业的强烈追求。

②目标型。如某企业的“是旗必夺，是弊必改，是才必举，是堵必疏，是福必造”五种精神，激励着员工为振兴企业而努力奋斗。

③竞争型。如某企业的“争贡献，争上游，争第一”、“立足全国，面向亚洲，走向世界”等。

④激励型。如鞍山钢铁公司将20世纪50年代“孟泰精神”不断丰富、发展和升华，形成鞍钢独特的“创新、求实、拼争、奉献”的企业

精神。

⑤传统型。既体现中华民族、中国工人阶级的优良传统和作风，又融入了现代市场经济竞争的求胜追求等。如北京蓝岛大厦以“情系义利，顾客至上”为企业宗旨；宁波雅戈尔以“装点人生，服务社会”为企业理念；等等。

**4. 企业家精神与企业文化**

企业发展到今天，已不仅仅是一个工作场所，而是一个文化体系。在人们的生活中，企业文化对企业家和员工具有越来越重要的作用。企业如果能在为人们提高收入的同时，充分展示出一种人性化的企业氛围，例如，优雅舒适的工作环境，对人的才能的充分重视，对人的价值的充分尊重等，企业就能充满活力。

企业家不仅创造了经济奇迹，而且创造了各具特色的企业文化。从这个意义上说，企业家不仅是一种经济现象，而且还是一种文化现象。作为一种经济现象，企业家是工业社会的产物；作为一种精神文化现象，企业家属于现代社会群体的一个特殊阶层，拥有一套独特的价值观体系、思维模式和行为方式。企业家的上述精神文化现象，直接关系和影响着企业文化的塑造和企业的兴衰。

卓越的企业文化，是卓越企业家的人格化。企业家精神及企业家的形象，是企业文化的一面镜子。卓越的企业文化是企业家德才、创新精神、事业心、责任感的综合反映。因为优秀的企业文化不是自发产生的，而是企业家在长期实践活动中产生的。企业家深知肩负塑造企业文化责任的重大，在企业文化建设中，企业家从本企业的特点出发，以自己的企业哲学、理想、价值观、伦理观和风格融合成企业的宗旨、企业价值观，逐渐被广大员工所认同、遵守、发展和完善。

卓越的企业家，在企业中既是卓越的管理者，又是员工的思想领袖，他以自己的新思想、新观念、新思维、新的价值取向来倡导和培植卓越的企业文化。这种企业文化既有时代特色，又是本国传统思想、伦理、价值观念之精神，融合现代精神而成的精神力量，是先进的、科学的、有生命力的文化与现代企业的完美结合。

企业文化建设，需要企业员工长期努力、不断进取，自觉贯彻企业家的经营管理风格。美国著名管理学家劳伦斯·米勒说过，卓越并非一种成就，而是一种永不满足的追求出类拔萃的进取精神。若这一精神掌握了一个人或一个企业的生命和灵魂，它就无往而不胜。卓越是一个永无休止的学习过程，这种精神被企业家所接受并以此为追求目标，他就成为卓越的企业家。

卓越的企业家为了挑战未来，必须时刻提高警觉，从以下三个方面提高本企业的素质和企业文化的卓越性：

第一，重视员工的参与，提高员工的参与意识。

第二，产业的先见之明。

第三，重视速度。

总经理作为一个企业家，是一种特殊的组织角色。总经理的地位赋予他们以领导企业文化战略塑造的光荣使命。

领导企业文化战略的实施，不同于领导企业的生产、经营和管理。总经理对生产、经营和管理的领导控制，一般是有形的、显现的、可直接控制、可支配的。并且，借助现代技术手段，可以使总经理的这种控制达到十分严密、十分精确的程度。每位总经理，在他登上企业的最高位置，实施领导职能的时候，一般都具备了领导生产、经营和管理的知识和经验，有人甚至掌握了高超的领导艺术。控制支配一个企业，对他们来说，犹如轻车熟路。相对于领导文化建设而言，领导生产、经营和管理是比较容易的。

但领导企业文化的塑造却不是一件容易的事，因为文化是无形的，内隐的，但偏偏无处不在，无处不有，时时刻刻地影响企业员工的行为。为了适应领导企业文化的塑造，总经理应明确自己在企业文化塑造中扮演什么角色，并努力实现由单纯的生产、经营和管理领导者，向企业文化战略决策者和领导者的角色转换。

优秀总经理的成功经验表明，总经理在领导企业文化战略实施中，应扮演好企业文化的创造者、倡导者、决策者、组织者、指导者、示范者、激励者、培育者、诊断咨询者等角色。

## 诊断企业文化

对于总经理、财务分析，甚至职业寻求者而言，文化是一种无形的价值存在。经验告诉我们，一家企业的资产只有那么多，而它的文化则能告诉我们更多的东西。实际上，人们能够通过诊断企业的文化诸要素的存在状态，而预知其经营成效。

即使粗略意义上说的文化，对企业的行为也具有非常强烈的、持久的影响。这种影响是可以预见的。企业领导们能够从文化中辨认出，人们与他们的经营目标不协调的早期警戒信号。投资分析者们为了在预测上更为精确，能够求助于文化，甚至企业总经理也会让他们的个性与企业的文化更好地适应。然而，当对多年形成的企业文化进行变革时，让人不知如何着手。即便是明知企业文化出现了病态，也不知该如何处理。因此。企业文化塑造的第一步，应从诊断企业文化开始。

**1. 外部诊断**

虽然任何表面的分析都有不完善甚至错误之处，然而在有限的时间里，却能够对一家企业的文化了解得非常之多。那么怎样了解呢？方法是采用咨询顾问的技巧。这个过程始于表面，逐步深入到企业本身未曾意识到的内容。

以下介绍一种外部诊断最基本的程序方法。

(1) 研究企业物质环境。

一家企业在建筑物上的投资，尽管与其经营行为无多大关系，却不可避免地对其文化有所表达。毕竟，建筑物的投资是由总经理及其高级管理者决定的，或者由他们所监督建造的。大多数总经理及其高级经理即使想要回避，也不得不承认建筑物会比他们更经久。因此，他们力图创造出一种环境，有意无意地向外部世界说明他们企业的状况。

一家以其自身文化而自豪的企业，会通过其环境布置反映出这种自豪感。美国 IBM 公司把它的建筑物自豪地展示在遍及世界的一个又一个城市。这就是一家成功企业的辉煌、纯洁、现代的声明。这些具有强烈文化意识的企业的富于想象力的表达，与其他许多难以区别其形象的企业形成了鲜明对照。

场所间的一致性也是重要的。通过对照场所，就可以对一家企业的文化略有所知。企业总部看起来非常漂亮的，然而，分公司的场所是否与总部的标准一致？别的地方的营业部是不是建在仓库的楼上？工厂是否有倒塌的危险？谨慎的观察者虽然会考虑年代因素或就近利用，但一般来说，这些建筑文化所反映出的状况是不会错的。

企业部门的环境布置，表明企业对员工的态度。例如某集团新上任的总经理，看到企业工作环境不是很好，与厂房内先进的进口生产设备很不协调，便请企业形象设计专家，提出设计构想，然后自己动手，很快就使企业外观形象大变样，引起轰动，成了当地一大景观和许多企业纷纷仿效的样板。员工们每天在这种环境中工作，自然有一种良好的感觉和心情，使员工对企业更加有信心。

文化是一种人类现象。具有强烈文化意识的企业，关心其员工，尽力适当地善待他们。对不同阶层员工在物质环境方面安排差别过大，可能是一种微弱的或已分裂的文化征兆。

(2) 理解企业自身所表达的文化。

企业关于自身的自我声明包括：年度报告、季度报表、新闻稿、财务分析者说明书，这些文件披露了比人们所期望得知的更多的信息。具有强烈文化意识的企业，认识到它的价值观和企业人员的重要性，并且不断地向外部世界宣扬这一点。

与此相对照，具有微弱或不完整文化意识的企业，则在其经营和绩效方面费尽了心力，而其运行仍显得杂乱无章。这些企业应细致地检验自身，可以顺着以往的各种资料，观察其文化如何发展。令人惊奇的是，如此简单的分析，竟会显示一家企业关于自身发育中的信念的清晰趋向。

(3) 考察企业如何接待客人。

进入企业最先看到的是它的接待区。它是否有条理？松懈还是繁忙的？无论什么情况，人们必然会想象它所反映出的企业的价值观。

接待员的仪态还可以告诉你，在他们那里怎样办事。在一家服务意识很强的企业，可能有人为你取外套，并送上咖啡。而在一个较为官僚主义的环境，你将不得不忍受一个详尽的登记手续。在一家强势的企业，你可能得冷静等待而无人理睬。

诊断者在等待时，应观察周围所发生的事情。对进入门厅的每个人都办理严格的入门手续吗？IBM 的总裁汤姆·小沃尔森曾因未戴证章而被阻止进入企业大楼，尽管接待员完全知道他是谁。具有强烈文化意识的企业，非常严格地执行他们的规章。

(4) 会见员工。

几乎任何员工，即使供职仅几个月的员工，应能对以下问题做出适当的答复。

①你是否清楚这个企业的历史？它是怎样起家的？人们一般都很愿详述企业的过去。对他们所常谈到的事，如果你怕麻烦而不进行检验，则是错误的。他们讲述企业的神话，因为他们理解这些事情（也因为这些事情对他们已成为过去)。

②企业为何取得成功？怎样解释它的增长？他们认为在企业中什么是重要的事情。这些信息或许并不完全正确，但反映出他们对企业文化的感受。

③哪种人在这里工作？谁真正长期领先？因为文化是一种人类现象，人们在描述他们的同事的特征时是富于表情的。他们经常描绘的是这种文化中英雄人物的一个域面。

④这是什么类型的工作场所？平常的工作日是怎样的？办事方式是怎样的？回答者会描述重要的仪式、会议或官僚程序的特征。你可以肯定，这些要素都是要被认真对待的。

(5) 观察员工如何利用时间

人们的价值观决定着他们做什么。比较人们的言行是对文化凝聚力的一个良好测度。

用搜集到的此类线索确定企业的倾向。如果一种文化仅致力于内部，换句话说，信念、英雄人物和仪式全都是与内部事务的政策考虑密切相关的，则可以预测，这种文化对在外部市场发生的事件的反映将是缓慢的。据此又可以较为准确地观察企业的增长是否真实，或仅是表面理解。它会帮助诊断者识别出在有关行业中，哪些厂商会得以生存。了解了企业的文化，投资分析者就能获得对这家企业目标的重要见解。

**2. 内部诊断**

作为企业的内部人员，在诊断文化时能够非常深入且更为精确。但对要想精确理解自身企业文化的人来说，存在一些易犯的错误。

客观性是最重要的。分析一家作为竞争对手的企业的实力和缺陷是容易的，但要了解自己所处企业的文化，则必须做出重要区分，总经理应忘记自己的企业身份，确定诊断者身份。作为自身文化的一名有成效的观察者，必须避免做出重要与否的价值判断。文化是与人打交道，企业文化的内部诊断的中心是观察人。要了解他们的思想，他们的感觉，他们在企业所做的工作。生产决策的影响或许比花 15 分钟参加有关这个问题的会议所受到的影响更大。总经理应从以下几方面敏锐洞悉企业文化：

(1) 了解员工职业进取途径。

什么类型、什么岗位的人容易获得提升？如果大多数重要的职位都由原先的销售类或生产技术类人员所占据，那么，这就十分清楚地表明了一种文化信奉和企业重视什么。

一名员工必须怎样做才能得到提升？文化酬劳是奖励关键技能、针对目标准则的表现，还是奖励任职和忠诚？文化的信念首先是由人们对进取的感受所形成的。如果你已经实现了进取，而且知道其理由，在于你是一名良好的团队表演者，而不是一名超级明星，那么你将要求别人也这么干，而别人也会竞相效仿。非公认的候选人的提升可能是文化凋萎的一个征兆。

人们在职位上待多久？特别在中层管理职位上，在评价文化方面，任职期是很关键的。短任职期意味着激励人们快出名（且因此而再次得到提升），并将回避长期的和报酬缓慢的活动。在这样一种文化中，短期行为可能会居于支配地位。

(2) 观察正在讨论或印发的内容。

人们在管理中花费大量时间阅读和写备忘录。但备忘录涉及的内容之多可能会让诊断者感到吃惊。病态的企业文化可以从文件和会议方面诊断出来。

(3) 特别注意通过文化网络所传播的奇闻和故事。

当人们需要分享他们的经验时，他们通过传递奇闻和故事来讲述它。由许多不同的人所讲的相同的故事是特别值得注意的。

这些故事中要点是什么？把奇闻逸事收集起来，并推算涉及顾客、企业中的政治暗斗，以及已采取并得到奖赏（或惩罚）的个人首创精神的比例各占多少。那么，诊断者便会得到企业文化到底重视什么的确证，其准确性几乎超过任何其他方法。

**3. 企业文化病的症状**

具有病态文化的企业，没有清晰的关于如何在它们的经营中取得成功的价值观或信念；企业有许多这样的信念，但企业自身对于其中哪些是重要的不能前后一致；企业的不同部门有根本不同的信念；文化英雄是有破坏性的或分裂性的，在什么是重要的问题上没有建立共识；日常生活的仪式或是无组织的，各人各行其是，或是极明显的矛盾。具有这些特征的企业明显是出了毛病，这种企业自身已表现出文化的病态。

(1) 只注重内部。

当企业不注意外部世界的变化，特别是当它们开始只顾讨好掌权的，或装出状况看似良好，或打算贬低其他企业时，企业已陷入困境。这些目光短浅的行为可能表现为过分强调内部预算、财务分析、销售定额，而不顾及顾客、竞争对手、动向，或其他现实世界的事务。如果你发现人们的大部分时间花在侍奉上司和拍马屁时，就要当心。当一种文化只注重内部情况时，这家企业在市场上就处于巨大的危险之中，企业的经济业绩滑坡，通常只不过是个时间问题。

(2) 只注重短期。

由于体制、产权等方面的问题，中国企业多数过分重视短期效益，而忽视长期发展。当诊断一个企业时，如果在这家企业中把时间和注意力都用来适应短期目标，则持久性的经营就会得不到支持。所以说，企业把时间花在什么方面，也是一条文化线索。

(3) 士气问题。

当处于一种企业文化中的人们长期不愉快时，此种文化就陷入了困境。很快，感到不愉快的员工就会离开。因此，在企业内进行密切观察的指标之一就是人员流动率。一定的人员流动率是合乎情理的。但如果人员流动率很高或趋于上升，那么，这一文化就出现了差错。由于文化不适症而产生的士气低落问题，就常常首先表现为此等微妙的信号。在以后的阶段中，处于这种文化中的员工很容易成为这个企业的高声批评者。

识别这一问题的一种技巧是，对员工进行谈心式调查。如果确实花时间去问，人们能够富于表情地描述他们所处文化困境的特征。

(4) 不完整或不一致。

文化中的这些差异时常可见：穿着和谈话的不同准则，不同的环境布置，不同的工作习惯和仪式。不完整的文化问题在于当需要时不能紧密配合。当来自不同文化的人们聚在一起时，每个人听见的都是陌生的音调，由于他们对所需讨论和解决的事情看法不能取得一致，从而导致混乱和挫折。而挫折又压抑激励，影响绩效。当一个分公司对总部工作发泄不满，或不断地谈论那里发生的笑话时，可能就是文化没有凝聚为一个整体的强有力标志。在这些作风迥异的企业中，处理误解和挫折方面的事情需要花去很多精力。

(5) 超常的情绪迸发。

处于困境中的文化的最重要的症状，是一种超乎正常程度的对企业激烈的情绪表露。一家企业的文化对于处于其中的人们像个护身符。它告诉人们该做什么，并保证他们如果去做，不仅会为周围人所接受，而且会得到奖赏。当文化是微弱的，或处于困境时，人们会感到惊恐，并进而会变成在工作场所的情绪迸发。例如，在会议上公然抨击企业政策，或发脾气，或个人生活上的放荡。当这些现象在企业成为家常便饭时，通常是由于文化中出了某些严重而紧迫的病症。

## 企业道德的行为准则

### 1. 行为的本质和一般规律

“行为”，长期以来有多种解释。按中国古代通行的说法，“行”指的是走，“为”指的是做。《墨子》把“行”、“为”二字连同，认为行即是为，“行，为也”，“志行而悬于欲谓之为”，明确指出人的行为受欲望和意志支配。荀子说：“虑积焉，能习焉而后成谓之为”，认为行为是人经过思考之后，在理智指导下通过做而实现的活动。行为的目的就是意图所欲求的东西，也是一直驱使行为努力要达到的东西。目的是行为的灵魂，它引领着行为的方向。被称为“行为科学鼻祖”的亚里士多德指出：“人的行为是根据理性原则而具有的理性生活。”这里的“理性生活”是指“人的心灵遵循着或包含着一种理性原则的主动作用”，也就是有目的、有意志的“具有主动意义的生活”。这种阐述有其合理因素。一些资产阶级伦理学家用生理学、生物学理论去解释人类行为。他们把人的行为看成生物对外界刺激做出的反射动作，是生物的本能活动。美国著名行为家毕尔生说：“行为的改变要根据刺激——反应情景来研究，完全不需要涉及意识伴随物和精神学假设。”这种行为观显然是有失偏颇的。

马克思主义伦理学认为，人的行为是在改造周围环境的社会实践中发生的，通过一定的社会关系表现出来的能动活动，是人类特有的生存方式。由于人是社会的人，不能脱离社会而存在，人的行为就要受到包括自然需要在内的社会需要的目的和意志的支配。人类在不断改变自己所处的环境的过程中得以生存和发展。人类的行为就由此产生，并在这一过程中通过实践活动表现出来。

具体地说，影响人们个体行为的因素不外乎 5 个方面：生理因素、心理因素、文化因素、自然因素和社会因素。人的行为是很复杂的，是在理智指导下由很多因素共同作用的结果。

**2. 企业道德行为的特性**

人的行为有复杂的表现形式和多重的层次结构，其行为的性质特点各不一样。依据人类社会实践活动的主要形式，人的行为可划分为经济行为、政治行为、法律行为、艺术行为、道德行为和日常生活行为等。上述每类行为还可划分为若干层次的行为类型，分别由不同的科学或学科研究。本书研究的是人类社会行为中企业道德行为以及各种社会行为的企业道德意义。

任何企业行为按照道德标准可划分为企业道德行为和企业失德行为两大类。前者是一种有利于他人、集体及社会的行为，是善行；企业不道德行为，简称企业败德行为，是一种有害于他人、集体及社会的行为，是恶行，企业假账就是典型的企业失德行为。在今天的企业实践活动中，企业行为绝大多数表现为企业道德行为。企业失德行为也时有发生的，前文已专门分析介绍。企业道德行为的基本特征在于，它是企业员工对他人与社会的利益关系的自觉认识和自由选择的表现。揭示企业职业道德行为、企业道德品质形成及发展规律性，是科学培养企业员工的社会主义企业道德品质的理论基础，也是丰富和完善社会主义企业道德规范，正确进行企业道德检查与评价、企业道德教育的必要前提。

企业道德行为特性表现：

(1) 自觉性。

企业道德行为是基于企业员工对他人和社会的利益关系的自觉认识而表现出来的行为。而不管这种认识是正确的认识还是错误的认识，它们都是构成企业行为的前提。当企业员工对上述利益关系的正确认识或为支配他们行为的企业道德意识，并付诸行动，就表现为企业道德的行为；而如果他们对这种利益关系有了错误的认识，这种错误的认识就会支配他们的企业道德意识，一旦付诸行动，就表现为企业失德行为。

(2) 自愿性。

企业道德行为是企业员工在其企业道德意识支配下所做出的抉择，是经过他们自愿选择的结果。这是道德行为区别于其他行为的重要特征。

只要是道德行为，不管在任何时候、任何情况下都一定要受道德意识的支配，否则就没有道德意义。企业道德行为也不例外。在行为之前，企业道德意识的活动主要表现为对动机的确立，对行为方案的选择和决定；在行为之后，企业道德意识的活动则表现为行为主体对自身行为的检查与评价和对社会检查与评价所采取的态度。自觉认识是自愿采取行动的基础；自愿选择是自觉认识的延伸。自愿性也是人们担负道德责任的一个重要基础。

(3) 坚定性。

一个具有高度企业道德责任感和义务感的企业员工，选择和践行自己的行为时，无论面临多么艰难险恶的环境情况，都会坚持企业道德观念，不屈于外来压力，泰山压顶而不弯腰，始终对自己应尽的企业道德义务高度负责。如何做到坚定，古语云："无欲则刚"，就是说只有摒弃无止境的贪婪，才能抵制诱惑，坚定地选择道德之路。

**3. 企业道德行为的激励和选择**

为了激励企业道德的行为，必须懂得激励理论。国外学者，尤其是美国学者对激励理论做了大量深入的研究。其中，影响最大的当推美国心理学家马斯洛。马斯洛 1943 年在"人的动机理论"一文中提出"需要层次论"，认为人有 5 种基本需要。

①生理需要。

②安全需要。

③爱的需要。

④尊重的需要。

⑤自我实现的需要。

1954 年马斯洛在《激励与个性》一书中补充了两个层次，即在"尊重的需要"之后，增加"求知的需要"和"求美的需要"。

麦格雷戈于 1970 年在其名著《企业的人事方面》一书中对马斯洛"需要层次论"做了进一步发挥，他提出人的基本需要层次是：

生理需要——层次虽低，但重要性却极大。

安全需要——针对危害、威胁和剥削等的保护的需要。

社交需要——包括归属、结社、为他人接受，接纳、友谊和爱的需要。

自我需要——自尊的需要（包括自重、自信、自主、成就、具有能力和知识的需要）和声望的需要（包括地位、赞颂、赏识与受人尊重的需要）。

自我实现需要——包括个人潜力发挥，不断自我发展及发挥创造性的需要。

我国学者冬青在上述“需要层次论”的基础上，结合我国情况，提出了“C 型需要层次图”。

在我国，企业员工的生理需要、安全需要基本上得到满足。作为企业道德行为，是满足企业员工社交需要的手段，获得尊重的前提，达到自我实现需要的途径，最终以理想社会实现需要为方向和目的。

如何激励企业道德的行为，充分调动企业员工的积极性和创造性呢?这就要求，一方面是社会、政府、领导和组织对企业员工的热忱关心，应用激励理论，尽量满足他们的 5 种基本需要；另一方面，通过企业道德检查与评价、企业道德教育和企业道德修养，启发、引导企业员工的思想和行为，促使最高层次的形成，并终身为之奋斗，两者结合就是企业员工积极性充分发挥的最佳模式。

现在，我们分析企业道德的行为选择问题。在这里，应明确企业道德的行为选择中的自由与必然的联系。

根据马克思主义伦理学原理，我们知道企业道德的行为选择，虽然表面上看起来是主观随意的，实际上总在受客观必然性的制约。企业员工不可能超越客观环境提供的可能性，去随心所欲地选择企业道德的行为。首先，应该看到，客观必然性对人们的企业道德的行为选择起制约作用，客观必然性制约着人们行为的动机，也制约着人们企业道德的行为选择的标准和内容，还规定着企业行为的道德责任。其次，也应该看到，人们在选择企业道德的行为时有相对的自由，人的主观能动性在企业道德行为中发挥重要作用。

企业道德的行为选择的自由，是指人们对于以企业道德必然性形式出现的历史必然性的认识，而获得的决定采取某种企业道德行为的能力。企业道德必然性则是指人们应当遵守的那些符合历史发展要求的企业道德原则和企业道德规范。一句话，人们对企业道德的行为选择，应谨慎细心，要对自己的行为负责。

## 大力开展企业道德教育

企业道德建设首先应该以企业道德教育作为切入点。企业道德教育是企业教育的关键与核心，决定着企业教育的方向和前途。

企业道德教育是根据企业工作的特点，有目的、有组织、有计划地对企业员工施加系统的企业道德影响，促使企业员工形成企业道德，履行企业道德义务的活动。

企业道德教育的作用在于：它把社会意识中得到反映和论证的一定的企业道德原则、企业道德规范和企业道德观念灌输到企业员工的意识之中，引导企业员工既能够实行自我监督，调整自身行为，也能够参与社会行为的调整过程；对其他企业员工提出企业道德要求和进行企业道德评价。企业道德教育是企业道德职能作用得以发挥的重要途径。企业员工的道德品质需要企业道德教育来培养，社会道德风尚也需要包括企业道德教育在内的整个社会道德教育来造就。可见，开展企业道德教育，有利于提高企业员工的道德水平，促使企业员工形成企业道德品质，进行企业道德实践活动。

企业道德教育是塑造或改造企业员工道德面貌的工作。由于企业员工与社会实践、生产经营等活动有广泛的联系，而且有高度的自觉性和能动性，因此企业道德教育过程是一个极为复杂的矛盾运动过程。但是，企业道德教育并非不可捉摸、无规律可循。根据优秀企业员工的感人事迹，结合其企业道德思想和企业道德行为，我们可以看出企业道德教育具有如下特征：

**1. 企业道德教育的整体性**

由于企业道德品质是企业道德认识、企业道德情感、企业道德意志、企业道德信念和企业道德习惯等基本因素有机统一的集合体，因此企业道德教育不能机械地确定一个序列，单一地进行，而必须注意各个基本要素的整体培养。整体性要求把企业道德教育看作有机的体系，做到各要素间齐头并进、相互协调、共同发展。也就是说，我们应该在提高企业员工道德认识的同时，培养企业员工的道德情感和道德意志；在教育企业员工确立、坚定和增强自己的道德信念的同时，教育企业员工养成自然而然地实践企业道德原则和规范行为的习惯。当然，在进行企业道德教育的时候，是可以而且应该根据实际情况侧重于其中的某个方面。但是，切不可因有侧重点，而不同时兼顾其他方面。总之，整体性是由企业道德本身形成和发展的客观过程所决定的，也是构成企业品质中各要素相互依赖、相互制约的必然要求。

**2. 企业道德教育的针对性**

企业道德教育要着眼于构成企业员工道德品质诸要素的平衡，使其全面发展，因而要对各要素施加积极的道德影响，但在现实的企业工作中往往难以达到各个要素发展的完全平衡，各要素在发展方面和发展水平上常常不一致。这是因为每个企业员工的生活经历、教育程度、知识水平和实践状况的不同，他们的社会公德素质和职业道德素质的不同，客观上企业员工的职业活动又与许多方面发生关系。这种情况决定进行企业道德教育不能采取划一的形式，死扣一环，只从一个固定不变的模式出发，而是要从实际出发，在充分调查的基础上，针对不同的教育对象，选择最需要、最迫切、最能见效的方面进行企业道德教育。譬如，对刚参加工作的企业员工，由于他们对企业道德知识知之甚少，因而就应该从企业道德认识着手；对某些意志薄弱的企业员工，就要从增强企业道德意志入手；对空谈企业道德而不实行者，就要从要求言行一致开始。总之，企业道德教育要因人而异，灵活多样。这种企业道德的针对性，是企业道德教育灵活性和生动性的体现。

**3. 企业道德教育的复杂性**

培养企业道德品质是一个极为艰巨复杂的过程，需要不断地反复进行。即使是比较单纯地传授企业道德知识，也必须经过反复教育才能逐步为企业员工所了解和掌握。相比之下，企业道德感情的培养、企业道德意志的锻炼、企业道德观念的树立和企业道德习惯的养成还要困难得多，艰巨得多，深刻得多，不可能一蹴而就，一次生效。例如，就培养企业道德情感来说，真正要使企业员工做到爱憎分明，从善如流，疾恶如仇，是很不容易的。这种情感必须在实践的基础上经过反复认识，反复感染，长期熏陶才能产生，要使其稳定，还需要更长期的教育。可见，复杂性是企业道德教育的又一规律性的特征，它表明企业道德教育是一项长期的艰巨性的工作。

**4. 企业道德教育的实践性**

企业道德本身就是知和行的统一，企业道德离开了实际的企业道德行为就会变得毫无意义。不仅企业道德认识、企业道德情感、企业道德信念和企业道德习惯需要在社会实践中培养和训练，而且由“知”转化为“行”，必须在实践中实现。企业道德教育的实践性意味着，这种教育既要从企业实际工作出发，适应社会的实践情况和实际需要；同时，又要引导企业员工遵循企业道德规范。实践是进行企业道德教育的基础，也是检查企业道德成效的唯一标准。离开了实践，企业道德教育就会变成美妙的空谈和说教，也就不能称其为企业道德教育。

**5. 企业道德教育的渐进性**

企业员工的道德品质不是先天就有的，也不是自发产生的，只有经过后天的长期学习和反复磨炼才能形成。企业员工这种反复的磨炼过程实际上也是企业道德品质形成的渐进过程。荀子云：“积土成山，风雨兴焉；积水成渊，蛟龙生焉；积善成德，而神明自得，圣心备焉。故不积跬步，无以至千里；不积小流，无以成江海。”此话表明，一种良好的品质要经历积小善为大善的长期过程，只有通过平时细微的然而是不断的道德进步的量的积累，才能达到道德面貌的根本变化。刘备说得更明确：“勿以善小而不为，勿以恶小而为之。”因此，企业道德教育不能操之过急，急于求成，而要循序渐进，日积月累。企业道德教育要给企业员工以道德理想，要达到这种理想必须经过无数的阶梯。只有立足企业实践，从自我做起，千锤百炼，才有可能成为一个具有高尚道德情操的企业员工。

企业道德教育是一个培养和塑造企业员工灵魂的系统工程，特别需要遵循企业道德教育的客观规律。作为企业教育工作者要不断地研究各种新的企业问题，总结新经验，揭示新规律，使企业道德教育更丰富、生动、深刻，更富有成就。

## 塑造优秀企业文化的要点

当企业的领导者们考虑实施传统企业文化向现代企业文化变革，并塑造优秀企业文化战略的时候，应认真研究企业文化的实施要点。这 12 个要点构成了领导者们塑造优秀企业文化时需要明白的任务框架结构。以下是塑造优秀企业文化的要点：

①做出决策；

②制订计划；

③人人参与；

④建立团队；

⑤运用新的观点与行为；

⑥坚持不懈；

⑦由传统型文化向团队型文化转变；

⑧转变管理风格；

⑨中层管理者有权变革；

⑩从传统型员工向团队型员工转变；

⑪监控和巩固优秀的企业文化；

⑫克服深层文化障碍。

**1. 从决策到组织**

一家企业的总经理在塑造优秀企业文化时，必须做出决策，制订计划，组织建立团队，使人人参与到优秀企业文化的塑造中来。

(1) 做出决策。

塑造优秀企业文化的第一步开始于总经理。管理者们要探讨企业整体文化实施的决策。

可口可乐公司的罗伯托·郭思达、柯达公司的乔治·费舍、IBM 公司的路易·郭士纳等一些总经理，为了对他们的企业整体文化实行有效的改革而主动做出决策就是最好的例证。

在兼并和接管企业方面，兼并双方应密切合作，坚决地做出造就一种新文化的决定，发扬双方企业文化中好的方面，不要为了成为占上风的文化而彼此争斗，要合作采取行动促使新文化的产生。在合资联合企业方面，公司双方应取得共识，要在公司成立的第一年解决双方文化中的差异问题，特别是有关决策过程的差异。假如两家公司成功地联手合作并构成一个团队能带来极大的好处的话，双方宁愿先慢慢来，然后再增加力度。在所有这些例子中，都可以看到文化对团队结构和团队协作的影响力，反过来说，我们都能看到他们主动地做出决定来面对牵涉到的问题。

(2) 制订计划。

塑造优秀企业文化应该是一种事先做出的考虑成熟、计划周密的努力，而不是当问题发生时作为补救措施的努力或权宜之计。它要求总经理在制订塑造优秀企业文化的计划时运用系统思维方式进行处理。总经理必须预计和考虑现在企业规章制度中的每一个变化，哪怕是一个微小的变化，它们会如何影响到企业中的其他方面，包括工作汇报关系、部门职能、管理政策、工作联系，甚至包括一些较不正规的社会结构。

一个实施计划的制订必须是以收集到的有关文化的数据为依据，计划的制作一方面要考虑原有文化的反抗强度，避免激化矛盾，另一方面必须以企业对变革的承受能力而定，必须受制于像资源、灵活度和时间这些方面的约束。其目的是要利用或保持文化中积极的、有利于团队工作的方面，解决构成阻力的那些方面的问题。若干工作步骤和工作进程应该成为行动计划中的一部分，这一行动计划可作为向全体企业员工发布的变革指南运行图。对行动计划中每一个步骤的决定实施和实施结果，是依据企业的数据和需要而定的。

⑶ 人人参与。

塑造优秀企业文化要求尽可能多的员工投身其中。虽然这一点很有意义，但是传统上塑造优秀企业文化这一工作，通常被授予人力资源或某个被要求完成这项任务的部门，像客户服务部、质量管理部，或是一个塑造优秀企业文化机构。将这样一个关键性的实施过程，委托于一个部门来承担会极其困难，因而注定要失败的。这会使塑造优秀企业文化仅仅成为一个项目或添加于目前文化状态之上的一个部分。当人力资源部门努力"启发"人们并促进企业文化的变革时，通常会自己接受这一挑战，希望这样做能有所帮助，而心里却明白这种努力将会毫无收益。

⑷ 建立团队。

建立现代企业中的团队组织，符合我国传统文化中的集体主义原则。利用团队改造企业文化，使之适应团队结构，建立团队是一个简单易行的要点。积极地将团队建成高效进取的一支队伍，以面对塑造优秀企业文化的挑战，则是另一部分需要落实的工作。

团队不仅必须善于处理文化中需要加以调整的那些方面，还必须改善团队工作的运作方面，使其发挥出积极作用。反过来，事先建立起团队组织，是对开始之前所做的重要准备。已经成功的要点，在于对团队工作的高效要求明确，对团队在为达到那些要求而努力时所表现的力量和弱点给予信息反馈，并在团队适应于实施的过程中，向团队提供必要的技能。

**2. 新的观念与行为**

着手塑造优秀企业文化，需要不同的思维方式和不同种类的行为。它们远非深奥难懂，事实上通常是被描述为有效的管理方法。然而出于多种原因，人们并没有据此行事。实际上，其中一些较为基本的真理和管理准则遭到了完全的忽视，而任何希望自己成为一个效能卓著的总经理的人，都应对此进行反思。

(1) 设定目标。

塑造优秀企业文化需要设定目标，如果高层领导或企业并不明白或并不一致同意追求的目标或方向，那么塑造优秀企业文化的可能性就很小。

(2) 不要为了变革而变革。

你们为何要实施变革？你们希望获得何种结果？你必须要有一个与工作策略相关的明确理由。假如你难以明确地说明作为团队结构、团队协作和新文化的成果将要发生的情形，你就不能看到并实现这些成果。

(3) 告诉人们为何要发生变革。

人们除了需要知道变化的“内容”，还需要知道变化的“理由”。仅仅知道出于通常的理由如企业已被改组、合并或已组成团队是不够的。告诉人们这样做是一种必要的商业行为或者有望实现生产力的增长或市场的拓展，也只是告诉了他们一半的事实。他们必须被告知另一半的事实，要允许他们更确切地知道变革为何要发生，以及它能在团队合作、成果等方面如何地对他们形成新的期望，假如你想使你的管理者和员工成为变革的支持者和贡献者，他们就必须被告知所期望的成果。

(4) 认识到信息即力量。

也许你已多少次听到了这一说法：信息资料在一项有效的变革中是至关重要的。不错，你需要了解企业当今的文化状态处于何种情形，以及你希望它在将来会转变而成的情形。明白了这其中的距离有助于你制订出一个恰当的计划。它能帮助你保持并利用文化中积极的部分来处理解决消极的部分。信息资料能使你免于产生误解和免于做出徒劳无功的努力。

(5) 言行一致。

如果团队协作受到拥护和期望，那么很明显，总经理及其高层管理者需要作出实际行动。“像我说的那样去做，而不要像我做的那样去做”是没用的。你的行为会比你说的话更有说服力。同样的，为了能够送出正确的关于赞同塑造优秀企业文化的信息，你的管理群体也需要成为一个高效的团队，并且需要行动一致。

(6) 要认识到你得到的正是你所看重的和奖赏的。

一家企业能做出的最有影响力的陈述是它看重什么、评价什么和奖赏什么。人们被要求承担的职责正是你希望完成的事情。这就需要进行仔细思考。相反，没被看重的东西和没被认可的东西就会被认为是不重要的。团队协作、团队工作的成果以及文化变革的进步，必须是被看重和奖赏的东西中主要的组成部分。

(7) 推举合适的人选。

推举人选是在有效的实际管理制度中的第一步。推举合适的人选承担工作，可以最大限度地降低由于工作错误而花去的时间和能量。处于团队的文化中，你需要聘用和提拔那些不仅能胜任工作，而且能与企业新的文化互溶并能反映出新文化的人们。目前的选择标准必须被加以改变以确保这一点。

(8) 告诉人们对他们所寄予的希望。

当人们不知道你期望他们做某些事的时候，你怎能认为他们对此负有职责呢？指望他们通过某种方式自己想象到这一点，或对他们说他们没干成而原本却应干成的事，这是落后的管理方法。文化变革把一切都推回到一个一切都不复存在的境地。你比以往任何时候都更需要向人们明确地说明对他们的要求。

(9) 把企业员工看作最宝贵的资源。

实际上，这要求企业在专家和部门之间培育出一种彼此尊重的氛围和协作精神，并要求企业能充分认识到他们作为内部客户的概念。这同样也需要管理者真正地珍视他们的人才资源，赋予他们以权力，并发现他们的技能。团队化企业文化的塑造需要十倍于此的行为。

(10) 沟通，沟通，再沟通。

这是说得最多的却又是做得最少的事。对沟通的重要性的强调永远都不可能过分。在大多数企业，隔阂通常表现为纵向和横向两个方面。一个好的沟通现状和一个需加以沟通的现状的概念经常混淆不清，经常是由一个能获得信息资料，而不是一个需要获得信息资料的人做出的。

被不知不觉地加以封锁或准予发布的消息，是随着企业的或是管理者的个性而变化不定的。文化塑造需要对团队协作和塑造的优点和必要性提供不变的、经常性的信息沟通。

(11) 降低损失。

企业需要让那些没有好好工作并难以和企业文化相容共存的人员离开企业。那些不称职或不适合企业文化的人所花去的时间、能量、努力和引起的痛苦，要比让他们离开而引起的痛苦大得多。由于此举而向他人送出的关于企业对员工要求的信息，也具有同样重要的意义。然而企业一直都继续忍受下去，继续让那些不具效能或难以与企业文化融为一体的员工们“占有一席之地”，或对他们实行保护直到企业缩编的压力，给了他们和其他员工们一条出路。新的企业文化，要求让那些已被给予一个机会却依然不能发挥作用的人们离开企业。

以上这些意味着不同的思维方式和行为方式，可能处于这样一个动荡激变的时代，想要确保成功，将在于鼓励企业按照这些历久不变的管理真理行事。

**3. 坚持不懈**

塑造优秀企业文化需要时间、耐心和不懈的努力。它不能一蹴而就获得成功，它也不是一个“一时冲动的总经理”的策略手段。一家企业要真正实现塑造优秀企业文化，需要五到十年的时间。然而，当人们部署周密，自觉努力，那些企业可能在三至五年中就能完成这一转变。事先计划的制订能加速塑造优秀企业文化和简化问题的解决过程。

要认识到，真正完成塑造优秀企业文化，意味着你不再谈论塑造，相反，塑造已成为新的办事方法，成为企业中人们新的生活方式。要记住进步的发生和进步的结果，在塑造过程中的每一年都是显而易见的，然而要达到“自然的生活方式”这一现象，需要三至五年的时间，它取决于企业实施塑造的不同力度。

有趣的是，有些企业有时不会明白他们已经达到了这一境地。佛罗里达律师资格保险基金管理会就是一个例子。当企业进入了塑造优秀企业文化过程的第五个年头，在一次企业高层管理集团的联系例会上，一些管理者不无忧虑地说，人们现在已不再如他们过去那样谈论文化塑造的问题了。然而管理者们又一致认为情形变得很好：人们做到了对他们的要求，他们正以一个高效的企业团队的形式进行运转，来自客户的信息反馈总是令人满意的，顺应人们希望的结果，超出了人们原先的期望。那么还有什么地方不对呢？没有。他们实践了新的文化。新聘员工无从知晓过去的情形不是这样的。老员工们记着这一切，并真正地欣赏到企业内部行为处事的变化。高层管理集团开始彻底地认识到文化塑造与变革已经完成了。

塑造优秀企业文化需要时间、耐心和不懈的努力。它不同于追逐短期迅即收效和季度利润这种自然的企业本能，我们只要稍稍再坚持一下，就能实施一场会带来具大效用的文化塑造。

**4. 传统文化向团队文化转变**

过去企业都是以适合自身的特定的方法构成其组织形式并发挥其职能的。在今天的企业文化中，其遗迹尚留存很多，影响很大。考虑到企业动态的环境和必须达到的要求，传统的等级文化必须被转变成截然不同的有利于团队工作的文化。

(1) 等级化转向平等化。

大部分的企业一直表现为等级化，它们有着许许多多的管理层面，在管理者和员工以及不同等级的管理者中间有着严格的界限。地位等同于人们自己认为拥有的资源数量和受管理人们的数量。决策权高度集中并且受到严密的控制。相反，团体化的企业却是较为平等的或成矩阵关系的。管理界限和等级界限被淡化。地位则通过对问题的解决能力、处境，掌握的跨专业的技能来体现。决策权分散了，决策者范围也扩大了。

(2) 分裂状态转向结合状态。

在传统的企业里，人们形成并保留了各自为政的小团体文化。它们的划分可能是以部门、专业、分支机构中地界场所为依据的。这就会给你造成一种类似于通风管道式的心理状态，因为在各自的部门中，人们通常记不清上级公司制定的目标，也不明白各自部门的作用是通过何种方式为达到这一目标做出了贡献。生产或提供服务的工作经常被割裂，因为那里有许多通往其他小团体的“移交”过程，以至于人们感受不到工作与结果之间的责任联系。团队文化要求人们与企业利益相关者在计划的制订、实施和结果的评价方面彼此间要进行更大的合作，具有更大的包容性和协调配合打破这些小团体。人们需要变得更乐于分享和调集资源，促进部门间的协作。一个较好平稳的移交过程和一个提供服务与货物的连续过程，需要更好地认识公司总的追求目标和各部门的作用及贡献。

(3) 独立状态转向互为依靠状态。

以往，企业一直寻求完美无缺的个人，并一直鼓励促进各个专家和部门独立和自治的行为。与此相反的是，团队的构建却需要看重人们之间的互为依靠。什么是互为依靠？它是如何影响到了人们工作的方式？这意味着要明白何时、为什么，并且以何种方式，人们要保持独立以及据此发挥效能，还要明白何时、为什么，并且经何种方式，人们的行为要从属于或依靠他人。这可能意味着需要更经常地进行横向联系以便联合起来，协调力量。同样，这意味着企业必须重新调整和平衡它对这一新的团队行为和个人成绩方面的承认和奖励制度。事物的成就如何，不只是工作内容，还必须按其成果进行评价。

(4) 竞争状态转向调整合作状态。

等级意识、小团体意识和个人主义已经使人与人、部门与部门、机构与机构间的竞争呈固定化状态。

这一切现象对客户一直是不利的。假如一家企业中的不同部门根据其局部短浅的目光，都想为了资源而奋力“赢取”或展开竞争的话，那么客户就不能从企业的努力之中获得最好的结果。团队文化，需要在企业内部对信息资源和能力的分享方面进行更大的调整合作。企业内部客户的概念，必须作为一个至关重要的战略战术，被充分地加以认识，以改善企业的整体结果，提高客户满意率，从而赢得较高的美誉度。团队文化拥护内部客户和外部客户之间的合作伙伴关系。人们必须做到乐于依从他人。在为完成企业大目标的过程中协调合作，可能再加上自我奉献的精神。

（5）经验型处事方式向勇于开拓的处事方式转化。

企业迄今经常依靠以往的经验获得成功："假如这在过去能够奏效，那么在这儿也应该能行！""假如这并没坏，为什么对它进行修补呢？"人们在很大程度上依靠以往的经验和成功记录来指引将来的航向，或对路途中的障碍做出反应。团队文化要求人们乐于对尚不明了的事物进行探究，乐于探查未经标明的领域。以往的经验不适用于将来。人们必须能够勇于开拓，必须在问题的解决中表现出首创性，而在创造一个新的将来的时候，即便处于逆境也能充满自信。

**5. 从管理层到员工的转变**

一家企业的总经理在塑造优秀企业文化时必须转变管理风格，使中层管理者有权变革，同时使员工由传统型向团队型转变。此外，还要监控和巩固优秀的企业文化。

（1）转变管理风格。

适合于团队文化的管理风格，需要不同于传统的、充满了等级文化的企业管理风格。它包括管理者的不同管理风格，不管他们是负责一个部门，一个分支机构，一个项目还是一个专题团队或一个矩阵组织。尽管在许多企业，人们已经配备了团队和引入了一些变化形式，然而指挥控制的管理模式还是从先前一直贯彻至今。指挥控制管理模式是我国大多数企业至今仍采用的模式。尽管这一模式在以往可能一直奏效，然而它绝不会在必须形成的团队氛围中奏效，也不会促进团队气氛的改善。

指挥控制管理形式是一种令人感到满意的形式。公司的决定和情报受到严格的控制，权力的指派，如果确有其事，在执行中也是审慎周密的。严加控制为的是有一个成功的结果。管理者或领导者往往成为一切活动的中心，通过发布的指示和指挥的方式，通过信息的交流和交流方式，表现出其独断专行的行为方式。在领导者与员工间，存有一段彼此都感觉得到的距离。信任问题经常成为鼓动团队成员和员工们努力工作的一个障碍。领导者通常感到只有他自己在为团队或部门的成功承担职责。具有典型意义的是，指挥一控制型的领导者，强调工作的结果，而从不考虑团队或部门在获得成果时运用的工作手法。

新的企业文化，需要朝共同负责、共同决策和共享信息的方向做出一个重大的转变。这意味着领导者必须逐步放弃控制手段，必须对员工进行鼓励，授予他们先前严加控制的职责和权力。他们必须成为企业活动中的协调者，他们要不停地考虑并且提醒他人与他们的相互依赖性。

团队型管理模式促使人们乐于承担义务和自我管理，而不是对领导者的依靠，也进一步促进了人们为成功共同负责。领导者依然处于团队的连环之中，而不再成为整个连环，不管他们在场或是不在场，领导者都必须对团队或部门所具有的取得成功的能力保持信心。转变了方向的新的管理模式，注重并且赞赏团队协作的过程本身以及获取的成果。

合乎情理的是，这些方面的特征并非轻易就能实现。要达到这一点，人们需要不同的思维方式和行为方式，以及需要新的领导手法和只有经过培训方能获得的技巧。它也需要使领导干部们明白必须向新的领导方法进行转变。在某些情形下，替换那些难以重新调整自己、难以放弃以往奏效的工作方法的领导干部，可能是唯一可行的选择。

(2) 中层管理者有权变革。

中层管理者经常感到无权改变他们的环境。他们对企业的整体文化感到无可奈何，并将任何改变的希望寄于企业总经理及其高层管理者身上。同样的，中层管理者们并未认识到，他们有权形成改变他们目前的部门文化。他们没有认识到或相信，他们已经造就了他们目前的部门文化。他们没有认识到或相信，他们已经造就了他们自身绝无仅有的环境。这一环境可能有利也可能不利于企业和企业协作。如果他们低估了造就他们自身部门文化的权利，那么很明显，他们也就低估了他们对部门塑造优秀企业文化的权利。

另一个影响到中层管理者权力的因素是，他们认为文化是难以改变的。而且，中层管理者们还从没有被传授过用于塑造优秀企业文化的技能或方法。他们对改造部门文化，并使之适应于企业文化这一问题，缺乏认识，再加上他们感到无权实施，就使他们丧失了采取行动的信心。总经理们应授权于中层管理者，使其努力地塑造优秀的部门企业文化，进而促进整个公司企业文化的塑造。

(3) 从传统型员工向团队型员工转变。

适合于团队文化的员工们的行为态度，需要不同于在传统等级企业中的那种浸染等级意识的态度和行为，这包括一般员工。正如以往的管理作风还在继往开来，员工们也被制约于同样的情形。

许多员工不满于指挥制的模式依然在被运用，然而他们也形成了一种员工综合征，感到心安理得和安全的行为模式。他们期待着他人的指导，而不会采取主动，除非领导者对其敦促。他们乐于将工作职责和成果让与领导者，而不是责任共负。他们不愿意提出他们的观点，也不提问题，可他们却埋怨领导者没有告诉他们，或没向他们提供需要知道的情况。一些员工不满于管理人员，并且埋怨“权力下放是开玩笑”。另外一些员工对此表现出极大的愤怒。许多人已成为无所事事者，他们不思进取并希望他们不会被触动，这正是“国企病”的典型症状。

这些员工表现出的许多行为不仅存在于传统管理方式盛行的环境，也发生于情形已经有了改变的环境。有事例说明，员工们或是公开或是隐晦地反对，处于一个团队文化中所发生的变化，或迫使他们接受的新的要求。

新的团队文化要求他们为了团队、部门和企业的成功，必须做出贡献，积极主动，提出问题、解决问题并且共同承担职责。要求他们对自己的行为负责，并成为团队的成员，而不是处于真空状态的互不相关的专业人员。这意味着在部门、团队或团队间，人们必须改善彼此的合作、信息的交流和决策过程。对他们的基本要求他们必须更清楚地明了，为塑造优秀企业文化，他们所要做的工作和承担的责任。他们必须克服由责任感而引起的恐惧和忧患意识。为了塑造优秀企业文化，他们也需要克服感到自己无能为力的心理。鉴于传统的行为形式和传统的管理者与员工的关系，处在这一转变时期，他们彼此间的支持就显得极其重要。塑造优秀企业文化，需要的是由企业全体员工共同参与的过程。

(4) 监控和巩固优秀的企业文化。

正因为塑造优秀企业文化如此困难，所以必须对塑造后的文化加以监控和巩固。一旦各种战略战术实施到位，新的优秀的文化成为企业中人们的处事行为，它就会自行发生效用。对优秀的文化进行监控和追踪，以确保它继续发挥作用并获得预期的成果是至关重要的。不时地对企业文化进行核查也是很重要的，这可以由总经理领导高层管理者，或由一支其主要职责即是把握企业文化脉搏跳动的专职团队来行使。这包括检查新建立的体制，在运转中能以何种程度支持团队工作，检查管理者和员工的工作态度和行为，并检查获得的成绩。为保证新文化的长期效用和不断的成功，人们在主观上做出的努力是很重要的。

有家公司从零起步塑造企业文化，最初的 99 名员工帮助形成了企业文化。他们是走到一起共同开创公司的勇敢的开拓者。他们建立了自己的生产过程，找到了供货商，并为将来制订了计划。他们为实现理想而做出的努力和表现出的热情，在开始阶段造就并巩固了企业文化的强大力量。然而，当其他人加入公司时，公司没有时间或做出努力来教育他们，使他们了解企业原先如何塑造优秀企业文化的历史，将他们一起带进由公司文化的造就者们在始创期形成的那些活动。一年以后公司才明白需要培训，以弥补这一疏忽。

一切文化都需要养分来提供其生长需要，不管这文化是由一家新企业塑造的，还是一家新近改变了文化的企业塑造的。明白这一点并主动采取有关的行动是很重要的。

**6. 克服深层文化障碍**

塑造一个适应于团队的新的企业文化，总经理应该注意克服下列存在于企业成员心中的深层障碍。

(1) 团队与个人的对立。

团队协作是由若干有突出才能、服从于全体合伙人利益的人一起干的工作。如今人们很少做出努力与其他专业的人们互相依存，或一起工作来达到整体目标。在人们的工作经历中，企业又巩固了人们的小团体意识和个性倾向，那是由于企业把人们安置在根本不同又往往是绝不相干的部分，这些部分往往造成资源和荣誉彼此竞争。

这能帮助我们理解人们为什么会对团队协作这一概念难以接受。可是，假如我们考虑在团队的环境中，以一种实实在在的行为来“服从”

的话，这一转变可能会变得稍稍容易一些。处于团队状态中的服从，意味着倾听而不是开口说话，乐于接受他人的观点，妥协让步，彼此信任或相信他人，以及分担处罚。对任何种类的团队来说，这些都是很重要的行为，然而它们都需要做出许多努力。鉴于我们与生俱来的习惯，假如企业的奖励制度支持这些行为的话，那么人们就会有一个较大的动力来推进这一变化的发生。

(2) 互为依靠。

如前所述，明白互为依靠的必要性，明白互为依从进行工作的必要性，这是另一个有关独立性价值的矛盾。何时要独立地行使职能，何时又要依从于他人，人们可能理解过了头，要么完全地依靠他人，不再独立，要么拒绝与他人配合。这正是团队结构的潜在不利反应的两种表现形式。

(3) 自行其是。

这条适用于那些拼命想抓住他们习惯了的思维和行为方式不放的管理者。尽管他们拼命抓住那些习惯不放，然而还是继续在搜寻解决办法和行为方式，希望能找到行之有效的办法。他们寻找快速补救的办法，寻找具有超凡能力的人物或具有鼓励意义的事物，同时心中希冀团队构建和文化塑造，可能会像管理者突发奇想的补救方法那么容易。他们想行使变革与塑造，可是出于某种原因，他们的力量总会被转移至一天中最需解决的问题上。当然，还有精力和时间方面的问题，以及为了使情形发生变化，他们不得不扔下他们原先了解的事和在做的事所引起的痛苦。

(4) 反应与预防的对立。

另一个深深扎根于传统企业文化的价值取向，表现为人们是反应型。人们总是对苦痛做出反应，而不注意预防。企业被迫对竞争、失去的市场率、不正常的预算或生存问题做出反应。今天企业中的变化，经常不仅仅是对先前产生的问题做出反应的结果。

预防问题的发生或先期迎接挑战尚未成为一个处理规则。反应型处事方式是与企业对事物短期的注意力密切相关的。短期的利润问题快速补救法，轰动一时的成功，以及快速的效果都是其中一部分的思维方法。为了长期效益而牺牲短期效益并等待投资的回报，是人们难以下咽的苦果。

(5) 对行动产生破坏作用的偏见。

相信不论处于何种环境，团队协作会自然而然地发生，或仅仅通过培训就会发生，这种偏见会导致领导者不会对文化塑造的发生承担责任，会破坏成功。消除这些偏见是绝对必要的。

对管理者和员工们来说，一个团队文化所必需的不同于以往的思维和行为方式，不会在一夜之间发生。它需要时间和养分的滋养。总会有一些人，不管他们如何尝试，他们总难以重新调整自己；而且总会有另一些人，不管你如何努力，他们总不会改变。对管理者和员工们来说，要意识到判断出某个人是否不再适合于整体文化的重要意义。

(6) 说的话与做的事的对立。

在管理者说的话和做的事之间，总会有一个较大的距离。有时，对这一空隙的确会产生盲点。大部分的企业管理者将员工说成是他们最宝贵的财富，并表示员工们增长了的工作能力将改善公司的状况。然而，这些管理者再接下去就变了。为确保公司的成功而运用策略时，却把以人为重心的策略，列在以结果为重心的策略之后。这一现象说明管理者说的话与做的事之间的脱节。团队的构建与文化的塑造，对结果的改善是关键所在，然而它们通常又都没被当作企业工作中重要的一环来加以对待。这一点应引起高度重视。